高等院校文化素质教育规划教材

中小学生心理健康教育的理论与实践

ZHONGXIAOXUESHENG
XINLI JIANKANG JIAOYU DE
LILUNYU SHIJIAN

张彦云　孙淑荣　佟秀莲◎主编

北京师范大学出版集团
BEIJING NORMAL UNIVERSITY PUBLISHING GROUP
北京师范大学出版社

图书在版编目(CIP)数据

中小学生心理健康教育的理论与实践/张彦云　孙淑荣　佟秀莲主编. —北京：北京师范大学出版社，2015.11(2021.12重印)
（高等院校文化素质教育规划教材）
ISBN 978-7-303-19361-5

Ⅰ. ①中… Ⅱ. ①张… ②孙… ③佟… Ⅲ. ①中小学生—心理健康—健康教育—高等学校—教材Ⅳ. ①G479

中国版本图书馆 CIP 数据核字(2015)第 186381 号

营　销　中　心　电　话　010-58802135　010-58802786
北师大出版社教师教育分社微信公众号　京师教师教育

出版发行：北京师范大学出版社　www.bnupg.com
　　　　　北京市西城区新街口外大街 12-3 号
　　　　　邮政编码：100088
印　　刷：天津旭非印刷有限公司
经　　销：全国新华书店
开　　本：730 mm×980 mm　1/16
印　　张：15.75
字　　数：290 千字
版　　次：2015 年 11 月第 1 版
印　　次：2021 年 12 月第 11 次印刷
定　　价：30.00 元

策划编辑：王剑虹　　　　　　责任编辑：齐　琳　王星星
美术编辑：焦　丽　　　　　　装帧设计：焦　丽
责任校对：陈　民　　　　　　责任印制：赵　龙

前　言

　　中小学心理健康教育作为我国基础教育领域的一个重要组成部分，自从20世纪80年代开展以来已经走过了近30年的历程。时间虽然不是很长，但发展的速度很快，无论在理论上还是实践上都积累了一定的经验，中小学心理健康的重要性和必要性也早已经成为各界的共识。

　　30年来，国家教育主管部门相继下发相应的文件，从政策上对中小学心理健康教育进行指导和监督，各地区各部门也采取了一系列切实可行的措施，对中小学心理健康教育的开展进行跟踪与督导，保证了这项工作正常、有序、健康开展。然而，由于各地区经济、教育发展不平衡，主要是一些教育行政部门对该项工作的重视程度不同，各地区各学校开展心理健康教育的条件不同等因素，全国中小学心理健康教育工作开展情况极不平衡，所以要使此项工作全面顺利开展，还需要各方面的共同努力。

　　由于中小学心理健康教育不同于学校其他课程，无论在理论体系上还是方法操作上都有明显的独特性，主要表现为理论指导性强、针对性强、操作性强、对专职心理健康教师要求高。而且，由于中小学心理健康的主渠道是课堂教学，这就要求树立"两全"意识，即全体教师共同参与和面向全体学生，也就要求每一位教育工作者都要了解和掌握心理健康教育工作的基本理论与方法，掌握心理咨询工作的基本技能技巧，通过行之有效的心理辅导和心理健康活动训练，及时解决学生发展中遇到的各种心理问题及困惑，不仅教书育人，还要成为学生心理健康成长的守护者，这不仅是社会发展的需要、教育改革的需要、学生成长的需要、教育工作的需要，也是教师自身专业成长和维护自身心理健康的需要。

　　本书以中小学心理健康教育为主线，从心理健康的基本知识、心理健康的基本理论与方法、儿童心理发展、心理健康教育的学科渗透、心理健康教育的专门课程、学校心理咨询与心理辅导，以及家庭心理健康教育等方面进行了具体的阐述。本书有三个突出特点。一是理论性。本书从中小学心理健康教育工作的实际需要出发，对心理健康教育的主要理论，包括精神分析、行为主义、人本主义、认知主义等理论进行了介绍，使中小学心理健康教育有科学的理论依据和指导，成为有源之水、有本之木。二是针对性。本书在编写过程中充分考虑到目前我国中小学心理健康教育工作开展的实际需要，无论对即将走上教师工作岗位的新入职教师，还是对广大一线中小学教师都有很强的针对性和指导意义。三是可操作性。本书在介绍心理健康有关理论与方法的同时，更多地从中小学心理健康教育工作的实际情况出发，从中小学教育改革和各科教学改革的实际情况出发，从中小学生心理发展的特点出发，从中小学生普遍存在的心理问题出发，通过案例分析和实际操作，通过与各科教学紧密结合，从学科渗透、专门课程、学校心理咨询与辅导、教师心理健康以及家庭配合等方面进行了具体可操作的解读，对如何开展中小学心理健康教育进行了详细具体的指导。

本书可作为高等院校教师教育专业学生相关课程教材，也可作为中小学教师继续教育的培训教材，或作为从事心理健康教育的教育工作者的参考书，还可为中小学生家长提供家庭教育方面的帮助和指导。

本书具体编写情况如下：第一章、第六章由张彦云执笔；第七章由张利新执笔；第二章、第三章由佟秀莲执笔；第四章、第五章、第八章由孙淑荣执笔。全书由张彦云统稿。在编写过程中，我们参考和引用了国内外许多研究者的研究成果和资料，在此对相关研究者表示由衷的感谢！

在本书的编写过程中，各位编者付出了许多辛苦，努力做到更好，但由于水平有限，难免有许多不足之处，希望专家学者及各位读者不吝赐教，以便帮助我们在今后的工作中进一步成长，在此一并表示感谢！

张彦云
2015 年 8 月

目 录

第一章　中小学心理健康教育概述

本章导读

1. 健康的内涵。
2. 心理健康的标准。
3. 中小学心理健康教育的必要性。
4. 中小学心理健康的总目标和分级目标。
5. 中小学心理健康的途径和方法。
6. 中小学心理健康教育常见的误区。

案例1-1　成长的烦恼

小程(化名)，男，14岁，七年级学生，身体健康，眉清目秀，性格开朗活泼，家境良好，父母均为国家机关工作人员，从小备受宠爱，有一个已经工作的姐姐。近一年来，明显地表现出情绪不稳，不愿意与父母交流，上课不能安心听讲，经常在各种场合表现自己，学习成绩中等，并且忽高忽低，在学校有几个"铁哥们"，几个人经常聚在一起，他充当其中的"老大"，为朋友"两肋插刀"，有一个"女朋友"，感觉在同学面前特有面子。最近一次，因为打群架把一个同学打伤住院，被学校处分，过后为自己的冲动行为自责后悔，表示愿意接受批评，并想努力学习，做个好学生。

请你分析：小程出现了什么心理问题？如果你是他的老师，你怎么样来帮助他？

第一节　健康与心理健康

一、健康的内涵

(一)健康概念的界定

"健康不是一切，但没有健康就没有一切"，这已经成为人们的共识。传统

1

的健康观念就是身体没有疾病，但随着社会的进步与发展，人们赋予健康越来越丰富的内涵。1948年，世界卫生组织（World Health Organization，WHO）成立时，在宪章中明确指出："健康不仅仅是没有疾病和衰弱的表现，而是生理上、心理上和社会适应方面的一种完好的状态。"1989年，WHO对健康进行了新的定义，即"健康不仅是没有疾病，而且包括躯体健康、心理健康、社会适应良好和道德健康"。在健康概念中增加了道德健康，是一项新的解释，也体现了社会对人的要求和人自身内在的需求。道德健康的内容是指不能损坏他人的利益来满足自己的需要，能按照社会认可的行为道德来约束自己及支配自己的思维和行动，具有辨别真伪、善恶、荣辱的是非观念和能力。据测定，违背社会道德的人往往会导致心情紧张、恐惧等不良心理，很容易使神经中枢、内分泌系统等失调，免疫系统的防御能力下降。大量事实表明，贪污受贿、违法犯罪的人情绪经常处于紧张焦虑状态，特别是一些负案在逃的贪官，当被抓获归案后，反而出现"如释重负"的感觉；与普通人相比，他们更容易患癌症、脑出血、心脏病和精神过敏症；而为人正直、心地善良、淡泊坦荡、心态平和的人，往往生活幸福指数比较高。

（二）健康的标准

健康与体重关系密切。有学者提出健康标准体重公式为：体重指数（Body Mass Index，BMI）＝体重（kg）÷身高（m）的平方。一般公认的指数是：BMI在18.5～24.9时属正常范围，大于25为超重，大于30为肥胖。有专家建议，中国人体重指数的最佳值应该是20～22，大于22.6为超重，大于30为肥胖。如果你属于以下几种情况之一，那么BMI的指数对你不适用：未满18岁，运动员，正在做重量训练，怀孕或哺乳中，身体虚弱或久坐不动的老人。

1978年，WHO提出健康的十条标准是：

①充沛的精力，能从容不迫地应付日常生活和工作的压力而不感到过分紧张和疲劳；

②处世乐观，态度积极，乐于承担责任，事无大小，不挑剔；

③善于休息，睡眠良好；

④应变能力强，能适应外界环境中的各种变化；

⑤能够抵御一般感冒和传染病；

⑥体重适当，身材匀称，站立时头、肩、臂位置协调；

⑦眼睛明亮，反应敏锐，眼睑不发炎；

⑧牙齿清洁，无龋齿，不疼痛，牙龈颜色正常，无出血现象；

⑨头发有光泽，无头屑；

⑩肌肉丰满，皮肤有弹性，走路轻松有力。

其中前四条为心理健康的内容，后六条则为生物学方面的内容（生理、形态）。

还有专家学者从以下九个方面提出了健康的标准：

①食得快：进食时有很好的胃口，能快速吃完一餐饭而不挑剔食物，证明内脏功能正常；

②便得快：一旦有便意时，能很快排泄大小便，且感觉轻松自如，在精神上有一种良好的感觉，说明肠胃功能良好；

③睡得快：上床能很快熟睡，且睡得深，醒后精神饱满，头脑清醒；

④说得快：语言表达正确，说话流利，表示头脑清楚，思维敏捷，中气充足，心、肺功能正常；

⑤走得快：行动自如、转变敏捷，证明精力充沛旺盛；

⑥良好的个性：性格温和，意志坚强，感情丰富，具有坦荡胸怀与达观心境；

⑦良好的处世能力：看问题客观现实，具有自我控制能力，适应复杂的社会环境，对事物的变迁能始终保持良好的情绪，能保持对社会外环境与机体内环境的平衡；

⑧良好的人际关系：待人接物能大度和善，不过分计较，能助人为乐，与人为善；

⑨适量的运动：运动能改变血液中的化学成分，有利于防止动脉血管硬化、保护血液、维护心血管系统的健康。

（三）健康的维护

1992 年，WHO 发表的《维多利亚宣言》指出：健康是金，如果一个人失去了健康，那么，他原来所拥有的和正在创造即将拥有的统统为零！据世界卫生组织的调查，导致疾病的因素中，内因占 15％，社会因素占 10％，医疗因素占 8％，气候地理因素占 7％，个人生活方式的因素却占据了 60％。为此，世界卫生组织提出了健康的四大基石，即合理膳食、适量运动、戒烟限酒、心理平衡。

1. 合理膳食概括为"五个数字"

①每天一杯牛奶，确保 250 毫克的钙；

②每天 250～350 毫克的碳水化合物，相当于 300～400 克的主食；

③每天吃 3～4 份高蛋白食物；

④有粗有细，不甜不咸，三四五顿，七八分饱；

⑤500 克的蔬菜和水果，能减少癌症发病率一半以上。

同时，也可概括为"五种颜色"：

①红指一天吃 1～2 个西红柿（减少前列腺癌的发病率），适量红葡萄酒、红辣椒（改善情绪）；

②黄指黄色蔬菜，如胡萝卜、红薯、南瓜、西红柿等，这些食物含有丰富的维生素 A；

③绿指绿茶以及绿色蔬菜，特别是绿茶含有抗氧化剂，可以抵抗自由基的侵害，延缓衰老；

④白指燕麦粉、燕麦片，不但降低胆固醇、甘油三酯，对于糖尿病人和减肥的人也有很好的效果；

⑤黑指黑木耳，可以降低血液的黏度。

2. 适量运动

生命在于运动，但要适度，每个人要根据自己的实际情况，选择合适的运动方式，养成科学的运动习惯。对于多数健康的人来说，衡量运动适量的标准，采用国际上流行的心跳速度的幅度来衡量：（220－年龄）×（65％～85％），只要在此范围内运动，都能收到最佳效果，并能保证运动的安全性。

以老年人为例，世界卫生组织认为，走路是最佳的运动，但要注意"三五七"要诀："三"指每次步行三公里，时间超过 30 分钟，"五"是说每星期最少运动 5 次，"七"指的是"年龄＋心跳"得数不要超过 170 次。另外，还可以练练太极拳。研究表明，坚持练太极拳的人，他的神经平衡功能可以年轻 3～10 年。

3. 戒烟限酒

吸烟对人体有百害而无一利，可以引起慢性支气管炎、肺部疾病，还增加了心脏病和高血压的危险，因此，要把烟戒掉。

适量饮酒可以促进血液循环，过量就会对五脏的健康不利，影响消化吸收和营养物质的新陈代谢，对各种疾病的治疗和康复也有较大的负面影响。

4. 心理平衡

这是最关键的一条，比其他一切因素都重要。WHO 指出，生理、心理、社会适应的完满状态才是健康。心理健康，生理才可能健康。古人说，"恬淡虚无，真气从之；精神内守，病安从来"，就是这个道理。

由此可见，健康不仅仅是指躯体健康，还包括心理、社会适应、道德品质的健康，它们之间相互依存、相互促进、有机结合。人体在这几个方面同时健全，才算得上真正的健康。

二、心理健康的内涵

(一)什么是心理健康

关于什么是心理健康，很多中外专家学者都从不同角度做出了各自的描述，正如美国心理学家卡普兰（Kaplan）所说："许多人都试图定义心理健康，但是这是一个混合的领域，难以给予精确的定义，它不仅包含知识体系，也包含生活方式、价值观念以及人际关系的质量。"

1946年，第三届国际心理卫生大会指出：所谓心理健康，是指在身体、智能及情感上与他人的心理健康不相矛盾的范围内，将个人心境发展成最佳状态。

《简明大不列颠百科全书》对心理健康的描述是：心理健康是指个体心理在本身及环境条件许可范围内能达到的最佳功能状态，但不是十全十美的绝对状态。

尽管关于心理健康的定义很多，但大体上可以总结出一些共同点：第一，心理健康是一种内外协调的心理状态；第二，适应良好，尤其是社会适应良好是心理健康的一项重要指标；第三，心理健康是一种积极、乐观向上的发展状态。

(二)心理健康水平的划分

1. 心理正常与心理不正常

任何事物都有正反两个方面，人的心理健康状况同样有心理正常与心理不正常（异常）之分。但由于没有公认的统一区别标准，在日常生活学习工作、心理咨询以及临床诊断中，人们往往从不同角度，按照不同的经验和标准去区分，特别是在日常生活中，人们根据常识性的认识，可以基本判断一个人心理是否正常。例如，一个人走在大街上，一丝不挂，边走边骂，自言自语，或认为自己穿了隐身衣，有超越常人的能力等，我们就可以判断此人心理不正常，这是常识性判断。此外，一个人心理正常与不正常还有标准化和非标准化区分，但这里主要从心理学的角度来加以区分与判断。

根据国家职业资格培训教程《心理咨询师》（基础知识）中援引中国心理卫生协会副理事长郭念锋的观点，因为心理是人脑对客观现实主观的能动的反应，从这个基本点出发，判断一个人心理正常与不正常，可以从以下三个方面来判断。

第一，主观世界与客观世界是否统一。因为心理是客观现实的反映，所以任何正常心理活动和行为，必须在形式和内容上与客观环境保持一致性。

不管是谁，也不管是在怎样的社会历史条件和文化背景中，如果一个人说他看到或听到了什么，而客观世界中当时并不存在引起他这种感觉的刺激物，那么，我们必须肯定，这个人的精神活动不正常了，他产生了幻觉。另外，当一个人的思维内容脱离现实，或思维逻辑背离客观事物的规定性时便形成妄想。这些都是我们观察和评价人的精神与行为的关键，我们称之为统一性（或同一性）标准。人的精神或行为只要与外界环境失去同一，必然不能被人理解。

第二，心理活动的内在是否协调一致。人类的精神活动虽然可以被分为知、情、意等部分，但它自身却是一个完整的统一体，各种心理过程之间具有协调一致的关系，这种协调一致性保证人在反映客观世界的过程中高度准确和有效。比如，一个人遇到一件令人愉快的事，会产生愉快的情绪，手舞足蹈，欢快地向别人述说自己内心的体验。这样，我们就可以说他有正常的精神与行为。如果相反，用低沉的语调向别人述说令人愉快的事，或者对痛苦的事做出快乐的反应，我们就可以说他的心理过程失去了协调一致性，称为异常状态。

第三，人格是否相对稳定。每个人在自己长期的生活道路上都会形成自己独特的人格心理特征，这种人格特征形成之后具有相对的稳定性，在没有重大外界变革的情况下，一般是不易改变的，它总是以自己的相对稳定性来区别一个人与其他人的不同。如果在没有明显外部原因的情况下，这种相对稳定性出现问题，我们也要怀疑一个人的心理活动是否出现异常。也就是说，我们可以把人格的相对稳定性作为区分心理活动正常与异常的标准之一。比如，一个平时很吝啬的人突然挥金如土，或者一个待人接物很热情的人突然变得很冷淡，如果我们在他的生活环境中找不到足以促使他发生改变的原因，我们就可以说他的精神活动已经偏离了正常轨道。

2. 心理健康与心理不健康

从健康心理学的角度看，心理健康与心理不健康都属于心理正常范围，因为不健康不属于病态。从图 1-1 可以看出几个概念之间的关系。

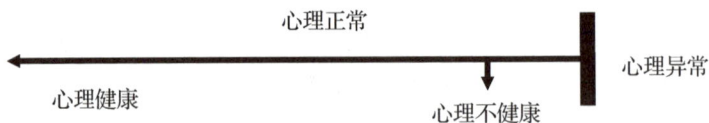

图 1-1　心理正常与心理异常图解

心理不健康状态可包含如下类型：一般心理问题、严重心理问题、神经症性的心理问题(可疑神经症)。

一般心理问题是由现实因素激发、持续时间较短、情绪反应能在理智控制之下、不严重破坏社会功能、情绪反应尚未泛化的心理不健康状态。

严重心理问题是由相对强烈的现实因素激发，初始情绪反应强烈，持续时间较长，内容充分泛化的心理不健康状态。

神经症性的心理问题(可疑神经症)属于神经症的早期阶段。

3．根据国内外的研究与实践，可以把人的心理健康水平大致划分为三个等级：常态、偏态、病态

(1)常态：心理健康状态

个体能正常学习生活工作，无较大困扰，个体行为基本与社会环境相适应。

(2)偏态：心理失调状态

心理失调状态有精神痛苦和社会功能损害，有轻度和严重之分。

轻度心理失调(心理问题)：持续时间较短(1～3个月)，境遇性强，有些问题会随时间推移自行缓解或消除，有些通过当事人主动调节也可解决，个体生活学习工作基本能正常进行，但效率有所下降。一般心理问题若不及时有效地调节，会发展为较严重的心理障碍。

严重心理失调：时间持久(3个月～1年)，内容泛化，自身难以克服，需他人帮助或转移环境才可摆脱痛苦，社会功能受损严重，规避行为多，如休学、辞职、自闭等。

(3)病态：心理疾病状态

心理活动严重紊乱，干扰了正常感知和思维，甚至出现人格偏离和行为异常。发病期社会功能几乎处于瘫痪状态。

4．健康与亚健康

所谓亚健康状态，通常是指无临床症状和体征，或者有病症感觉而无临床检查证据，但有潜在发病倾向，处于一种机体结构退化和生理功能减退与心理失衡的状态。一般来说，亚健康状态由四大要素构成：排除疾病原因的疲劳和虚弱状态；介于健康与疾病之间的中间状态或疾病前状态；在生理、心理、社会适应能力和道德上的欠完美状态；与年龄不相称的组织结构和生理功能的衰退状态。

亚健康一词最早是由苏联学者布赫曼提出的。WHO认为：亚健康状态是指介于健康与疾病之间的临界状态，各种仪器及检验结果均为阴性，但人体有

各种各样的不适感觉。通常把这种状态称为"第三状态"，我国称为"亚健康"状态。因为其表现复杂多样，国际上还没有一个具体的标准化诊断参数。

以 WHO 四位一体的健康新概念为依据，亚健康可划分为：

①躯体亚健康，表现为不明原因或排除疾病原因的体力疲劳、虚弱、周身不适、性功能下降和月经周期紊乱等；

②心理亚健康，表现为不明原因的脑力疲劳、情感障碍、思维紊乱、恐慌、焦虑、自卑以及神经质、冷漠、孤独、轻率，甚至产生自杀念头等；

③社会适应亚健康，表现为对工作、生活、学习等环境难以适应，对人际关系难以协调；

④道德亚健康，表现为世界观、人生观和价值观上存在着明显的损人害己的偏差。

调查显示，我国亚健康人群发生率在 $45\% \sim 70\%$，发生年龄主要在 $35 \sim 60$ 岁。人群分布特点为：中年知识分子和以从事脑力劳动为主的白领人士、领导干部、企业家、影视明星是亚健康高发人群，青少年亚健康问题令人担忧，老年人亚健康问题复杂多变，特殊职业人员亚健康问题突出。

(1)导致亚健康的原因

第一，长期饮食不规律、膳食结构不合理。很多人由于工作节奏比较快，生活方式不健康，导致一日三餐长期不规律，饥一顿饱一顿，或者长期忽视早餐，饱食晚餐，膳食结构不合理，随心所欲，长此以往都可能导致体内营养失衡失调，直接影响身体健康。

第二，长期生活无规律、作息不正常，睡眠不足，也会使人体生物钟处于失调状态，使人体免疫力下降，白天头晕脑涨，浑身乏力，工作效率低下。

第三，工作紧张压力大，对自己期望值太高，争强好胜，特别是单位的领导、女强人、业务骨干等，长期处在"上紧发条"的状态，导致体力透支，身心疲惫，长时间处于不开心状态。

第四，不良精神、心理因素刺激。

第五，个性原因。个体对自己期望值过高，争强好胜，追求完美，过于认真等个性特点也是亚健康的重要原因。

(2)预防或减轻亚健康

第一，"平"，即平衡心理、平和心态、平稳情绪。虽然人生之不如意十有八九，但面对客观现实，自己可以从主观上正确面对，积极调控自己的心态，以不变应万变。

第二，"减"，即适时适当适度通过合理渠道和方法缓解过度紧张和压力。

第三，"顺"，即顺应生物钟，不要违反自然规律，调整好休息、睡眠与工作的关系，有劳有逸，劳逸结合。

第四，"增"，积极参加健身等适合自己的户外运动，通过有氧代谢运动等增强自身免疫力，提高自身身体素质。

第五，"改"，即改变不良生活方式和习惯，从源头上防止亚健康状态的发生。

三、心理健康的一般标准

人的生理健康有标准，一个人的心理健康也是有标准的，只不过人的心理健康标准不及人的生理健康标准那样客观具体。了解与掌握心理健康的定义与标准对于增强与维护人们的心理健康有重要的意义。

关于心理健康的标准，一直以来是心理健康界关注的话题，鉴于国内外研究成果，可以把一般人的心理健康标准归纳为以下几个方面。

（一）智力正常

智力是一个人的观察力、注意力、想象力、记忆力、思维力的综合体现。智力正常是保证人一切活动的前提，是一个人适应周围环境，谋求自我发展的保证，因此，智力正常是一个人心理健康的首要标准。如果智力有缺陷，则社会化的过程难以进展，心理发展水平必然受到阻碍，难以独立生存。

（二）有安全感

所谓安全感，就是人在社会生活中有种稳定的不害怕的感觉。首先，安全感是一种心理感觉。其次，是否能产生安全感，来自多方面的因素，有主观的和客观的。最后，物质上的安全感，能维持自己正常的生活需要。

（三）情绪健康

情绪是人们根据客观事物是否符合其需要而产生的内心体验，这也是心理健康最直接的外在表现。心理健康的人情绪较稳定，且积极情绪多于消极情绪，总体上能保持乐观、积极向上的心态，富有朝气，对生活充满希望，善于控制与调节自己的情绪，既能克制又能合理宣泄，情绪反应与环境相适应。当然，每个人在生活、学习及工作中都难免遇到困难和挫折，心理健康与不健康的主要区别不在于是否产生了消极情绪，而在于这种消极情绪持续时间的长短。心理不健康的人陷入消极情绪中不能自拔，持续时间很长，而心理健康的人能主动及时地调整自己的不良情绪以适应外界环境。

（四）自我意识正确

自我意识是指个人对自己的身体、心理、行为以及自己与他人、自己与社会关系的一种认识。自我意识正确指的是能够正确地认识自己，客观、全面地评价自己，对自己的生活目标和理想也能定得切合实际，即理想的我和现实的我统一。心理健康的人对自己基本上是满意的，同时能够不断地提高自己，即使对自己无法补救的缺陷也能安然处之，并学会扬长避短。心理不健康的人要么和自己过不去，对自己持否定的态度；要么对自己的评价过高，感觉过于良好，不切实际。

（五）人际关系和谐

人是社会人，在与人交往过程中学会与人交往。人际关系状况最能体现和反映人的心理健康水平。心理健康的人乐于与他人交往，虽然在工作学习生活中也会与周围人出现矛盾或摩擦，但能积极寻求解决问题的方法，不会给自己的生活带来太大的负面影响，能以尊重、信任、理解、宽容、友善的态度与人相处，能分享、接受、给予爱和友谊，有稳定的人际关系，拥有可信赖的朋友，社会支持系统强而有力。而心理不健康的人人际关系经常处于紧张状态，不善于与别人相处，对别人充满敌意，孤僻不合群，离群索居，由于难以处理好人际关系经常使自己处在内心痛苦挣扎的状态。

（六）适应能力良好

人活在世界上，就要有一种积极的适应机制。当外界环境发生变化的时候，我们就要做出心理和行为上的改变，与外界环境相协调。适应主要表现在社会适应、学习适应、生活适应三个方面。社会适应主要是指能和集体保持良好的关系，能够与集体步调一致，当个人的需要和愿望与社会的要求、集体的利益发生冲突时，能够迅速地进行自我调节，达到与社会要求协调一致。学习适应主要指学会学习，掌握科学的学习方法和策略，能够优化自己的学习过程，能够调控自己的学习状态，不断地开发自身潜能。生活适应主要指能够解决生活中遇到的各种问题，掌握排解心理困扰，减轻心理压力的方法。

（七）睡眠正常

心理健康的人精神负担轻，能较好地调整自己的情绪，不会为一些烦恼纠缠不休，入睡相对容易，睡眠质量好，较少有失眠和嗜睡现象。即使偶尔因为某种原因失眠也会很快恢复正常，不会对自己的生活工作乃至情绪产生太大的负面影响。当然，人的睡眠时间和质量与年龄、个体睡眠习惯有关。

（八）行为表现与年龄协调一致

不同年龄的人有着与自己年龄相协调的心理和行为表现，心理健康的人应该具有与同年龄段大多数人相同的心理和行为表现。例如，一年级与七年级学生有明显不同的心理特点和行为表现，而同一年级的学生除了有自己与众不同的个性之外，又有很多与同龄人相同的共性。

一般而言，一个人只要能够在社会生活中正常有效地工作、学习、交往，就是达到了心理健康的基本标准。但是，心理健康状态不是固定不变的，它随着人的成长、环境改变、经验积累而变化。每个人不仅要努力达到心理健康的基本要求，而且应该追求心理发展的更高层次，不断开发自己的身心潜能。

第二节　中小学心理健康教育概述

一、中小学心理健康教育的含义

中小学心理健康教育不是对原有学校教育内容的简单补充，而是社会发展过程中学校教育的一个新的增长点，也可以说是全面发展教育在新的需要下的发展，是保证人的可持续发展的重要形式。

1999 年，教育部下发的《关于加强中小学心理健康教育的若干意见》(以下简称《意见》)指出："中小学心理健康教育是根据中小学生生理、心理发展特点，运用有关心理教育方法和手段，培养学生良好的心理素质，促进学生身心全面和谐发展和素质全面提高的教育活动；是素质教育的重要组成部分；是实施《面向 21 世纪教育振兴行动计划》，落实《跨世纪素质教育工程》，培养跨世纪高质量人才的重要环节。"

中小学心理健康教育，是依托心理学基本原理与技术，在学校的日常教育和教学工作中，根据学生身心发展特点，有目的、有计划地对学生施加影响，培养学生良好的心理素质，提高心理机能，促进德、智、体、美等整体素质提高和个性和谐发展的教育过程。

中小学心理健康教育是促进学生发展的过程，其核心在于发展，它是针对每个学生的，并不是简单的补救过程。

二、中小学生心理健康的标准

中小学阶段是一个人一生中发展最迅速、最活跃、上升势头最强劲、可塑性最大的时期。在这个特殊的人生阶段，学生不仅仅身体的各个器官发展迅速，他们的感知觉、记忆、思维、想象、情绪情感、意志品质、个性等方方面面的心理品质都迅速发展。同时，中小学阶段又是一个人一生中人生观、世界观形成的关键时期。因此，与心理健康一般标准相比，中小学生特有的年龄阶段和心理发展特点，决定了他们具有了与一般标准相同又具备自身特点的心理健康标准。

（一）智力活动正常

智力正常是保证一个人正常生活、学习、工作的最基本前提，也是心理健康的重要标志。在中小学阶段，智力活动正常主要表现为能适应中小学的学习生活，具有积极的学习兴趣和态度，乐于学习，在学习中获得满足感，形成良好的学习习惯。

（二）乐观积极向上

一个人对待工作、学习、生活是否自信乐观，为人处世是否积极向上，在很大程度上取决于在青少年时代人生态度的培养。中小学阶段是一个人人生观、世界观形成的重要时期，可以这样说，这个时期是否形成了健康积极向上的心态，对他将来的人生态度起到了至关重要的作用。当然，中小学生是否能形成乐观积极向上的心态，一方面来自于自身的内在因素，另一方面，也更主要的是外在的成人、教师、家长、同学的影响，因为这个阶段学生对是非好坏的评价更多来自于教师、家长，特别是小学生，他们缺乏辨别是非的能力，而这种能力是在成人指导下形成的。如果教师和家长更多地从正面鼓励学生，他们就容易形成乐观、积极的人生态度，而家长自身的人生态度也潜移默化地影响孩子。而孩子自信乐观、积极向上的人生态度，会为将来的发展奠定良好的基础。

（三）了解悦纳自我

小学阶段，学生对自身的评价往往来自于成人，这个阶段是他们了解自我、悦纳自我的起步阶段，教师和家长为了让学生心理健康成长，要让他们懂得自己是独一无二的，看到自己的优点，帮助他们树立自信心。同时也要让他们接受不完美的自己，学会扬长避短，客观地看待自己，不能盲目自信与乐观。而中学阶段的学生，特别是初中生，处在人生发展的茫然时期，用美国心理学家埃里克森的观点就是12～18岁，人格的发展处在自我同一性与角色混乱的矛盾当中，所以这一阶段更应该帮助学生对自己进行客观的评价与分析，找到自身努力的方向，努力发展自己的潜能。

（四）人际关系和谐

中小学生更多的是群体学习、生活、游戏，心理健康的学生乐于与人交往，不仅接受自己，也接纳他人，悦纳他人，认可别人存在的重要性和作用。既能与他人相互沟通和换位思考，又能获得别人的理解和接纳；在集体中能与他人融为一体，与挚友相聚之时共享欢乐，独处沉思之时无孤独感；在与人交往的活动中积极的态度（如尊重、友善、信任、理解等）大于消极的态度（如敌视、嫉妒、畏惧、猜疑等），在与同伴交往中找到乐趣、归属感和安全感。

（五）正确面对挫折

心理健康的学生对周围的事物和环境能做出客观的认识和评价，并能与现实环境保持良好的接触；既有高于现实的理想，又不会沉湎于不切实际的幻想与奢望之中。面对学习、生活中出现的不如意、打击、挫折，能从中分析原因，找到解决问题的办法。

（六）人格健康完整

人格主要是在先天因素影响下，在后天环境教育共同作用下发展起来的。人格作为人的整体精神面貌能够完整、协调、和谐地表现出来，思考问题的方式是适中的、合理的，对外界刺激不会有偏颇的情绪和行为反应，待人接物能采取恰当灵活的态度，在品行上，总体上符合中小学生道德规范的要求，不违法乱纪，与学校、社会的要求一致。

（七）表现符合年龄

中小学生处在 6～18 岁，是人生观、价值观、知识、品行奠基与形成时期。总体来看，中小学生有其明显的年龄特点，如活泼好动、朝气蓬勃、求知欲旺盛、接受能力强、希望得到教师、家长的表扬与肯定等。具体到每个年龄段又有其明显的年龄段特征，如刚入学的小学生注意力时间短、天真单纯、活泼好动、好奇心强、学习带有很强的兴趣性，从众心理很强，对自己和别人的评价更多地来自教师和家长，盲目地相信教师的绝对权威，具体形象思维占优势，缺乏分辨是非对错的能力；而对于处在青春发育期的学生突出的特点是独立与依赖相矛盾、成熟与幼稚相矛盾，不再相信教师的权威，不愿意接受教师和家长的管制和监督，爱打扮、关注异性、张扬个性，用"动荡不安"形容这个阶段也比较恰当。当然由于学生个体差异，表现在具体学生身上又各有不同，但总体来讲，处在不同年龄阶段的学生应该有相应年龄阶段的普遍心理特点，是共性与个性的和谐统一。

第三节　中小学心理健康教育的实施

一、中小学心理健康教育的缘起

从世界范围内来看，心理健康教育起源于西方，发轫于 19 世纪末 20 世纪初的"人性关怀"思想，植根于学校心理学领域，经过近百年的发展后，已经进入稳定发展时期。

我国心理健康教育起步于 20 世纪 80 年代，主要原因在于社会发展由计划经济转向市场经济，竞争的加剧直接导致心理压力的增大、心理问题的增加。同时，我国第一代独生子女开始进入中小学接受教育，独生子女普遍具有的心理问题也表现得非常明显与突出，传统的学校思想政治工作已经不能解决学生发展中出现的问题，所以我国心理健康教育源于对学校思想政治工作困境的反思，始于对国外心理健康教育的借鉴，起步于高校学生心理咨询尝试（1984 年部分高校开始建立心理咨询中心），并随着素质教育观念的深入发展逐步向中小学转移和渗透。

1999 年，教育部成立全国中小学心理健康教育咨询委员会，同年 8 月印发《意见》，明确规定把中小学心理健康教育作为推进素质教育的一项重要措施，要求"从 2000 年秋季开学起，大中城市有条件的中小学要逐步开展心理教育，小城镇及农村的中小学也要从实际出发，逐步创造条件开展心理健康教育。"《意见》指出："当今世界科学技术飞速发展，国际竞争日趋激烈，我们要实现中华民族的伟大复兴，就必须努力培养同现代化要求相适应的数以亿计高素质的劳动者和数以千万计的专门人才。良好的心理素质是人的全面素质中的重要组成部分，是未来人才素质中的一项十分重要的内容。当代中小学生是跨世纪的一代，他们正处在身心发展的重要时期，大多是独生子女，随着生理、心理的发育和发展、竞争压力的增长、社会阅历的扩展及思维方式的变化，在学习、生活、人际交往和自我意识等方面可能会遇到或产生各种心理问题。有些问题如不能及时解决，将会对学生的健康成长产生不良的影响，严重的会使学生出现行为障碍或人格缺陷。他们的健康成长，不仅需要有一个和谐宽松的良好环境，而且需要帮助他们掌握调控自我，发展自我的方法与能力。"

2002 年，教育部进一步下发了《中小学心理健康教育指导纲要》（以下简称《指导纲要 2002》），对分层、逐步、有序推进中小学心理健康教育工作进行了系统的部署，提出了具体的要求，为中小学心理健康教育的发展指明了方向。《指导纲要 2002》指出："良好的心理素质是人的全面素质中的重要组成部分。心理健康教育是提高中小学生心理素质的教育，是实施素质教育的重要内容。中小学生正处在身心发展的重要时期，随着生理、心理的发育和发展、社会阅历的扩展及思维方式的变化，特别是面对社会竞争的压力，他们在学习、生活、人际交往、升学就业和自我意识等方面，会遇到各种各样的心理困惑或问题。因此，在中小学开展心理健康教育，是学生健康成长的需要，是推进素质教育的必然要求。"

2012 年，教育部根据我国中小学心理健康教育具体实施情况，重新修订了《中小学心理健康教育指导纲要》（以下简称《指导纲要 2012》），并下发全国。从心理健康教育的指导思想和基本原则、心理健康教育的目标与任务、心理健康教育的主要内容、心理健康教育的途径和方法、心理健康教育的组织实施五个大的方面进行了阐述，为我国中小学心理健康教育的实施提供了更加科学具体可操作的指导方针和政策。

二、中小学心理健康教育发展现状与特点

（一）现状

我国中小学心理健康教育经过近 30 年的发展，各地普遍开展了形式多样、内容丰富、适合中小学生特点的心理健康教育，积累了非常丰富宝贵的实践经验，并形成了一系列科学的理论与方法，取得了令人瞩目的成绩。学校心理健康教育的重要性和紧迫性已经得到社会的普遍关注和认可，越来越多的教师自觉学习并运用心理健康知识来解决教育工作中遇到的问题，更有越来越多的学生关注自身的心理健康，自觉维护心理健康。但由于种种原因，我国中小学心理健康工作还存在诸多问题。从全国看，地区发展不平衡，质量高低不平衡。从地区看，南方好于北方，东部好于西部，城市好于乡村。从学校看，有的学校观念新、起步早，经过多年的建设，奠定了良好的基础，取得了突出的成绩；有的学校迫于形势的要求和学生发展的需要，也开展了丰富多彩的学校心理健康教育活动，并取得了一些成效，但从根本上对中小学开展心理健康教育的认识还不到位，有应付的心理，流于形式，而且这样的学校不在少数；还有一部分学校，特别是地区较偏远、经济欠发达、信息较闭塞、观念较陈旧、思想较保守的学校，这项工作还处于刚刚起步或者空白状态。从心理健康教师队伍看，一部分心理辅导教师受过专业训练，具有较扎实的教育学和心理学理论知识，且专门从事学校心理辅导工作，具有较丰富的实践经验，这些教师是目前心理健康教育的中坚和骨干力量，但为数不多；一些心理辅导教师是由班主任或其他教师兼任，也受过系统的或短期的学校心理辅导方法和技巧的培训，基本能完成学校心理健康教育工作；还有一部分心理辅导教师是迫于形势的需要，由学校的非教学人员或不能胜任教学任务的教师改行担任，教育理论底子薄，缺乏心理健康教育的专业知识，实践经验少，因此，很难胜任学校心理健康教育工作。总的来说，全国中小学心理健康教育开展情况参差不齐。社会的发展需要人们心理健康，学校的发展需要心理健康教育，教师需要心理健康，学生的发展更需要以心理健康作为保证。

（二）特点

我国学校心理健康教育虽然起步较晚，但发展速度很快，在具体实践中不断产生新的理念、新的方法、新的内容。总的来看，我国中小学心理健康教育呈现以下发展特点。

1. 从消极被动到积极主动

我国从 20 世纪 80 年代学校心理健康教育开展以来，最初由于理论、方法、实践等方面的局限，学校心理健康教育更多地成为学校各项工作的附属品，甚至被认为是可有可无的。很多学校心理健康教育工作处在空白状态，或者只是形式上的心理健康教育，更多的人把心理健康教育简单地归到思想品德教育中去，再加上从业人员的非专业性，必然导致学校心理健康教育处在一种消极被动的状态，工作内容也就是帮助学校解决德育和智育工作问题。人们对心理健康教育的理解，仅限于心理课、心理咨询、建立心理档案、做研究课题等表面形式，由此给学校心理健康教育的正常开展带来了一些负面效应，削弱了学校心理健康教育的作用，导致心理健康教育的内容贫乏化。教育形式的单调性和教育途径的单向性，甚至导致教育对象和教育者关系的对立。

《指导纲要 2012》中明确了学校心理健康教育的积极心理学取向，不仅提出了心理健康教育的总目标，还提出了心理健康教育的具体目标，即"使学生学会学习和生活，正确认识自我，提高自主自助和自我教育能力，增强调控情绪、承受挫折、适应环境的能力，培养学生健全的人格和良好的个性心理品质；对有心理困扰或心理问题的学生，进行科学有效的心理辅导，及时给予必要的危机干预，提高其心理健康水平"。

这一目标与基础教育课程改革的目标精神是一致的，也为学校心理健康教育发展指明了方向。学校心理健康教育开始从被动转为主动、从消极转向积极，表现在学校心理健康教育基本目标就是为人的生存与发展提供积极的心理保障，引导学生学会对人、对事、对己、对自然积极的应对态度、技巧和能力；充分开发潜能，培养乐观、向上的心理品质，促进人格的健全发展，全面提高全体学生的心理素质；大幅度提高学生的学习和生活效能与质量。该目标基本内容主要为：一是积极情感体验，包括生活、学习、自我和人际；二是积极人格塑造，包括积极行为的能力和潜力等；三是积极的社会支持系统构建和运用，包括社会大系统（如国家的法律、法规和政策等）和积极的小系统（如学校、社区、工作单位和家庭等）。在此基础上，该目标主张心理学应该对人类自身的积极心理品质进行研究，在积极理念的指导下应当具有全新的心理健康观，包括积极观、幸福观、预防观、发展观、人本观；用一种更加开放的、欣赏性的眼光去看待人类的潜能、动机和能力等。

2. 由单一关注学生心理健康转向全方位关注学校心理健康中的诸多要素，特别是教师心理健康

学校心理健康教育的初始阶段，人们把关注的焦点集中在了学生身上，而忽略了一个很重要的问题，就是这些问题产生的根源，结果是治标不治本，事倍功半。随着社会的发展，"以人为本""生本教育"的理念越来越深入人心，学校心理健康教育也逐渐走向科学全面发展的轨道。从学校管理、学校环境建设等软硬件方面体现"以人为本"的理念，从宏观到微观渗透心理健康教育的因素，特别是更多地开始关注教师的心理健康和学生的师源性心理问题，营造有利于教师愉快工作的心理环境，增强教师维护心理健康的意识和能力，提高教师的生命质量，这成为学校心理健康教育工作发展的又一趋势。

《指导纲要2012》中指出："要重视教师的心理健康教育工作。各级教育行政部门和学校要关心教师的工作、学习和生活，从实际出发，采取切实可行的措施，减轻教师的精神紧张和心理压力。要把教师心理健康教育作为教师教育和教师专业发展的重要方面，为教师学习心理健康教育知识提供必要的条件，使他们学会心理调适，增强应对能力，有效地提高其心理健康水平和开展心理健康教育的能力。"

我们关注教师心理健康不仅是因为教师心理健康状况会影响到学生，也不仅是因为教师是学校最重要的财富，是教育事业的最重要资源，而更重要的是基于教师本身的尊严。我们强调"以人为本"时没有任何理由忽视教师的尊严和价值，管理者、政策制定者如果单方面强调"一切为了学生、为了学生一切，为了一切学生"的是对教师的无情压榨，由此使学生产生师源性心理问题也就在所难免。而且在某种意义上，心理不健康的教师对学生身心造成的危害，远远超过其教学能力低下对学生产生的影响。

对教师的尊敬是教育事业的基础，是人类文明不断进步的基点。如果教师的生命得不到尊重，教师的工作得不到重视，教师的地位得不到保障，教师失去了尊严，我们就不可能教育出有人文精神和良好精神风貌的学生，也必然影响到人类文明的传承。

3. 从注重表面形式向更深入更全面发展

过去我们一提学校心理健康教育，经常想到的形式和方法是心理健康课、心理咨询、团体辅导、专题讲座、心理课题研究、心理档案等。实际上，我们忽略了一个重要的事实就是：学校心理健康教育的主渠道是各科课堂教学，而

不是简单地开设心理健康课程，对个别学生进行心理咨询与辅导，建立心理健康档案。我们每一个教育管理者和广大的教师都是心理健康教育的实施者，每个学生都是心理健康的受益者，而不是针对个别有心理问题的学生去补救，因此我们把学校心理健康教育的内涵定义为关注生命成长的同时，也需要重新界定其外延。明确学校心理健康教育最经常、最基本的渠道是课堂教学，所以学校心理健康教育要树立"两全意识"，即面向全体学生、全体教师共同参与。学生心理健康教育如果不与课堂教学结合、不与班级管理结合，就会成为镜中花、水中月。所以，学校心理健康教育的开展无论内容还是形式都要脚踏实地，做到内容与形式的统一。

为贯彻落实《国家中长期教育改革和发展规划纲要（2010—2020年）》，适应新时期全面实施素质教育的要求，深化基础教育课程改革，提高教育质量，教育部组织专家对义务教育各学科课程标准进行了修订完善，正式印发义务教育各学科课程标准（2011年版），并于2012年秋季开始执行。心理健康教育所提倡的理念、原则在新课程标准的文本和新课程的实践中都有所体现。

《全日制义务教育语文课程标准》（2011年版）中提到："语文课程应激发和培育学生热爱祖国语文的思想感情，引导学生丰富语言的积累，培养语感，发展思维，初步掌握语文的基本方法，养成良好的学习习惯，具有适应实际生活需要的识字写字能力、阅读能力、写作能力、口语交际能力，正确运用祖国语言文字。语文课程还应通过优秀文化的熏陶感染，促进学生和谐发展，使他们提高品德修养和审美情趣，逐步形成良好的个性和健全的人格。""语文课程必须根据学生身心发展和语文学习的特点，爱护学生的好奇心、求知欲，鼓励自主阅读、自由表达，充分激发他们的问题意识和进取精神，关注个体差异和不同的学习需要，积极倡导自主、合作、探究的学习方式。"

《全日制义务教育数学课程标准》（2011年版）中提到："义务教育阶段数学课程的设计，充分考虑本阶段学生数学学习的特点，符合学生的认知规律和心理特征，有利于激发学生的学习兴趣，引发数学思考""学生学习应当是一个生动活泼的、主动的和富有个性的过程。""教学活动是师生积极参与、交往互动、共同发展的过程。有效的教学活动是学生学与教师教的统一，学生是学习的主体，教师是学习的组织者、引导者与合作者。"

《全日制义务教育物理课程标准》（2011年版）中提到："义务教育物理课程以提高学生科学素养为宗旨，从课程基础性、实践性、时代性等方面提出了课程基本理念，从'知识与技能''过程与方法'和'情感、态度、价值观'三方面提出了课程目标。""以学生终身发展为本，以提高全体学生科学素养为目标，为每个学生的学习与发展提供平等机会，关注学生的个体差异，使每个学生学习科学的潜能得到发展。""贴近学生生活，符合学生认知特点，激发并保持学生的学习兴趣，让学生通过学习和探索掌握物理学的基础知识与基本技能，并能将其运用于实践，为以后的学习、生活和工作打下基础"。

《全日制义务教育思想品德课程标准》(2011年版)中提出义务教育阶段思想品德课程的总目标，又从情感、态度、价值观和能力、知识三个角度提出了思想品德教育的分类目标，如在"情感、态度、价值观"的分类目标第一条中，提出要珍爱生命，自尊自信，乐观向上，意志坚强；在"能力"的分类目标第一条中，提出要学会调控自己的情绪，能够自我调适、自我控制；在"知识"的分类目标第一条中，提出要了解青少年的身心发展特征和促进身心健康发展的途径，认识个体成长与社会环境的关系"。

由此可见，新课程改革的理念就是在各科课程改革中，全面渗透心理健康教育，全面提升学生心理健康素质。学校心理健康教育并不是单独的一门学科，而是贯穿在学校的各项活动中，与学校的每一个人息息相关，与学校的各项工作密切相连，新课程改革推动了学校心理健康教育全面深入地展开。

4. 从个别兼职向全员专业化发展

新形势下的教师，不仅要有专业知识和教学能力，而且必须了解学生身心发展的规律，了解心理健康教育的意义，具备心理健康教育的能力，在各自的教育实践中自觉体现和渗透心理健康教育，更好地实施新课程，成为学生的良师益友。这就对教师提出了更高的要求，也是历史发展赋予教师新的使命。教师的根本任务不仅仅是传统意义上的教书育人，而且还要做学生心理健康的引路人，因此，每个教师都要参与学校的心理健康教育工作，更要懂得心理健康教育的专业知识，这就促使学校心理健康教育走向全员化、专业化的轨道。教育行政部门对学校心理健康教育工作的指导，也是随着这项工作的逐步开展，不断提高、不断完善的过程。

《意见》中明确指出："搞好师资队伍的建设，提高广大教师的心理健康水平，是保障心理健康教育正常、健康开展的重要条件。要积极开展对从事心理健康教育教师的专业培训。要把对心理健康教育教师的培训列入当地和学校师资培训计划。通过培训，使从事心理健康教育的教师提高对心理健康教育重要性的认识，掌握进行心理健康教育所具备的知识和能力。通过培训取得证书的教师，还要有从事专职心理咨询(辅导)教师资格认证。对专业知识和实际能力达不到要求的教师，绝不能随意安排做专职心理咨询教师。未配备合格心理咨询教师的学校，暂不开展心理健康教育。"

《指导纲要 2012》中指出："大力开展心理健康教育教师培训。教育部将组织专家制定教师培训课程标准，分期分批对中小学心理健康教育教研员和骨干教师进行国家级培训。各省级教育行政部门要将心理健康教育教师培训纳入教师培训计划，分期分批对区域内心理健康教育教师进行轮训，切实提高专、兼职心理健康教育教师的基本理论、专业知识和操作技能水平。要在中小学校长、班主任和其他学科教师等各类培训中增加心理健康教育的培训内容，建立分层分类的培训体系。"

近几年，随着学校心理健康教育工作的开展，国家和地方都开始把心理健康教育知识纳入各级教师全员培训当中，使每一位教师都意识到心理健康教育的重要性，都要掌握心理健康教育的内容和方法，做到专职心理健康教师与教师全员参与相结合，为学生心理健康发展保驾护航。正是在国家一系列政策的指导下，学校的心理健康教育工作才能与时俱进，在实践中积累经验，在总结经验的基础上不断提高完善，使这项工作逐步走上科学健康发展的轨道。

三、中小学心理健康教育的途径

(一)在各科教学中渗透心理健康教育

《指导纲要 2012》中指出："学校应将心理健康教育始终贯穿于教育教学全过程。全体教师都应自觉地在各学科教学中遵循心理健康教育的规律，将适合学生特点的心理健康教育内容有机渗透到日常教育教学活动中。要注重发挥教师人格魅力和为人师表的作用，建立起民主、平等、相互尊重的师生关系。要将心理健康教育与班主任工作、班团队活动、校园文体活动、社会实践活动等有机结合，充分利用网络等现代信息技术手段，多种途径开展心理健康教育。"

学生在学校的主要活动是上课，各科任课教师具有了解学生、教育学生的便利条件。心理健康教育应充分利用课堂教学这个主要阵地，全体教师共同参与，面向全体学生。

1. 教师必须重视自身的心理健康

教师的心理素质直接影响学生的心理健康，一个心理素质差、心理不健康的教师，容易冲动，迁怒于学生，伤害学生的自尊心和上进心，会使学生产生焦虑、自卑、恐惧、怨恨等消极心理，甚至对学生一生的发展造成难以挽回的负面影响；而一个心理素质好、心理健康的教师会给学生创造一个稳定、愉快、宽松、友爱的学习环境，使学生容易形成乐观向上的积极心态，为学生一生的发展奠定良好的基础。

2.把心理健康教育纳入课堂教学目标体系

教师要把心理健康教育纳入课堂教学目标体系之中，结合每节课的具体教学内容，渗透相应的心理健康教育，以实现培养学生身心全面发展的总目标。

3.加强学习方法的指导

学生的许多烦恼都与学习有关，其中，学习方法不当是主要原因。随着学习内容的拓宽，难度的加深，对学生的要求越来越高。如果不能及时调整学习方法，就会导致学习成绩下降，由此而引发自卑、焦虑、厌学等心理问题。各科任课教师应把本学科的学习方法教给学生，让学生学会学习，学会在学习中自我监控，自我管理，积极自觉地学习。

4.增强学生的自信心

学生缺乏自信有多方面原因，其中教师或家长不当的批评、挖苦讽刺、失败的经历、期望值过高等是学生缺乏自信最主要的原因。学生缺乏自信不利于健全人格的形成，因此，教师要注重培养学生的自信心，如帮助学生设置适当的学习目标，给每个学生创造体验成功的机会，多鼓励学生等。

在学科教学中渗透的心理健康教育，往往是零散的、不系统的，因为各学科教学有其自身的独特任务和完整的知识体系，所以心理健康教育在其中只处于辅助地位。同时学科教学也不可能包揽心理健康教育的所有方面。因此，心理健康教育不能单靠学科渗透来完成，还必须结合其他方式，如专门的心理健康教育活动课、其他专题教育活动、团体心理辅导等多种形式共同进行。

(二)心理健康教育课程

心理健康教育的专门课程，是学校列入课程计划的，并通过显性课程的形式实施的，有目的、有计划、有系统、有组织地对学生的心理健康施加影响的一类课程。这一类课程通常包括两方面内容；第一，心理健康教育学科课程，即较为系统地传授有关心理发展和心理健康基础知识的一种课程形式，如心理健康教育知识讲座等；第二，心理健康教育活动课，也叫心理辅导活动课，即教师根据学生身心发展的特点，以教学班为单位，运用心理学、教育学的有关原理，有目的、有计划、有系统、有组织地通过以学生为主体的活动方式，对学生进行心理健康教育的一种课程形式，它具有活动性、主体性、互动性、体验性和感悟性等特点。

(三)心理辅导

心理辅导可分为个别心理辅导和团体心理辅导。个别心理辅导是针对个别学生心理发展中出现的问题有针对性地加以引导。团体心理辅导主要是指以一定的学生群体为单位，教师与学生共同就某一个问题展开讨论与研究，明辨是非，弄清方向。无论个别辅导还是团体辅导都要注意学生的年龄特点，通常在高中阶段心理辅导应强调，教师与学生一起探讨一个问题，明确一个道理，找出一个差距，体验一种感情，矫正一个行为（思想），提高一个水平。初中和小学则应强调，教师与学生一起开展一个活动，在活动中表现，在活动中体验，在活动中学习，在活动中矫正，在活动中提高。

心理辅导要分以下几个阶段进行：一是调查分析准备阶段，在这个阶段教师要注意收集学生的发展资料，并通过日常观察、家庭访问和心理测量等手段来分析全体学生的心理发展状态并找出个别学生的特殊问题，确立团体辅导与个别辅导的内容；二是根据辅导内容设计个别辅导和团体辅导的方案；三是开展辅导后的调查，继续进行个别辅导或咨询。

（四）心理咨询

心理咨询是学校心理健康教育的重要形式。学生心理咨询就是运用心理学的原理和方法，对学生在学习和生活过程中所碰到的一般的心理问题给予直接或间接的辅导和帮助。心理咨询遵循的是教育模式，而不是医学模式，在咨询的过程中，来访者被看作正常人，而不是病人。咨询者的任务是就来访者的日常生活及学习中的问题或应激情境，帮助其发现某种策略或行为方式，充分利用现有条件，达到其追求的现实目标。心理咨询强调发展的观点，它帮助来访者消除阻碍发展的各类因素，以达到最佳水平。咨询的主要方式是谈话，咨询师的基本技能之一是倾听。

从广义角度上看，学校心理咨询属于学校教育的一个方面。从狭义角度上看，一般意义上的学校教育是从社会和群体出发，希望学生学习成人社会的模式和规范，是"自上而下"的过程，偏重外在标准，重在整齐划一；心理咨询是从学生个人出发，重视学生个人的价值和独特性，目的是协助学生解决问题，满足学生的个人需要，发挥学生的个人潜质。它是个"自下而上"的过程，常常是学生说教师听的过程。

（五）心理评估

心理评估是以心理学的手段和方法对学生个体和群体的心理进行鉴定、分类与诊断的过程。通过心理评估可以了解学生的心理活动及其健康状况。心理评估是学校心理健康教育的基础。

心理评估的方法很多，学校常用的方法有观察法、谈话法、问卷法、个案法和心理测验法。目前，心理测验法运用的越来越多，学校常用的心理测验有智力测验、人格测验、学习诊断测验和心理健康测验等，但心理测验不能滥用，要选用信度、效度较高的量表，由受过专业培训的人员在必要的情况下进行。

（六）建立心理健康教育档案

为了做好心理健康教育工作，建立健全学生心理档案是十分必要的。学生的心理档案一般包括以下内容。

1. 学生本人概况

姓名、性别、民族、出生年月、籍贯、曾读学校、获得奖励情况等。

2. 家庭状况

家庭成员、父母年龄、文化程度、职业、宗教信仰、经济状况、居住条件、管教方式以及周围环境等。

3. 身体状况

一般健康状况、有无生理缺陷、个人病史。

4. 在校状况

承担的工作、学科兴趣、专长、各科成绩、奖惩情况。

5. 心理测验记录

智力测验、气质测验、性格测验以及一些有针对性的测验。

6. 个别辅导记录

建立学生心理档案一定要注意遵守保密性原则，不可随意给无关人员翻阅。尤其是心理测验资料，在通常情况下学生本人都不可随意翻阅。

四、中小学心理健康教育实施过程中容易出现的问题

随着心理健康教育的逐步展开，我们在实践中摸索出一些成功的经验和做法的同时，但也应该看到，由于很多学校处在起步摸索阶段，再加上各地区经济文化等方面发展的不平衡，各学校师资、设备等方面参差不齐，在具体实施过程中出现了一些误区，这些问题如不及时加以纠正解决，势必影响到今后学校心理健康工作的正常开展。

（一）在思想观念上对心理健康教育认识不足

我国正处在一个社会转型期，竞争的加剧使每个人都感到了前所未有的压力，这种压力在中小学生乃至大学生身上主要表现为学习负担的加重、将来就业的压力、人际交往的困惑等方面，以至于近些年学生心理疾病的发病率呈上升趋势。而现在的学校尤其是中小学几乎很难找到真正意义上的学生心理健康教育机构，很多学校的心理健康教育基本上处在形式阶段。由于国家对学校心理健康工作的硬性要求，学校也意识到学生心理健康教育的重要性，学生也期待心理健康工作的落实，但由于受教学工作压力大、经验不足、缺乏专业人员等各种因素影响，导致很多学校心理健康工作只停留在表面上，无论在方法上还是内容上都存在着这样或那样的问题，主要原因在于一些学校对学生心理健康教育工作的认识程度不够，没有抓落实，没有厘清心理健康教育与学校总体工作的关系。

（二）把心理健康教育与思想品德教育混为一谈

一些学校和教师没有厘清心理健康教育与思想品德教育的关系，无论在认识上还是实践上都已经出现了这样的误区，就是把心理健康教育等同于思想品德教育，用简单的说教、传统的德育方法代替心理辅导。例如，在课堂上有的学生用违犯课堂纪律、跟教师作对等不正确的方式来表现自己。从表面上看，似乎应该对这样的学生进行思想政治教育，但实际上他们内心深处存在着被人尊重、被人认可的心理需求，而这种需求从正常途径得不到满足，他们就通过不恰当、不正确的手段来实现自己内心的愿望，这样的学生更需要的是心理帮助，而不是思想品德教育。

心理健康教育与思想品德教育有着本质的不同，主要表现在以下几个方面。

1. 理论基础不同

心理健康教育是以心理咨询学、心理卫生与治疗、人格心理学、变态心理学等为理论基础，而思想品德教育则以马列主义、毛泽东思想为指导。

2. 目的不同

心理健康教育的出发点和归宿是关注人的身心健康，使人体会到活着的价值并享受活着的快乐，摆脱消极情绪，了解自身，正确看待自己，提高社会适应能力，帮助学生达到个性和谐健康发展。而思想品德教育解决的是人的世界观、人生观、道德观的问题。

3. 内容不同

心理咨询的面非常广，它几乎涉及人们日常生活学习工作的方方面面。而思想品德教育主要包括两部分：基础性的教育，如爱国主义、集体主义、革命传统、理想道德、民主法制教育、时事政策教育，还有热爱本职工作教育以及基本行为训练。

4. 对工作人员要求不同

从事心理健康教育的人员必须接受相应的心理专业培训，掌握相应的技能和技巧。而思想品德教育的从业人员却比较广泛，可以是任何一位教师、家长、先进人物等。

5. 方法不同

心理健康教育要以尊重、理解、真诚、倾听、助人自助等为方法论原则，对学生中出现的问题不存在对与错、该不该的问题。而思想品德教育是从正面出发，对学生的错误思想与行为进行说服、矫正，存在着对与错、该不该的问题。

6. 评价标准不同

衡量心理健康教育的标准可以以学生身心是否健康和谐发展为标准，而思想品德教育则以学生的言行是否符合社会政治经济文化发展要求为标准。

（三）对心理健康教育课的片面认识

学生的心理能否健康发展取决于诸多因素，需要学校各科教师相互协调，学校中的各种教育力量相互统一，学校教育与家庭教育、社会教育相互配合，共同为学生的健康发展提供宽松、和谐的外部环境，绝不是一门心理健康课或通过几次心理辅导就能解决的问题。因此，在学校心理健康教育中要发挥课堂教学的主渠道作用，树立"两全"意识。一是全体教师共同参与的意识。每个教师都应该意识到，在新形势下，教师的根本任务不仅是教书育人，还应在教书育人的过程中做学生心理健康的促进者、实施者；不仅要教会学生求知，更要教会学生做事、做人，让学生在学习、生活中学会与人交往的技巧，保持乐观、自信、积极向上的心态，使学生身心和谐健康发展。二是面向全体学生的意识。现在一些学校形成了这样一种消极的心理健康教育模式，一方面由于教师或学校不恰当的教育行为引发了学生心理问题的发生，另一方面又通过心理咨询、心理辅导去补救。实际上任何事情都应该做到"防患于未然"，对学生中可能出现的普遍性问题要通过适当的方式及时进行团体辅导，而对学生中出现的个别问题要通过个别辅导、咨询帮助解决，不要等到问题到了一定程度再去弥补，而有的问题真正发展到了一定程度，仅靠简单的辅导、咨询就已经难以解决了。因此，学校心理健康教育应以面向全体学生开展的积极预防和发展性工作为主，并与面向少数学生开展的补救性的心理咨询、辅导和矫治工作相结合。

（四）忽视教师心理健康

教师作为学生心理健康的实施者与引导者，首先要保证自身的身心健康，这是学校实施心理健康教育的关键。然而，有些学校仅把心理健康教育看成针对学生的心理健康教育，忽视了教师的心理健康。实际上学生中出现的许多心理问题都与教师有直接关系，因为教师的心理健康与否直接影响他的教育方式与教学行为。一个心理素质好、能正确运用教育科学知识的教师会在教育教学活动中给学生创造一个轻松愉快、积极向上、宽松友爱、自信乐观的学习氛围；而一个心理素质欠佳的教师，会出现心理状态的不稳定性，教育方法的不正确性等方面的问题，给学生造成一种无形的心理压力，使学生产生紧张、焦虑、自卑、抑郁、恐惧，甚至怨恨、敌对等心理问题，给学生造成难以弥补的心灵创伤或严重后果。因此，一名合格的教师必须自觉学习和运用教育学、心理学方面的知识，在对学生进行心理健康教育的同时，保证自身心理状态的相对稳定性、心理状态的均衡性、良好的心理承受能力和心理素质完善的长期性，学校也应在学校工作中真正体现"以人为本"的理念，为教师提供良好的人文和工作环境，关注他们的需要，倾听他们的呼声，为他们提供心理释放的空间。

（五）心理健康教育方法简单化、课程化、形式化

目前有些地方由于缺乏对教师进行中小学心理健康教育实施理论与方法的培训，在具体实施过程中出现了简单化、课程化、形式化的倾向，甚至缺乏科学性，不但没有起到促进学生心理健康的作用，反而引发了不应有的心理问题。比如，有的教师用缺乏信度和效度的量表随意对学生进行所谓的心理测试，在测试过程中又缺乏科学的操作和解释，使学生得出了"我有神经病""我智商低"等结论，给学生心理造成很大的伤害。还有的学校心理健康课像其他课一样记笔记、背诵、考试，背离了心理健康教育实施的本意，给原本负担已经很重的学生又增加了一个包袱，这是心理健康教育实施过程中不得不正视的一个问题。而更多的问题是形式主义，一些学校根据国家和教育主管部门的要求，为应付检查验收，出现了形同虚设的课表、心理咨询室、心理健康教师等，没有真正从思想上、行动上认识到学校心理健康工作的重要性，或者思想上也认识到心理健康工作的重要性，但由于片面追求升学率等因素影响，使心理健康教育工作处在边缘化、可有可无的境地。

我国心理健康教育从20世纪80年代起步至今，走过了近30年的时间，取得了很大的实效，积累了很多成功的经验和做法，形成了丰富的理论体系，但由于我国教育发展的不均衡，各地教育主管部门各学校对心理健康教育重视程度不同，以及各种因素影响，导致我国中小学心理健康工作总体开展情况参差不齐，有的高度重视、扎实有效，有的流于形式、形同虚设，有的基本空白、难以应对，还有的各自为战，没有形成合力。诸多现象表明，中小学心理健康工作要想取得长足的进展和实效，还有很多工作要做，还有很长的路要走，而且同我国社会教育发展一样，是一项长期不懈的工作。为此。我们必须及时总结经验，找出存在的问题，纠正不正确的观念与做法，使学校的心理健

康工作朝着科学、正确的轨道发展。

延伸阅读

［1］杨凤池．幸福"心"帮助［M］．北京：中华书局，2011．
［2］牧之．心理暗示的力量［M］．北京：电子工业出版社，2012．

第二章　心理健康教育的理论和方法

本章导读

1. 理解掌握精神分析、行为主义、认知心理学、人本主义的基本理论。
2. 掌握行为主义的主要方法。
3. 掌握认知理论的主要方法。

案例 2-1　小丽为什么不帮妈妈擦地

小丽(化名)，女，11 岁，四年级学生，身体健康，性格开朗活泼，学习成绩一般。家境良好，父亲是公务员，母亲是教师，有一个 4 岁的妹妹，父母工作比较忙。小丽小时候常常跟妈妈一起做家务，妈妈为此很高兴，常给小丽发奖金，而小丽得到奖励也很开心。后来，妈妈越来越发现这个办法不大好用了，就给小丽涨奖金，由 1 块到 2 块，再到 3 块，这一次，妈妈让小丽扫地并且说奖励 5 块钱，不料小丽却怎么也不肯，说："妈妈，你扫吧，我奖励你 10 块钱。"

请你分析：小丽为什么会这样？请你给小丽一些指导性建议。

心理健康教育有众多的理论基础，不同的理论从不同的角度对心理健康问题进行解释。本章着重介绍精神分析理论、行为主义理论、认知心理学、人本主义理论以及这些理论的咨询技术。

第一节　精神分析的理论和方法

精神分析疗法又叫心理分析疗法，是心理治疗中最主要的一种治疗方法。精神分析理论的创始人和早期代表人物是西格蒙德·弗洛伊德（Sigmund Freud，1856—1939），犹太人，奥地利精神病医生及精神分析学家。其主要的理论观点是：人格的合理建构是心理健康的前提，心理健康的人就是那些没有严重异常症状的人，这些人有能力去爱并且从事生产性的工作。

精神分析理论是建立在对病人进行分析的基础之上的，因此，他强调更多的是异常和不适应的特点。尽管如此，弗洛伊德的理论和观察依然使我们对人类的行为和动机有了新的认识，并对整个心理学界产生了巨大的影响。

一、基本理论

(一)意识理论

人的精神生活由意识和无意识组成，中间夹着很小的部分为前意识。无意识有两种含义：一是人对自己行为的真正原因和动机不能意识到；二是人在清醒的意识下面还有潜在的心理活动进行着。后者包含了各种人类社会伦理道德、宗教法律不容许的，原始的、本能的欲望，它也是在过去经验中获得的。

前意识里的内容可以通过仔细回忆、提醒召回到意识中。无意识中各种本能冲动、欲望一直都在积极活动中，有时还很急迫，力求在意识行为中得到表现，但又不能轻易达到，这是因为本能的欲望往往为社会道德宗教法律所不容许，所以当其出现时就会在意识中唤起羞耻感、罪恶感、焦虑感，对无意识中的本能冲动、动机、欲望进行压抑，无意识却施以相反的力量，这就是所谓压抑。这些东西在压抑的作用下存在于意识之中，就会以梦、口误、笔误、记忆错误等方式出现，病态的压抑则可能导致疾病——癔症、抑郁症、焦虑症、强迫症等。精神分析的实质就在于揭示无意识，使病人得到领悟，症状就会随之消失。

(二)人格结构理论

随着对人格研究的进一步深入，弗洛伊德发现意识理论在描述人格上有局限，在《自我与本能》(1923年)一书中，提出了三步人格结构说，他认为人格由本我、自我、超我三部分构成，三者始终处于冲突—协调的矛盾运动中。

本我又称"生物的我"，是人格中与生俱来的、最原始的部分，由人的先天本能、原始的欲望组成，其中最重要的是性本能和攻击本能。本我完全处于心理的无意识层面，可以看作原始驱力的储存处。本我按"快乐的原则"行事，非理性地运作着，它跟随冲动运动并追求即时的满足感而不考虑其后果。

超我也称"理想的我"，是人格中最文明、最有道德的部分。它是个体在生活中通过接受社会文化的教养而逐步形成的，是一个人的价值观的储存处。超我受"道德原则"支配，凡不符合超我的动机欲望都将引起不安。超我经常和本我出现矛盾，本我想要做感觉上快乐的事情，而超我则坚持做正确的事情。

自我又称"现实的我"，是人格中符合现实的、理智的部分。自我的基本任务是调和本我冲动和超我需求之间的冲突，奉行"现实的原则"，它对本我中的东西有检查权，既要防止被压抑的东西扰乱意识；还要在超我的指导下，按外部现实条件去驾驭本我的要求。自我同时侍奉三个严厉的主人：超我、本我、现实。当本我和超我产生矛盾后，自我会进行折中来尽量满足两者的需要，然而当本我和超我之间矛盾非常紧张时，自我便很难制定出最优的折中办法。在一个健康的人格中，这三种结构的作用是均衡协调的，本我是求生存的必要的原始动力，超我在监督本我，自我对上按超我的要求去做，对下吸取本我的动力，调整其冲突，对外适应环境，对内调节心理的平衡，如果本我、超我之间的冲突不能化解，三者关系失衡，则将导致心理失常。

（三）性欲学说

弗洛伊德认为，在人的发展过程中存在一个正常的性心理发展阶段，性需要是依次通过五个阶段五种形式来求得满足的，个体如果不能以正常方式通过这些阶段，就会产生各种失调和人格障碍。性心理的发展过程如果不顺利，停滞在某一阶段，即发生固着；如果受挫就会退行，就可能导致行为的异常。

第一阶段：口唇期（0~1岁），婴儿通过口唇的吸吮等口部动作获得快感。如果这个时期遇到某种创伤或过度满足，就会形成口唇期人格特征，如沉溺于咬和吮手指、吸烟、喝酒、贪吃、爱说等，退行或固着在口唇期的人是敌意的，并且易对人吹毛求疵。

第二阶段：肛门期（1~3岁），儿童通过延迟或延长排便时间来获得满足。退行或固着在这个阶段的人，可能会过分控制排便导致储藏类性格，叫作肛欲保持，以退缩的方式与世界保持联系；相反也可能导致拖拉、冲动、不可控制的性格，叫作肛欲逐出。退行或固着到这个阶段的人，可能变得过分不整洁，或过分整洁。

第三阶段：生殖器期（3~6岁），弗洛伊德认为，儿童未来心理健康的命运锁定在这个阶段。这一时期儿童被异性的父母吸引，期间如果受到某种创伤体验或过度满足，就会出现一些心理问题，如对人有敌意倾向，女孩的恋父情结、男孩的恋母情结等。

第四阶段：潜伏期（6岁至青春期），这一时期主要对外部世界感兴趣，如探索自然环境、学习知识、参加文体活动等，儿童人格的自我和超我部分获得了更大的发展。

第五阶段：生殖期（青春期至成年），青少年重新对异性发生兴趣，喜欢参加由两性组成的活动。这一时期伴随着青春期前性能量的改装换面，和俄狄浦斯情结有联系的性感觉开始出现，青少年必须学会把性吸引的感觉由父辈转向异性同伴。成熟的性意识，就是用成熟的方式和恰当的内容表达性感觉，然而，任何以前的退行和固着都限制了个体达到这个阶段并感到满意的能力。

儿童发展的某阶段没有顺利度过是导致心理问题甚至心理障碍的重要原因。

专栏 2-1　俄狄浦斯情结

在古希腊神话中有这么一个预言：底比斯王的新生儿（也就是俄狄浦斯），有一天将会杀死他的父亲而与他的母亲结婚。底比斯王对这个预言感到震惊万分，于是下令把婴儿丢弃在山上。但是有个牧羊人发现了他，把他送给邻国的国王当儿子。俄狄浦斯并不知道自己真正的父母是谁。长大后他做了许多英雄事迹，赢得伊俄卡斯达女王为妻。后来国家瘟疫流行，他才知道，多年前他杀掉的一个旅行者是他的父亲，而现在和自己同床共枕的是自己的亲生母亲。俄狄浦斯王羞怒不已，他刺瞎了自己的双眼，离开底比斯，并自我放逐。

俄狄浦斯情结又称恋母情结，是精神分析理论的术语。弗洛伊德认为，儿童在性发展的对象选择期，开始向外界寻求性对象，在幼儿期，由于母亲偏爱儿子和父亲偏爱女儿，儿童的这个对象首先是双亲，男孩选母亲而女孩则常选父亲。在此情形之下，男孩把父亲看作争夺母亲的敌人，并想取代父亲在父母关系中的地位。而在我们的伦理道德中这是不被允许的，甚至说想一下也被认为是邪恶的。在这一时期，儿童是很矛盾的，不过对于大部分的人来说，在意识还未完全认识到这一点的时候，已经成功处理了。具体来说，当男孩开始嫉恨父亲，想要拥有母亲的时候，自然会表现出对父亲的敌视，但是他越来越发现自己不够强大，转而，他会向父亲学习产生认同，慢慢地就成长起来了。在这个转变过程中，一个强大的父亲比之一个懦弱的父亲是更容易让孩子认同的，相反，如果母亲在家庭中过于强大，男孩子就很有可能认同母亲，这对孩子的成长就可能会有影响。

大部分人不知道自己的身上有这种感觉，当这些感觉出现时，它们都早已被伪装过了。但是还是有一部分人因为种种原因没有安全度过俄狄浦斯期，一直固结在那里，自己潜意识里想，而意识里又是不允许的，这种恐惧使得那些社会不允许的感觉被封锁在无意识底下，但是它们在那里不断想冲破束缚。这种介于想要和不想要之间的挣扎就会造成心理问题。

二、精神分析理论基础上的心理健康教育与咨询的目标

(一)使无意识向意识转化

精神分析理论认为，形成神经症症状的根源是被压抑到无意识中未能得到解决的欲望，是早年形成的症结。精神分析疗法就是要把压抑在无意识中那些童年创伤、痛苦体验挖掘、暴露出来，变成意识的东西，加以分析、解释、疏导，使患者从心理医生的分析中重新认识自己，并改造自己人格的不足，改变不良的行为模式，以实现治疗的目的。通过心理分析工作，病人能真正意识到并在感情上体验到这是幼年期形成的病根，现在已经没有意义了。病人洞察到以前意识不到的致病原因，症状也就失去了存在的意义。这种洞察叫作"领悟"。用精神分析的方法使病人达到真正的领悟，就是精神分析治疗的基本原理。"领悟"使我们不再与自己内心的无意识争斗，而是尽量达成和谐，那么我们与外在的他人以及环境的关系也就会变得融洽和谐，对生活的快乐感、满意感也会慢慢提升。

(二)使本我、自我、超我之间达到和谐状态

人格结构中的本我、自我、超我三部分在现实生活中始终处于冲突—协调的矛盾运动中。比如，一个人看到了一大笔钱，本我的欲望是要不顾一切地得到它，但超我以严厉的道德标准给予监督和控制，外界现实也不准许这种行动。自我就要考虑，如何做到既不冒犯超我和现实，又能释放本我因兴奋和冲动而积聚的能量。精神分析疗法的目标就是强大自我的力量，使自我能够协调好本我、超我和现实的关系，在现实中应对自如。

(三)运用自我心理防御机制，强化自我的力量

自我在处理本我欲望的冲动、超我的严密监督和现实限制的矛盾冲突中，逐渐发展了一种机能，它可以在人不知不觉中用一定的方式调整冲突双方的关系，使超我可以接纳而不致引起严重的焦虑和痛苦，同时可使本我的欲望以各种形式得到满足，这就是自我的心理防御机制。

每个人都在有意无意地运用心理防御机制，在一般情况下，使用得当可免除内心痛苦以适应现实；但在特殊情况下运用过分或运用不当，虽然使得由于冲突或挫折引起的焦虑不被感觉到或焦虑减轻，但却以症状的形式表现出来从而形成心理疾病。

弗洛伊德精神分析理论中，心理防御机制主要有如下几种表现形式。

1. 潜抑

一些自我不能允许的愿望或冲动在人不知不觉中就被压抑到无意识，使人

自己意识不到有这种愿望和冲动，这就是潜抑。它带有强迫性，与自然遗忘不同，如俄狄浦斯情结就是在儿童早期被潜抑的、没有得到正常解决的情绪冲突。虽然人不能自己觉察，但它影响人的行为，还会成为以后形成神经症症状的根源。

2. 否认

对引起焦虑痛苦的事件加以"否认"，似乎它根本没有发生，如"掩耳盗铃"。成年人突然听到一件不幸的消息，常常首先认为"这不是真的"。

3. 外投射

把自己的动机和愿望投射到别人身上，断言别人有这种动机和愿望，而这些愿望都是超我不允许的，而且自己也意识不到这些动机和愿望。正常人的这种外投射虽然可以保护自己内心安宁不受良心谴责，但影响他对事物的正常观察和判断。

4. 内投射

把别人的欲望、个性特点不自觉地吸收或成为自己的并表现出来，称为内投射。内投射的对象常是所爱、所崇拜、所恨和所怕的人，尤其是父母。父母对子女的态度不良也会通过内投射机制使儿女性格发生偏向。

5. 置换

把对某事物的强烈感情不自觉地转移到另一事物上，以减轻精神上的负担，这种机制叫作置换，如"迁怒""移情"。

6. 退行

当人的欲望遇到挫折时，即放弃已经习得的成熟的态度和行为模式，而使用以往较幼稚的方式来满足自己的欲望，叫作退行。比如，成人发现钱包被偷在大街上哭闹。

7. 反向

内心里有一种欲望或冲动要求表现，但表现出来可能引起不良后果，于是表现出相反的欲望或冲动，称为反向。

8. 合理化

当人的需要遇到挫折时，为了使自己心理平衡，而否认了自己原来的要求，去找个其他正当的理由来辩护以免除内心的不安。比如，《伊索寓言》中"狐狸和葡萄"的故事，狐狸吃不到葡萄，就说葡萄是酸的。

9. 代偿

身体或心理上的缺陷借助这个机制使缺陷得到代偿，解除了这些缺陷引起的内心痛苦。比如，身体有缺陷的学生特别勤奋，以取得优异成绩赢得人们的尊重，这是正常的，而过度代偿则是病态。

10. 升华

被压抑的欲望或冲动不直接以社会所反对的形式来表现，而成为推动崇高目的的动力。所表现的行为既有益于社会，也使自己无意识的欲望得到满足，即为升华，如攻击本能驱力升华为快乐的竞技、游戏和运动。

在这些心理防御机制中，有成熟的、积极的，如"升华"；也有不成熟的、消极的，如"否认、外投射、退行、反向"等；还有中性的，如"潜抑、内投射、合理化、代偿"等。精神分析疗法要帮助来访者强大自我，正确对待心理防御机制，自觉使用积极的部分，适当使用中性的部分，避免使用消极的部分，以更好地适应环境。

三、精神分析理论的咨询技术

精神分析疗法以潜意识的理论为基点，所要探讨的是"一个人之所以是那个样子"的真正原因，把病人不知道的症状产生的真正原因和意义，通过挖掘病人无意识的心理过程，将其召回到意识范围内，破除潜抑作用，揭穿防御机制的伪装，使病人真正了解症状的真实意义，便可使症状消失。精神分析疗法设法使潜意识的东西进入意识中，然后通过自我认识摆脱心理问题和不良情绪。

(一)催眠

狭义的催眠(hypnosis)是指对人或动物刺激视觉、听觉或触觉来引起半睡眠状态，对人还可以用言语暗示引起半睡眠状态。广义的催眠是指用特殊的刺激产生的心理状态的改变。这种睡眠状态跟普通睡眠不同。

催眠术是运用暗示等手段让被催眠者进入催眠状态并能够产生神奇效应的一种技术。催眠是以人为诱导(如放松、单调刺激、集中注意力、想象等)引起的一种特殊的类似睡眠又非睡眠的意识恍惚心理状态。其特点是被催眠者自主判断、自主意愿行动减弱或丧失，感觉、知觉发生歪曲或丧失。在催眠过程中，被催眠者遵从催眠师的暗示或指示，并做出反应。催眠的深度因个体的催眠感受性、催眠师的威信与技巧等的差异而不同。科学证明恰当地使用催眠可以消除紧张、焦虑情绪，建立乐观积极的心态。

(二)自由联想

弗洛伊德创造了自由联想法，让病人将压抑于无意识的欲望再现出来，使无意识的"症结"意识化，建立正确与健康的心理结构，摆脱心理障碍。

自由联想法是弗洛伊德进行精神分析的主要方法之一。具体做法是：让病人在一个比较安静与光线适当的房间内，躺在沙发床上随意进行联想。治疗医生则坐在病人身后，倾听他的讲话。治疗进行前要让病人打消一切顾虑，想到什么就讲什么，医生保证对谈话内容保密，鼓励病人按原始的想法讲出来，不要难为情，或怕人们感到他的想法荒谬奇怪而对原始想法有意修改。因为越是荒唐或不好意思讲出来的东西，越有可能最有意义并对治疗最有价值。在进行自由联想时要以病人为主，医生不要随意打断他的话，当然在必要时，医生可以进行适当的引导。一般来说，医生往往鼓励病人回忆从童年起遭遇到的一切经历或精神创伤与挫折，从中发现那些与病情有关的心理因素。自由联想法的最终目的是挖掘病人压抑在无意识内的致病情结或矛盾冲突，把它们带到意识领域，使病人对此有所领悟，并重新建立现实性的健康心理。由于许多事情属于幼年时代的精神创伤，当时所产生的情感反应常是比较幼稚的，现在当病人在意识中用成人的心理去重新体验旧情时，就比较容易处理和克服，这叫作情感矫正。通过这样一种治疗过程，病人呈现的症状也会自然消失。

（三）释梦

梦不一定表明未来怎样，但它可能说明以前如何。梦是人的愿望的满足，这种满足的方式有三种情形：一是愿望的直接满足，二是愿望的反向满足，三是愿望的象征满足。梦是无意识得以发泄的最佳场所，同样的梦境可能因分析者对其显意、隐意及象征意义有的理解不同，而产生迥然不同的解释结果。所以心理医生在为病人释梦之前，都必须对其生活环境、生活习惯、心理状况有大致了解。

（四）移情

当病人沉入往事回忆时，会说出许多带有焦虑情绪的事情，而这些事情往往与他关系密切的人物（如父母）有关，因此，自然情感的发泄也是有针对性的（针对自己的父母）。在会谈中病人往往把治疗者当作发泄的对象，这就是移情。把过去与父母的病态关系转移到与治疗者的关系上。当病人出现移情，对治疗者表露出特殊的感情，把他当作上帝（正移情）或魔鬼（负移情）时，治疗者一定要清楚地意识到自己的处境和地位，这是治疗过程中必然会出现的好现象。治疗者一定要超脱自己，善于利用这一移情，循循诱导，让病人认识到建立一个良好的人际关系的必要性。当这些从无意识过程中所暴露出的病态或幼稚情感和人际关系成为意识过程中的内容时，这种不成熟的或"神经症性"的心理防卫机制就减弱了，移情问题也就随之消失了。

（五）直接分析疗法

直接分析疗法是一种现代心理动力学疗法，心理医生不是去等病人顿悟，而是提出自己的解释并向其直接陈述这些解释。解释是逐步深入的，根据每次会谈的内容，以病人说过的话作为依据，用病人能理解的语言告诉他其心理症结所在。解释的程度随着长期的会谈进行和对病人心理的逐步了解而加深和完善，而病人也通过长期的会谈在意识中逐渐培养起一个对人对事的成熟心理反应和处理态度。

精神分析疗法的适应症是心理创伤、癔症、性心理障碍、人际关系障碍、焦虑症、抑郁性神经症、强迫症、恐惧症、抑郁症、适应障碍等心因性神经症。这种会谈显然不适合儿童或已呈精神错乱症状的各种精神病人。由于它耗时长、效率低、费用开支大，而今较少有人应用。但这一经典心理分析的技术仍在各种改良的分析疗法中使用。

第二节　行为主义的理论和方法

行为主义心理学诞生于 20 世纪初的美国，后来成为美国心理学的主流，直至 20 世纪 60 年代。行为主义强调对人的可观察行为的研究，认为人的行为（包括正常行为与异常行为）都是通过后天学习而获得的。人的心理问题既可以通过学习获得，同样也可以通过学习改变或消失，强调通过学习、训练提高人的自我控制能力，通过调整行为、控制情绪来矫正异常行为，消除心理障碍。

一、基本理论

行为主义的主要理论有巴甫洛夫的经典性条件反射理论、斯金纳的操作性条件反射理论、班杜拉的社会学习理论。

（一）经典性条件反射理论

经典性条件反射是指俄国生理学家巴甫洛夫（1849—1936）的古典研究方法。他认为学习是大脑皮层暂时神经联系的形成、巩固与恢复过程。

巴甫洛夫以狗为被试对自己的假设进行了实验研究。他把狗关在实验室里面，先呈现铃声（约半分钟），然后给狗食物；经过铃声和食物的几次伴随呈现，以后只给铃声，不给食物，狗也会出现分泌唾液的现象。如图 2-1 所示。

巴甫洛夫认为，当狗吃食物时会引起唾液的分泌，这是先天的反射，称无条件反射。单以铃声刺激狗，不会引起狗的唾液分泌，但如果每次给狗吃食物以前出现铃声，这样铃声与食物多次结合之后，铃声已具有引起唾液分泌的作

图 2-1 巴甫洛夫经典性条件反射实验装置

用，即铃声已成为食物即将出现的"信号"了，这时铃声已转化为信号刺激（即条件刺激），这种反射就是条件反射。同理，人的学习也是如此，某环境刺激的出现若总伴随着对个体的强化，久之，个体会产生喜欢该环境的情绪和趋向该环境的行为；某环境刺激的出现若总伴随着对个体的惩罚，久之，个体会产生厌恶该环境的情绪和规避该环境的行为。

（二）操作性条件反射理论

操作性条件反射是美国心理学家斯金纳（1904—1990）于 1937 年提出的。基本观点是，行为可以分成两类：一类是应答行为，是被动的，是被一定的刺激诱发的；另一类是操作行为，带有主动的性质。斯金纳认为吃饭、睡觉、走路、说话、学习、工作都属于操作行为，显然它比应答行为复杂得多。

斯金纳设计了一种箱子，里面有一个杠杆，杠杆和自动给食装置相连，只要按压杠杆就会打开给食装置，食物就自动滚落进食槽里，这就是斯金纳箱。实验中，斯金纳将一只饥饿的白鼠放进箱子，白鼠会在箱子里乱窜乱跳，白鼠偶然地踩到杠杆就得到了食物，吃到食物以后白鼠又会重复前面的行为；几次无意踩压杠杆得到食物后，白鼠就会主动地按压杠杆获得食物。如图 2-2 所示。

实验中由于白鼠偶然按压杠杆得到了食物，逐渐地，按压杠杆的行为就被保留下来；由于按压杠杆的行为不断受到食物的强化，所以白鼠倾向于重复这个行为，这样就使得原本偶然的行为逐渐变成主动的行为。斯金纳认为动物的学习行为是随着一个起强化作用的刺激而发生的，他把动物的学习行为推广到人类的

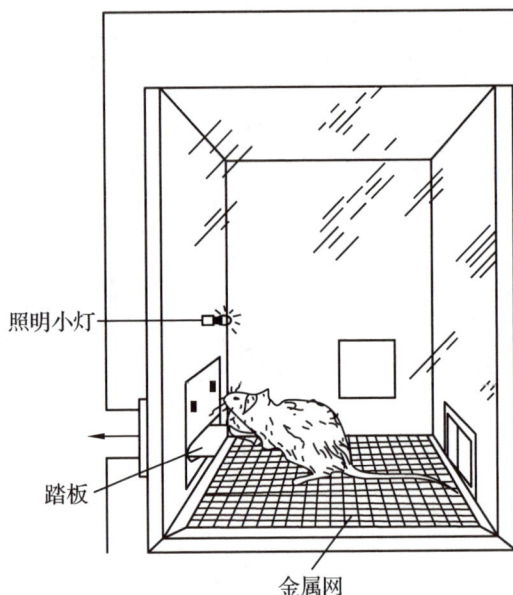

照明小灯

踏板

金属网

图 2-2　斯金纳箱

学习行为上。他认为虽然人类学习行为的性质更复杂，但也要通过操作条件反射。其特点是，有机体必须做出期望的反应，然后得到报酬，即强化刺激，使这种反应得到强化；学习的本质是反应的改变，人的一切行为几乎都是操作性强化的结果，人们有可能通过强化作用的影响去改变别人的反应。个体的某行为若总是得到强化，该行为出现的频率会增加；个体的某行为若总是受到惩罚或被忽视，该行为出现的频率会减少，行为的增多或减少依赖于行为的后果。

（三）社会学习理论

美国心理学家班杜拉于 20 世纪 60 年代提出了社会学习理论。他认为父母或其他人的言行是儿童学习的榜样，如果儿童模仿这种行为并因此受到奖励，或看到其他人因做出这一行为而受到奖励，就可以很快地获得这一新行为。

专栏 2-2　班杜拉的观察学习实验

让三组 4 岁的儿童单独观看一部电影。电影中一个成年男子对充气娃娃做出踢、打等攻击行为，影片有三种结尾。奖励攻击组的儿童看到的结尾是一个成人对主人公进行表扬和奖励。惩罚攻击组的儿童看到的结尾是一个成人对主人公进行责骂。控制组的儿童看到的结尾是成人对主人公既没奖励也没惩罚。看完电影后，立即将三组儿童带到一间与电影中一样有充气娃娃的游戏室里。实验者通过单向镜对儿童进行观察。结果发现，惩罚攻击组的儿童表现出的攻击行为明显少于另外两组，而另外两组则没有差别。

个体的某些行为是观察模仿周围其他人的行为的结果习得的，对模仿对象（学习的榜样）的强化或惩罚可达到增强或减少个体某行为的目的。我们不能保证学到的行为都是准确和有用的，有时也可能学不会必需的应付能力，或学会了一些类似无助、逃避等消极的、不适应的应付方式，这就造成了心理健康问题。

行为主义理论模型的基本概念是学习，认为心理健康是适应环境的一种能力，能够面对环境的压力与挑战，有健康行为模式的人是心理健康的。心理健康教育的目标就是帮助个体矫正不当行为，学会良好的适应性行为。

二、行为主义的咨询技术

（一）系统脱敏法

当某人对某情境的反应"过敏"（害怕、焦虑、紧张不安）时，我们可以在他身上发起一种不兼容（颉颃）的反应（放松、愉快）。经过反复练习，使本来可以引起个体"过敏"的事物，不再引起个体的"过敏"反应，称为脱敏。系统脱敏法主要是诱导来访者缓慢地暴露出导致神经症焦虑的情境，并通过心理的放松状态来对抗这种焦虑情绪，从而达到消除神经症焦虑习惯的目的。

根据这一原理，在心理治疗时应从能引起个体较低程度的焦虑或恐惧反应的刺激物开始进行治疗，当某个刺激不会再引起来访者的焦虑或恐惧反应时，便可呈现另一个比前一刺激略强一点的刺激。如果一个刺激引起的焦虑或恐惧状态在来访者所能忍受的范围之内，经过多次反复的呈现，他不再对该刺激感到焦虑或恐惧，治疗目标也就达到了，这就是系统脱敏法的治疗原理。

系统脱敏法有如下几个步骤。

1. 建立焦虑或恐惧等级

①找出所有使来访者感到恐惧或焦虑的事件；

②将来访者报告出的恐惧或焦虑事件按等级程度由小到大的顺序排列。

2. 进行放松训练

一般需要 6～10 次练习，每次 30 分钟，每天 1～2 次，以达到全身肌肉能够迅速进入松弛状态为合格。

3. 在放松状态下，按某一焦虑或恐惧的等级层次进行脱敏治疗

①放松；

②想象脱敏训练；

③实地适应训练。

系统脱敏法的关键是确定引起过敏反应的事件或物体，但有时比较容易看到的过敏反应事件并不一定是真正引发心理障碍的原因，这种情况下，系统脱敏的效果并不理想，所以应找到真正的致病原因，结合"认知调整法"标本兼治。比如，有的人异性交往恐惧只是一个表面现象，真正的致病原因是身体缺陷导致自卑、逃避、幻想、心理失衡，为此，采用对自身身体系统脱敏和认知调整法相结合的方法进行治疗，便可取得良好的效果。

案例 2-2　系统脱敏疗法治疗考试焦虑

于青（化名），女，中学生，16 岁，能够很好地完成家庭作业和自学任务，但只要一参加考试，大脑就僵住了，有时在考试前一天，会因为紧张而想逃学。考试时过分的焦虑导致许多知识都回忆不起来，导致她的考试成绩总是很低。

治疗分为三个主要过程：放松、等级建构、脱敏。

1. 放松

在开始的 5～6 次的会面时间里，教于青学习肌肉放松，并请她每天用10～15 分钟练习。

2. 焦虑等级建构

①看到别人在考试；

②上课时老师宣布一个月后进行考试，这次的成绩占总成绩的三分之一；

③考试前一星期，坐在教室里时，老师提醒考试的日期；

④考试前一天，在教室里学习时，担心自己掌握的知识不够多；

⑤考试前 15 分钟，走向教室，意识到这次考试是多么重要；

⑥老师已经发下了考卷，拿到了自己的卷子。第一个念头是题量太大，怀疑自己能否将考卷做完；

⑦开始做考卷的第一部分，有一些问题没有把握，花了些时间考虑，继而发现周围的人都在刷刷地写；

⑧看了看表，时间过去一大半，只剩下 25 分钟了，觉得自己在第一部分耽误的时间太多；

⑨只剩下 5 分钟了，还有许多题没做；

⑩考试时间到了，还有些题目空着，再次为这次的成绩而担心。

3. 系统脱敏

①让于青由低到高逐级想象，同时做放松练习，进行脱敏训练；

②实景适应训练。

经过近 10 次的训练，效果较好。

（二）强化法

强化法也叫奖励法，是应用操作性条件反射原理，系统地应用强化手段，其目的在于训练与建立某种良好行为，矫正不良行为。运用正性强化原则，每当儿童出现期望的心理与目标行为时，或者出现在一种符合要求的良好行为之后，采取奖励办法，立刻强化，以增强此种行为出现的频率，故又称奖励强化法。

强化可以分成两种类型：一是正强化，给予一种好的刺激；二是负强化，去掉一个坏的刺激。

使用强化法的作用是：增加适应行为，提高期望行为发生的可能性。一般情况下，我们应更多地使用正强化，但也要适度，要注意态度真诚，及时强化，恰如其分，指出强化的具体内容，否则可能达不到预期的效果。

（三）厌恶法

厌恶法也叫惩罚法，是指运用惩罚性、厌恶性的刺激，通过直接的或间接的想象，以消除或减少某种适应不良行为的方法，其特点是治疗期较短，效果较好。

厌恶法的一般原理是：把令人厌恶的刺激，如电击、呕吐、语言斥责、想象等，与来访者的某种不良行为相结合，形成一种新的条件反射，以对抗原有的不良行为，进而消除这种不良行为。厌恶法可采用电击、药物、想象等方法。心理辅导常用的方法是运用想象产生厌恶以抑制不良心理与行为。想象厌恶法是将咨询师口头描述的某些厌恶情境与来访者想象中的刺激联系在一起，从而产生厌恶反应，以达到减少或终止某种不良行为的辅导目的。运用厌恶法辅导时，为达到足够的刺激强度可使用一些辅助器具或手段。例如，有强迫观念的来访者，可用橡皮筋套在手腕上进行厌恶训练，当出现某种强迫观念时，就接连拉弹橡皮筋弹打手腕，引起疼痛感；同时责备或提醒自己不要去想。拉弹次数和强度视强迫观念的出现和消退而定，直到问题消失为止。在使用厌恶法时要注意，因为它是一种惩罚的方法，咨询师使用前应征得对方同意。使用时要注意，帮助来访者建立辨别性条件反应，一般应把它作为最后一种方法选择。

案例 2-3　厌恶疗法治疗强迫症

周明(化名)，男，19岁，在校高中生。因反复思考，犹豫不决，欲罢不能，而十分痛苦。

来访者自称该记的记不住，该忘的忘不了，该思索的问题常常走神，不该考虑的问题难以摆脱。做事小心缓慢，关窗、锁门要反复验证才确信无误，书桌、衣箱要清理再三以防丢失。自感动作多余，欲罢不能。

咨询师在来访者的前臂上缚上一圈很粗的橡皮筋，松紧适宜，要求来访者每当出现不必要的想法、冲动而又无法自控的时候，便拉开橡皮筋，拉开一定长度后松手，让橡皮筋弹击来访者手臂造成疼痛。强迫观念和强迫冲动不消失，弹击不止。起初，来访者的强迫观念时有出现，一周后，因手臂被弹击得红肿，一度动摇，强迫症状很快卷土重来，于是来访者又咬牙坚持弹击下去。经橡皮筋的不断弹击，强迫症状一月之后便渐渐消失，和以前欲罢不能的情况形成鲜明对照。后来效果较好，心情轻松舒畅。

(四)忽视法

忽视法也叫消退法，是指在行为治疗中，经常采用漠视、不理睬等方法减少或消除不良行为。所谓消退，指的是撤销促使某些不良行为的强化因素，从而减少这些行为的发生。与强化法一样，消退法依据的也是操作性条件反射原理。

案例 2-4　消退法矫正儿童的暴怒行为

威廉斯(Wiliams)报告，采用消退法矫正一名21个月的儿童的暴怒发作行为。该儿童在睡眠前，只要父母离去就大发脾气，哭闹不止，以至于父母必须陪伴他1～2小时，直到他熟睡后才能离去。用消退法进行治疗时，父母照旧将他放在床上，但是告诉儿童他们不再陪伴他睡觉了，然后离去，不再进屋。第1天，该儿童哭闹的时间长达50分钟之久；第2天开始，缩短到

15分钟以下；第10天，该儿童的哭闹行为完全消失了。治疗期间，由于其姑姑偶然插手安抚而使该儿童的哭闹行为出现反复，但是由于坚持继续治疗，这个影响迅速被消除，追踪两年，一直没有复发。很显然，父母对儿童的陪伴是他暴怒发作的强化物，治疗中撤除了这种强化，就使这种不良行为得以消除。

（五）满灌法

满灌法又称为"冲击疗法"和"快速脱敏疗法"，是鼓励来访者直接接触引起恐惧焦虑的情境，坚持到紧张感觉消失的一种快速行为治疗法。一般采用想象的方式是，鼓励来访者想象使他最恐惧的场面，或者心理医生反复讲述来访者最恐惧的细节，或使用录像等放映来访者最恐惧的情境，或者把来访者直接带入他最害怕的情境，经过实际体验，使其觉得也没产生什么了不起的后果，恐惧症状自然也就慢慢消除了。此疗法和系统脱敏疗法一样，对某些恐惧症和强迫症效果较好。至于对哪些病人采用此法，还要考虑他的文化水平、暗示程度以及发病原因等多种因素。使用满灌疗法应注意：要向来访者说明满灌疗法带来的焦虑是无害的，期间不允许有回避行为，否则会失败；使用前要对来访者的身心状况有深入的了解，否则会影响疗效，而且有可能发生意外。

案例2-5　满灌疗法治疗洁癖

一名成年女性来访者王静（化名），因五年前，一位要好的同事死于癌症，刚巧这位同事在病故的前半年曾在她家的床上睡过一次午觉，于是担心自己也会传染上癌症。从此，老是觉得自己染上了病菌，可能会得癌症，每天必须多次、长时间地洗手、洗衣，为此非常痛苦。

三次谈话后，王静已树立起治愈"疾患"的信心，心理医生检查她的心脏，血压等均正常后，开始实施满灌疗法。请王静的好友或亲属当助手，让王静坐于房间内，全身放松，轻闭双眼，然后让助手在她手上涂抹各种液体，如清水、黑水、米汤、油、染料等。涂抹时，助手一边要她尽量放松，一边用言语暗示手已很脏了，王静要尽量忍耐，直到不能忍耐时睁开眼睛看看到底有多脏。助手在涂液体时应随机使用清水和其他液体。这样，当她一睁开眼时，会发现手并没有想象的那么脏，这对她的思想是一个冲击，说明"脏"更多来自于自己的意念，与实际情况并不相符。当她发现手确实很脏时，洗手的冲动会很强烈，这时候，治疗助手一定要禁止她洗手，这是治疗的关键。王静会感到很痛苦，但要努力坚持住，助手在一旁应积极给予鼓励。经过八周共11次治疗，来访者的洁癖观念和行为得到了有效控制。

（六）模仿学习法

模仿学习法又称示范性疗法或榜样法，是指为来访者提供榜样，利用人们能通过模仿学习获得新的行为反应的倾向，帮助那些具有不良行为的人，以适当的反应取代不适当的反应，或帮助那些缺乏某种行为的人学习那种行为。人类的大多数行为（包括人的不良行为）都是通过观察习得的，而且，模仿学习可以在既没有模型也没有奖励的情况下发生，个体仅仅通过观察其他人的行为反应，就可以达到模仿学习的目的。模仿学习法特别适用于集体治疗。

行为疗法的适应症是社交恐惧症、考试焦虑、儿童孤独症、神经性厌食、酒精依赖、同性恋、强迫症等。

第三节　认知心理学的理论和技术

认知心理学派产生于20世纪50年代的美国，认知疗法随后于六七十年代产生。认知疗法是根据认知过程影响情感和行为的理论假设，通过认知和行为技术来改变患者的不良认知，从而矫正适应不良行为的一类心理治疗方法的总称。

一、基本理论

认知疗法的基本观点是：认知过程及其导致的错误观念是行为和情感的中介，不良行为和情感与不良认知有关。认知疗法常采用认知重建、心理应付、问题解决等技术进行心理辅导和治疗，其中认知重建最为关键。由于心理障碍的根源来自异常的思维方式，因此，通过分析、挖掘这些思维方式，加以分析、批判，再代之以合理的思维方式就可以消除患者的痛苦，使之更好地适应环境。

美国心理学家艾利斯是认知理论的著名代表，他提出的合理情绪疗法是认知疗法的一种，他认为心理健康的个体是思想合乎逻辑、理性、具有科学验证精神、不受非理性想法困扰的人。

艾利斯不同意行为主义对人的行为的解释，认为人的行为不是简单的刺激—反应的联结，刺激的功能仅在引发我们的认知，而认知才是真正影响我们如何反应的决定性因素。通过实施精神分析，他对精神分析的有效性也开始产生怀疑，并由此成为反对精神分析的主要人物之一。

艾利斯于1955年提出了在咨询和治疗领域影响极大的合理情绪疗法。这一理论强调认知的重要性。其要点为：情绪不是由某一诱发事件本身引起的，而是由经历了这一事件的主体对事件的解释与评价引起。这一理论可称为AB-CDE理论，A为诱发事件，B为不合理信念，C为不良后果，D为诘难，E为合理效应。例如，一位学生高考落榜（A）；产生不合理信念（B），认为自己太笨了，这一生就没出路了；不良后果（C）就是情绪低落、行动消极。治疗中须驳斥不合理信念，跟自己说"没考好的同学都是笨吗（D）？一次没考好并不完全说明问题，还可以再考啊，失败是成功之母；再说，现在的社会机会很多，行行出状元，不一定非要走高考一条路。"产生了合理信念，合理的情绪、行为才能形成，治疗效果（E）便会出现。

合理的信念会引起人们对事物适当的情绪反应，而不合理的信念则相反。当人们坚持某些不合理的信念时，就会处于不良的情绪状态之中，最终会导致情绪障碍的产生。

我们可以把认知理论的基本原理概括如下：第一，认知是行为与情感的基础，认知涉及一个人看待事物的方式和他的理解力、精神状态与自信心等；第二，消极的情绪来自消极的认知，几乎一切消极认知都蕴含着重大的曲解，稍加推敲就会发现这些消极认知都是无稽之谈；第三，通过改变我们的消极认知，可以改变我们的消极情绪。

认知理论认为，一个人的情绪和行为往往是由他的思想观念决定的。心理健康的人有积极的自我概念，能用恰当的方式解释自己的经验，思想合乎逻辑、理性、科学。

认知心理学的教育与咨询的目标是：使个体改变不合理信念，学会理性思维。

二、认知心理学的咨询技术

（一）检查找出引起心理困扰和行为异常的不合理信念

不合理信念，即不合理认知，主要有以下四个特征。

1. 绝对化要求

绝对化要求是指认识上走极端，体现在对自己、他人及事物的绝对化要求上，如"我必须成功""他应该好好对我"等，怀有这种信念的人极易陷入困扰，因为绝对化要求不可能永远实现。

2. 片面化

片面化就是以偏概全、过分概括化的思维方式。例如，因为一次失利，就认为自己一无是处，结果导致个体产生自责自罪、自卑、焦虑、抑郁等消极情绪。

3. 糟糕至极

一件不好的事情发生，就认为糟糕至极，一切都完了，于是产生过分夸大的不良情绪。

4. 主观臆测

用主观猜测而不是客观事实来解释问题，对未来做出过于悲观的预测，并且认定多半会发生，于是产生自卑、焦虑等消极情绪。

专栏 2-3　艾利斯总结出人们容易出现的非理性信念

1. 自己绝对要获得周围的人尤其是重要人物的喜爱和赞许。
2. 要求自己是全能的。
3. 世界上有许多无用的、可憎的坏人，对他们应该歧视、严惩。
4. 生活中出现不如意便有大难临头感。
5. 人生道路充满艰辛，要设法逃避。
6. 人的不愉快均由外界造成，因此难以克服。
7. 对危险和可怕的事要警惕，时刻准备着它们发生。
8. 一个人以往的经历决定了现在的行为，而且无法改变。
9. 人需要依赖他人而生活，因此总希望有一个强有力的人让自己依附。
10. 人应该十分投入地关心他人，这样才能为自己的情感找到寄托。
11. 人生中每一个问题都要有一个精确的答案和完美的解决办法，一旦不这样，便十分苦恼。

（二）与非理性信念"辩论"

帮助当事人向非理性信念质疑问难，证明它们的不现实、不合理之处，认识它们的危害，进而产生放弃这些非理性信念的愿望和行动。

（三）得出合理信念，学会理性思维，形成健康认知模式

理性思维是指实事求是的、指向解决问题的思维陈述。例如，"我必

须……""我绝不能……"属于非理性信念，而"我尽力……""我可能……但我尽力避免……"属于理性思维。

> **专栏 2-4　调整后的一些理性信念**
>
> 我不喜欢上课，但我可以忍受。
> 我做了一些坏事，但我不是坏孩子。
> 我不喜欢被别人乱叫难听的绰号，但是被叫绰号也不可怕。
> 即使别人叫我笨蛋，也不代表我就是个笨蛋。
> 我可能考不好，但我会尽力避免。
> ……

健康认知模式有如下特征。

1. 积极

任何事情都有两面性，拥有健康认知的人，更多地看到积极的一面，心理不健康的人则相反。

2. 客观

按世界的本来面目看世界，心理不健康的人，常常把想象当成现实，或过于理想化，或夸大消极方面，产生各种心理困扰。

3. 独立

不受无关因素干扰，心理不健康的人，常常受偶然的无关紧要的因素的干扰。

4. 灵活

在变化的环境中，克服思维定势与固着的影响，不断更新自己的观念。

5. 本质

健康的认知能够超越表面现象，深入本质。

(四)将理性思维内化为个人的生活态度，迁移到日常生活中去

认知疗法的适应症是情绪障碍、抑郁症、焦虑症、强迫症、恐惧症、行为障碍、人格障碍、性变态等，并且应用于正常人的生活适应及生活质量改善中。

第四节　人本主义理论和技术

人本主义心理学产生于 20 世纪五六十年代的美国，主要代表人物是马斯洛和罗杰斯。马斯洛认为研究精神病患者、动物是有价值的，然而是不够的，他们主张心理学和心理治疗的研究中心应该是人，特别是健康的人。

一、基本理论

任何人在正常情况下，都有着积极的、奋发向上的、自我肯定的、无限成长的潜力，如果为他创造一个良好的环境，使他能和别人正常交流，便可以充分发挥他的潜力。在人的成长中，如果环境条件不利，使人的"积极的、奋发向上的、自我肯定的、无限成长的潜力"受到歪曲和阻碍，形成冲突，人就会感到适应困难或表现出各种异常行为。

人本主义心理学理论关于心理健康的基本观点：第一，心理健康者能自觉驾驭自己的生活，他们的生活目标是积极向上的；第二，心理健康者有正确的自我意识，他们能把握自己的真实状况；第三，心理健康者能给予爱也能接受爱，情绪生活成熟健全；第四，心理健康者对工作对社会有高度的责任心，他们的个性结构完整，工作富有成效；第五，心理健康者的人际关系积极稳定，有良好的社会适应能力。

人本主义的有关理论对心理健康教育产生了重要的影响，主要表现在两个方面：一是它促使一种全新的、比较完整的心理健康观的形成；二是它引导心理卫生学向着开发人类潜能的方向发展。总之，人本主义心理学从正面界定心理卫生，认为自我实现的人才能达到较高层次的心理健康水平。马斯洛认为，个体自我实现的动机会推动个体积极行动，他将自我实现置于其需要层次结构的顶点。自我实现的定义很模糊，马斯洛大致把它描述成对天赋、潜能的充分开发、利用，这样的人对自己力所能及的事总是尽力去完成。

人本主义关于教育与咨询的目标是：制造一个自由的气氛，使人的思想、感情和存在沿着他要去的方向发展。

二、人本主义理论的咨询技术

罗杰斯开创的来访者中心疗法是人本主义心理疗法中的主要代表，他认为人的积极的、奋发向上的、自我肯定的、无限成长的潜力，如果遇到不利环境而被压抑、受到阻碍，就会表现为适应困难和心理病态。如果创造一个良好的环境使他能够和别人正常交往、沟通，便可以发挥他的潜力，改变其适应不良行为。

（一）指导思想

人本主义心理疗法不注重咨询技巧，更注重咨访关系。罗杰斯曾说过："当一个为许多困难而苦恼的人来找我们时，最有价值的办法是创造一个使他感到安全、自由的关系，目的在于理解他内在的感情，接受他本来的面目。制造一个自由的气氛，使他的思想、感情和存在沿着他要去的方向发展……"在这样的关系中，咨询师不是以专家、医生的身份去理解他的情感，促进他成长，也不是以自己的理论去影响来访者，而是要在良好的环境里，让来访者自己的内心世界发生变化。

（二）咨询方法

1. 平等

追求平等的咨访关系，一是对来访者的人格保持尊重，避免进行道德与价值评判；二是对来访者保持不偏不倚的中立立场，其核心是不否定不肯定，不赞成不反对，不欣喜不沮丧，取消带有咨询师主观倾向性的情绪反应；三是放弃获得心理优势的企图，放弃自卑和防御，在富有学识、社会成就、权力与影响力的来访者面前，充分尊重其价值感和成就感，承认心理咨询的专业局限，这样的态度丝毫无损于咨询师作为帮助者的权威性和信任度。

2. 尊重

即无条件尊重，不以对方是否尊重你为条件；对来访者是一种非占有式的关怀，也是无条件的；温暖的态度；关注、聆听与回应，排空自己，不带任何偏见的聆听与回应，消极反馈变成积极的方式，如对"你很粗暴"的表达，可以换成"你温和一些会更好"。采用非指导性技巧，反对操纵和支配来访者。

3. 真诚

即咨询师能做到表里如一，不加任何掩饰，以自己的本来面目出现。来访者看到的就是咨询师的真实情况。真诚还意味着咨询师在咨询过程中真实地表现自己的情感和行为。例如，当来访者痛苦时表现出同情，当来访者陷入困境时表示关心，等等，这些真实的情绪反应就是咨询师表现真诚的标志。

4. 积极关注

无论来访者表述的情感和内容是多么的不可思议，咨询师都要乐于接受，并且这种关注与理解是没有任何先决条件的，不管来访者的情感正确与否或合适与否。在实际咨询过程中，没有任何一个咨询师能在所有的时间里对来访者表现出无条件地积极关注。但咨询师应尽力而为，因为这种态度出现得越多，咨询就越容易成功。

5. 共情

或称为移情，指咨询师站在来访者的立场上，设身处地地去体会他们的痛苦，看待他们的问题。移情包括两个方面：一方面是咨询师的言语行为，如重复来访者谈话中的要点；另一方面是咨询师的非言语性行为，如咨询师的身体姿势、面部表情、语气、与来访者的目光交流等，都可以表现出咨询师对来访者的关注与理解。移情反映了咨询师准确地深入来访者的内心世界，在最深的层次上体验来访者情感的能力。我们今天所说的"理解万岁"就是移情的表现。由此可以看出，来访者中心疗法对咨询师有着很高的要求，咨询师不仅要建立良好的咨访关系，还要准确地把握这一非指导性疗法的面谈技巧。所以说，在来访者中心疗法中，咨询师不仅推动了来访者的成长，同时也促进了自己的自我实现。

来访者中心疗法适用于一些因自身出现矛盾和冲突而苦恼的正常人，如焦虑症、各种异常行为，并且应用于正常人的生活适应及改善生活质量中。

第五节　心理健康教育的其他理论

在心理健康教育领域还有多种理论从不同角度阐述了自己的看法，本节主要介绍森田疗法和沟通分析理论，有助于我们对心理健康教育有更全面的了解。

一、森田疗法

森田疗法由日本慈惠医科大学森田正马教授于 1920 年创立，是适用于神经质症的特殊疗法，具有与精神分析疗法、行为疗法相提并论的地位。

（一）基本理论

神经症即神经官能症，是由各种精神因素引起高级神经活动过度紧张，致使大脑机能活动暂时失调而形成的一组疾病的总称。神经症包括的范围很广，主要表现为患者具有某种症状，这种症状对患者的正常生活造成影响，患者本人具有强烈的克服症状、从症状中摆脱出来的欲望，并积极努力地克服症状。神经质症是神经症的一部分，神经质的人通常具有易紧张、好激动、多愁善感、敏感多疑、容易沮丧等特点，并常常伴有睡眠不好。具有神经质倾向的人，对各种刺激均容易产生强烈的反应，情绪激动后又很难平静下来。神经质的人主要是情绪极不稳定，稍有点刺激，就会提心吊胆或忧心忡忡，这给他们带来许多烦恼和心理失衡。神经质倾向是引发多种心身疾患的内因之一，焦虑症、恐惧症、疑病症等均与神经质的个性特点有关。森田根据患者症状把神经质症分成三类：普通神经质症、强迫神经质症、焦虑神经质症。

1. 普通神经质症

主要表现有失眠症、头痛、头脑模糊不清，感觉异常、极易疲劳、效率降低、无力感，胃肠神经症、性功能障碍，记忆不良、注意力不集中等。

2. 强迫神经质症（恐惧症）

主要表现有对人恐惧、不洁恐惧、疾病恐惧、不完善恐惧、外出恐惧、罪恶恐惧、不详恐惧、高处恐惧等。

3. 焦虑神经质症（发作性神经症）

主要表现有焦虑发作、发作性心悸亢进、发作性呼吸困难等。

森田认为，在一定条件下，任何人都有可能出现神经质的症状。比如，听说周围有跟自己年龄相仿的人，被查出得了癌症，于是也担心自己得这种病，会感到紧张，便经常留意自己的身体，甚至到医院做检查。这种紧张和不安的感觉是生活中正常的、必需的生理和心理现象，过一段时间就会消失。但是有些人会把正常的反应视为病态，拼命想消除，结果反而使这种不安的感觉被病态地固定下来，从而影响其正常的生活，形成神经质症。

神经质症患者的人格特征可以概括为：具有一定程度的智能水平；内向、内省、理智、追求完美；敏感、爱担心；好强、上进、容易产生内心冲突；执着、固执、具有坚持性。

森田认为发生神经质的人都有疑病素质，他们对身体和心理方面的不适极为敏感，而过敏的感觉又会使他们进一步注意体验某种感觉。这样一来，感觉和注意就出现一种交互作用，森田称这一现象为"精神交互作用"，认为它是神经质产生的基本机制。

（二）治疗方法

森田疗法的基本治疗原则就是"顺其自然，为所当为"。顺其自然就是接受和服从事物运行的客观法则，它能最终打破神经质病人的精神交互作用。而要做到顺其自然就要求病人在这一态度的指导下正视消极体验，接受各种症状的出现，把心思放在应该去做的事情上。这样，病人心里的动机冲突就排除了，他的痛苦就减轻了。

森田疗法分门诊治疗和住院治疗两种。症状较轻的可让当事人阅读森田疗法的自助读物，坚持写日记，并定期到门诊接受医生的指导；症状较重的则需住院。

　　住院生活分四个时期。一是绝对卧床期，四天到一星期。禁止病人做任何事情，病人会有无聊的感觉，总想做点什么。绝对卧床的目的是：消除身心疲劳；养成对焦虑、烦恼等症状的容忍和接受态度；激发生的欲望。二是轻微工作期，三天到一周。此间除可从事轻微劳动外，仍然不能做其他事情，但开始让病人写日记。此时，患者从无聊中解放出来，症状消失，体验到劳动的快乐，渴望参加较重的劳动。三是普通工作期，三天到一周。病人可开始读书，让他努力去工作，以体验全心投入工作以及完成工作后的喜悦。医生每天批阅日记，让患者努力工作，不过问其症状。患者用行动体验带着症状生活的可能性与成就感，学会接受症状，并逐渐养成带着症状去完成任务的习惯，树立起"人生中没有不可能做到的事"这样的信心和勇气。四是生活训练期，一到两周，为出院准备期，病人可进入一些复杂的实际生活。

　　出院后的患者，定期回医院参加集体心理治疗，继续康复。

　　如何正确地理解"顺其自然"这四个字是治疗是否有效的前提条件。"顺其自然"不是"任其自然"。要正确地理解"顺其自然"，我们首先要弄明白什么是"自然"，如白天与黑夜的轮回，天气有晴也有雨，这些都是大自然的规律，不是人能控制的，人必须遵循、接受这些规律才会过得快乐。倘若人整天都抱怨为什么会有黑夜，为什么会下雨，那么就违背了"自然规律"，结果肯定是自寻烦恼。而我们人本身也是存在一定的自然规律的，如情绪就是我们不能人为控制的，它本身有一套从发生到消退的程序。你接受它，遵循它，它很快就会走完自己的程序而结束，反之则不然。比如，你要参加一个重要的比赛，这时你感到焦虑、紧张，其实这是非常正常的心理反应，如果你不去理会，它很快就会消失或者转化为你努力准备的动力，而倘若你认为自己不应该出现紧张或焦虑，那么你就违背了情绪的"自然规律"，焦虑、紧张就会越来越严重。

　　人本身还有很多的杂念，如古怪的、可怕的、肮脏的、无聊的念头，它们是必然会出现的，并且也和情绪一样，有自己的一套从发生到消失的过程。倘若你接受它的存在，不理会它，那么它将不会影响你，很快就消失了；反之，你去注意它，试图控制它，赶跑它，去和它辩论等，那么你就会被它束缚。例如，一个品学兼优的学生，上课的时候，他的头脑里突然出现了一个杂念——"我要把教室给炸了"。这个念头使他非常害怕，他觉得自己不应该出现这样的念头，他觉得自己太可怕了，所以就不停地自责和思考为什么自己会出现这样的想法，从而对这一念头形成了强迫。这个学生之所以会出现这个念头，其原因其实很简单，就是因为走进教室就感到了很大的学习压力，这个念头的出现其实就是这个学生对压力的一种发泄。倘若这个学生事前就明白杂念是必然会出现的道理，那么他就有可能不会那么在意它，从而避免了强迫观念的形成。

为了能让"顺其自然"对问题产生效果，就得结合"为所当为"。也就是说，在"顺其自然"的同时，得把自己的注意力放在客观的现实中，该学习就去学习，该聊天就去聊天。做自己应该去做的事情。当然也许刚开始的时候，那些杂念仍旧让人感到痛苦，但只要我们相信它们是迟早会自然地消失的，并努力地去做好现实生活中我们该去做的事情，那么那些杂念、情绪就会在我们认真做事的过程中不知不觉地消失。

森田疗法的适应症是神经质、强迫症、疑病症、焦虑症、抑郁性神经症，也适用于药物依赖、酒精依赖、抑郁症、人格障碍、精神分裂症等，并且已广泛应用于正常人的生活适应及改善生活质量中。

专栏 2-5 森田与森田疗法

森田正马先生于 1874 年 1 月 18 日出生在日本高知县农村一位小学教师的家庭，他父亲对子女要求很严格，尤其对长子森田正马寄托着很大的期望，望子成龙心切，从很小就教他写字、读书，5 岁就送他上小学，一从学校回家，父亲便让他读古文和史书。10 岁时，晚间如背不完书，父亲便不让他睡觉。学校本来功课就很多，学习已经够紧张了，回家后父亲又强迫他背这记那，使森田渐渐地开始很厌倦学习。每天早晨，又哭又闹，缠着大人不愿去上学，用现在的话说，就是"学校恐惧"，这与父亲强迫他学习是有关系的。

森田先生在 7 岁时，祖母去世，其母亲因悲伤过度，曾一度陷入精神恍惚、默默不语的状态，接着第二年祖父又相继过世。正当家庭连遭不幸时，森田偶尔在日本寺庙里看到了彩色地狱壁画，立即感到毛骨悚然。他看到地狱图中人死后下地狱的惨状，有的在上刀山，有的在下火海，有的在进血池，等等。

这些可怕的场面在森田幼小的心灵中留下了深深的烙印，一直在他脑海里盘旋，这就是后来森田理论中关于"死的恐惧"一说的由来。

由于经常苦于神经质症状，森田自幼就有明显的神经质倾向，他在《我具有神经性脆弱素质》一书中写道：12 岁时仍为患夜尿症而苦恼，16 岁时因患头痛病常常出现心动过速。

他在自己的著作中写道，"不要谴责孩子的夜尿症，越是谴责、挖苦孩子，就会越恶化"，这大概是自己的切身体验吧。因有夜尿症而深感自卑，有强烈的劣等感。后来听说当地很有名望的坂本龙马先生小时候也得过这种病，他这才聊以自慰，心情稍微好了一点。中学五年级时，他在患肠伤寒的恢复期，学习骑自行车，夜间突然发生心动过速。在高中和大学初期，他经常神经衰弱，东京大学内科诊断为神经衰弱和脚气病，经常服药治疗。大学一年级时，父母因农忙，两个月忘记给森田寄生活费，森田误以为是父母不支持他上学，感到很气愤，甚至想到当着父母的面自杀，于是暗下决心，豁出去拼命地学习，要干出个样子来让家里人看看，在这时期什么药也不吃了，放弃一切治疗，不顾一切地拼命学习，考完试后，取得了意想不到的好成绩，不知什么时候，脚气病和神经衰弱等症状也不知不觉消失了。这些个人经历，导致他后来提倡的神经质的本质论，包括疑病素质论。神经衰弱不是真的衰弱，而是假想的主观臆断。神经质者本能上有很强的生存欲望，是努力主义者，症状发生的心因性即精神交互作用，最重要的是森田先生在自己切身体验中发现"放弃治疗的心态"，对神经质具有治疗作用。

可以看出，森田疗法理论基础的内容全都是他自己痛苦体验的结晶。然而，仅仅是这些体验是不够的，更重要的是，他多年来对神经质者的观察，把握其症状的实际表现，密切注意其经过转归，把这些观察与自己的体验相对照，阅读国内外文献，将当时认为有较强的治疗神经症的各种治疗方法进行实践验证。最后，森田先生把当时的主要治疗方法，如安静疗法、作业疗法、说理疗法、生活疗法等的有效成分合理组合，提出自己独特的心理疗法——森田疗法。

二、沟通分析理论

沟通分析理论（Transactional Analysis，TA）是由美国心理学家艾瑞克·伯恩（Eric Berne）创立于 20 世纪 60 年代的一套心理学理论与方法。伯恩不满意精神分析理论的治疗方法，认为分析人的无意识是"在心理问题的地窖中考古""如同在一间黑屋子里寻找一只根本不存在的黑猫"，既浪费时间，也没多大意义。他认为精神分析理论离人们太远，人们不知他们在说些什么，害怕被他们分析。而沟通分析理论，则更具现实性和可操作性。

（一）基本理论

社会性的交往单元被称为交互作用，即沟通。如果有两个或两个以上的人相遇，迟早总会有人讲话或做出某种表示，以显示对其他人存在的承认，这种现象称为相互作用刺激。这时，另一人会开口回应，或以某种方式做一些与该刺激有关的事情，这就是沟通。

沟通分析理论认为，人的自我结构由 P、A、C 三个成分组成，即父母（Parent）自我、成人（Adult）自我、儿童（Child）自我。当我们处于儿童自我状态时，我们的行为表现像个孩子，不仅仅体现在行为上，我们思考、感受、看、听及反应都像个几岁的孩子。父母自我状态就像一台录音机，它是生活中预先记录、预先判断或偏见规则的收集者，当人处于父母自我状态时，他的思考、感受及行为方式像他的父母或抚养他长大的某些人。处于成人自我状态时，人就像一台人脑计算机，它根据逻辑程序处理收集和存储数据并加以应用，从而做出决策。在平常的沟通分析运用中，我们会简单地说"在儿童自我状态里""在父母自我状态里""在成人自我状态里"。把这三个自我状态放在一起，就是沟通分析理论的核心——三部分自我状态组成的人格模式。传统上，把它画成三个相连的圆圈，各以其第一个字母的大写为名，故也称为 PAC 模式。

如果三者以合理的比例发展则心理健康，否则会导致心理障碍，这三者之间的差异与冲突，可能会成为人们内在不和谐的原因。儿童自我过强的人，多以不成熟、过度反应为特征，经常以天真幼稚的方式处理问题，多一些天真烂漫的情趣，但不够理性；相反地，如果儿童自我过弱，则被称为"没有生活情趣的人"。而父母自我过强的人，看似独裁而易有偏见，会更多地使用主观经验解决问题，不论这个经验是科学还是谬论，因为父母把未经检验的信息当作事实传递给孩子，儿童的好奇之门被关闭，接受了许多来自父母的认知，包括很多偏见、刻板印象；如果一个人的父母自我过弱，则容易成为"没有道德感的人"。成人自我过强的人，则为无趣的分析专家，解决问题会更理性，凡事遵照正确的规则，容易表现得成熟稳重，但可能缺乏生活情趣；如果成人自我过弱，则被称为"成人"失效的人。

伯恩认为，一个适应良好的人会依据情境的不同而决定呈现不同的自我状态，并且能够维持三者的平衡。心理治疗的目标就是各安其位，让个体明确，自己的这种说法是哪一个自我在说话，如果不恰当，需要换成哪一个自我。

伯恩认为精神分析理论中的本我、自我、超我只是概念，而沟通分析理论中的三个自我，却更有可操作性。

（二）治疗方法

沟通分析的基本目标在于帮助当事人对于现在的行为与生活方向重新做决定，即将一个人的生活形态加以改变，使个体学会"编写自己的脚本"，而不要被牵着鼻子走。脚本即表演戏剧、摄制电影等所依据的本子。生活脚本即生活安排的个人的自我状态，大部分的信息是儿童时期接受父母的评价而来的。

儿童感受到的四种状态：一是我不行—你行，二是我不行—你也不行，三是我行—你不行，四是我行—你也行。只有第四种是心理健康的，他们拥有符合现实的期望、良好的人际关系以及建设性地解决问题的能力，他们的三种自我状态是平衡的，沟通是顺畅的。沟通分析的作用就是通过正面的抚慰使个体达到这种状态。正面的抚慰方法有多种，如运用语言表达情感和欣赏，用动作、手势、目光表达正向的反馈，积极倾听是一个人能给予另一个人的最好的一种抚慰。

在沟通分析治疗法中，并不会强调专家与病人的角色。咨询者会帮助来访者去发现过去不利的条件；而在这些条件下，使当事人做了一些决定而发展出与人相处的策略。

咨询师的工作是帮助对方获得行为改变的工具。咨询师鼓励和教导对方去依赖自己的"成人"，而非咨询师的"成人"；帮助来访者做出更适合"现在"的决定，以对抗继续生活在儿童时期的旧决定，并发掘自己内心的改变力量。建立一个强有力的"成人"（解放"成人"）。具体做法主要有以下几个：

①学会使用 P—A—C 语言进行自我检查，保持对 P 与 C 的敏感性；

②对 P 与 C 的信息进行理性检验、更新；

③保持对他人 C 的敏感性，安抚与鼓励；

④对不明确的问题，不急于表态；

⑤对未来负起责任，不要纠缠于过去；

⑥相信"已经有了的，还会再有"。

沟通分析疗法的适应症是神经质、强迫症、人际交往障碍等，并且可广泛应用于正常人的提高交往质量中。

延伸阅读

[1]崔丽娟. 遇见更好的自己[M]. 北京：机械工业出版社，2011.

[2]M. 斯科特·派克. 少有人走的路[M]. 于海生，译. 长春：吉林文史出版社，2011.

[3]武志红. 为何家会伤人[M]. 北京：北京联合出版公司，2014.

[4]武志红. 身体知道答案[M]. 厦门：鹭江出版社，2013.

[5]张德芬. 遇见未知的自己[M]. 北京：华夏出版社，2008.

[6]弗洛伊德．梦的解析[M]．孙名之，等，译．北京：国际文化出版公司，2007.

[7]戴尔·卡耐基．人性的弱点[M]．陶曚，译．天津：天津人民出版社，2014.

[8]威尔·鲍温．不抱怨的世界[M]．陈敬旻，译．西安：陕西师范大学出版社，2009.

[9]伯特·海灵格．爱的序位：家庭系统排列个案集[M]．北京：世界图书出版公司，2005.

第三章　儿童心理发展与心理健康

本章导读

1. 儿童概念的界定。
2. 心理发展的概念及基本特征。
3. 影响儿童心理发展的主要因素。
4. 儿童心理发展阶段的划分。
5. 儿童心理发展各个阶段常见问题及引导。

案例 3-1　小龙要辍学

　　小龙(化名)，男，12岁，独生子，六年级学生，身体健康，性格开朗，学习成绩一般。家境普通，父亲是司机，母亲曾经打工，但是为了照顾他辞去工作，呵护有加。小龙小时候一直比较懂事，低年级时成绩还不错，但是，四年级时因上课说话被班主任老师批评，觉得老师不公平，从此不喜欢班主任老师，进而不喜欢班主任老师教的数学课，成绩很快下降，也越来越不爱去学校上学。妈妈很着急，了解到百里外的某寄宿制学校不错，于是，征得小龙同意后转学到那里。可是小龙并不适应新学校的学习、生活，妈妈以为过几个月就好了，要他坚持，不料他跟另一个同学跳墙跑出来，再也不想回去，妈妈无奈，又去问原学校的老师，但学校拒收转出的学生，妈妈只好又就近找了一所小学，但小龙说什么也不上学，妈妈为此很苦恼。

　　请你分析：小龙为什么要辍学？请给出一些指导性建议。

　　家庭治疗大师亚历山大·鲁宏说："人的成长就像树的年轮，是一圈一圈生长的，婴儿的一圈，代表着爱和享受；孩童的一圈，代表着嬉戏与玩耍；少年的一圈，代表着创造与幻想；青年的一圈，代表的是情爱及探索；成人的一圈，则象征着现实与责任，一个完整的人(人格发展健全的人)，是具备上述所有特征的。"

　　本章对儿童心理发展的理论，着重介绍儿童从出生到青少年这一阶段的发展变化，分析这一阶段儿童心理发展的一般规律，探究其中的常见问题及应对策略。

第一节　心理发展概述

一、儿童及心理发展的内涵

(一)儿童概念的界定

儿童，古代指除了婴儿之外的未成年人；《现代汉语词典》第五版中给出的定义是：较幼小的未成年人；1989年11月，联合国大会通过的《儿童权利公约》中规定儿童指18岁以下的任何人；《儿童权利公约》于1992年4月1日开始在我国正式生效。目前，心理学界把儿童年龄界定在0～18周岁。

(二)心理发展概念的界定

从教育心理学的角度来看，发展指的是个体从出生到死亡发生的身心方面的变化过程，包括生理发展和心理发展两个方面。生理发展指个体的生理结构与机能及其本能的变化；而心理发展有广义和狭义之分，广义的心理发展指的是一个人从出生到死亡整个一生心理发展变化的过程；狭义的心理发展指的是个体从出生到心理成熟阶段发生的积极的心理变化过程。通常我们研究的心理发展更多指的是狭义的心理发展，也就是儿童的心理发展。

二、儿童身心发展的基本规律

(一)连续性和阶段性

1.连续性

儿童从出生到青年初期18岁，总的质变是由一个软弱无能、不认不识(一种质的状态)的个体，转化到有一定思想观点、知识文化和劳动能力(另一种质的状态)的独立的社会成员，这种转变不是一朝一夕形成的，而是一个连续发展从量变到质变的过程，在儿童不同的发展阶段之间，有一个渐进和重叠的过程。

2.阶段性

心理发展在不同的年龄阶段有自己独特的，有别于其他阶段的质的特点和表现。在一定社会和教育条件下，在儿童发展的不同年龄阶段中形成的一般的、典型的、本质的心理特征称为儿童心理发展的年龄特征。一般来说，在一定的社会和教育条件下，儿童心理发展的年龄特征具有一定的稳定性和普遍性，如阶段的顺序，每一阶段的变化过程和速度，大体上都是稳定的、共同的。但另一方面，由于社会和教育条件在儿童身上起作用的情况不尽相同，因而在儿童心理发展的过程和速度上，彼此之间可以有一定的差距，这也就是所谓的可变性。儿童心理发展的稳定性和可变性是相对的，而不是绝对的。

(二)方向性与顺序性

儿童身心发展的方向和顺序是一定的、不可逆转和不可逾越的。总的来看按着由简到繁、由表及里、由浅入深、由幼稚到成熟、由低水平到高水平发展。从身体的发展来看遵循着从上到下、从中间到四肢、从骨骼到肌肉的顺序发展。心理的发展通常遵循感知→运动→情绪→动机→社会能力→抽象思维，由机械记忆到意义记忆，由直觉动作思维、具体形象思维到抽象逻辑思维，由喜怒哀乐等一般情感到理智感、道德感、美感等复杂情感。

(三)不平衡性

儿童身心发展的不平衡性表现在两个方面。第一方面是同一方面的发展速度在不同的年龄阶段变化是不平衡的。例如，青少年的身高体重有两个生长的高峰，第一个高峰出现在出生后的第一年，第二个高峰则在青春期。在这两个高峰期内，身高体重的发展速度比平时要迅速得多。不平衡性的第二个方面是不同方面发展的不平衡性。有的方面在较早的年龄阶段就已达到较高的发展水平，而有的则要到较晚的年龄阶段才能达到成熟的水平。例如，在生理方面，神经系统、淋巴系统成熟在先，生殖系统成熟在后。在心理方面，感知成熟在先，思维成熟在后，情感成熟则更靠后。

(四)个别差异性

个体差异性在个体身心发展的不同层次上存在。从群体发展的角度看，首先表现为男女性别的差异，它不仅是生理自然性的差异，还包括由性别带来的生理机能和社会地位、角色、交往群体的差别，如一般来说，女孩在具体形象思维方面占优势，男孩在抽象逻辑思维方面占优势；男孩在干力气活方面占优势，女孩在干细致活方面占优势；无论历史、社会还是家庭对男孩和女孩的期望值都不一样。其次，个别差异性还表现在身心构成方面。其中有些是发展水平的差异，有些是心理特征表现方式上的差异。例如，有的人观察能力强，有的人记忆能力好；有的人爱动，有的人喜静；有的人善于理性思维，有的人善于形象思维。正是由于这些差别，才构成了多姿多彩的人类世界。需要说明的是，个体发展水平的差异不仅是由个人的先天素质、内在机能的差异造成的，它还受到环境及发展主体在发展过程中的努力程度和自我意识的水平、自我选择的方向的影响。

三、影响儿童心理发展的主要因素

（一）生物因素

生物因素包括先天的，也包括后天的；既包括遗传的，也包括非遗传的。遗传是指生物体的构造和生理机能等由上代传给下代的现象，而那些与生俱来的解剖生理特征称为遗传素质。儿童身体生长发育的程度或水平即为生理成熟，遗传素质和生理成熟为人的发展提供了物质前提，没有这个物质前提就谈不上人的身心发展。

（二）环境因素

环境就是人们周围的客观世界，包括自然环境和社会环境。

自然界是人类生存和发展的基本的物质环境，是人和动物存在的物质基础，没有这个物质基础，如阳光、空气、水等，人和动物就无法生存。在自然环境中对人发展影响最大的是生态环境，生态环境包括一个地区的地形、地貌、土壤、气候等。

自然环境为人的发展提供了物质基础，但人是社会人，是群体共生的，人要想形成正常人的心理是离不开人特有的社会环境的。社会环境包括三方面，一是经过人改造过的自然，二是人与人之间的关系，三是社会意识形态。儿童心理的发展主要是由儿童所处的社会环境和教育条件决定的，离开社会环境就不会有正常人的心理发展，社会环境是人的心理发展的主要内容和源泉，在儿童身心发展中起决定作用。在社会环境中对儿童身心发展起重要作用的是教育。广义的教育包括家庭教育、学校教育、社会教育。狭义的教育特指学校教育，学校教育在儿童身心发展中起主导作用，这是由儿童心理发展特点和学校教育的特点决定的。

遗传只提供儿童心理发展的可能性，而环境和教育则规定儿童心理发展的现实性。社会生产方式，即一定的生产力和生产关系，是环境条件中最重要的因素。社会生活条件在儿童心理发展中的决定作用，常常是通过教育来实现的。教育跟一般的社会生活条件不同，它是一种有目的、有计划、有系统的影响，因此它在儿童心理发展上起主导作用。环境和教育是儿童心理发展的决定性条件，但是这并不意味着它可以机械地决定儿童心理的发展。

（三）个体的主观能动性

需要、兴趣、努力程度、人格品质等是个体主观能动性中的主要因素，如果没有主观因素这个内因的作用，环境、教育等外部条件是无法发挥作用的。

辩证唯物主义认为：外因是变化的条件，内因是变化的根据，外因要通过内因发挥作用。片面地强调环境教育的作用，而忽视儿童本身发展特点是错误的；相反，如果只强调儿童中心论，否认环境教育对儿童的影响，同样也是错误的，儿童的心理发展是内因外因共同作用的结果。儿童心理的健康发展，需要良好的生物因素、环境因素及个体的主观能动性共同起作用。

四、儿童心理发展阶段的划分

对于儿童心理发展阶段的划分，心理学发展流派中不同的理论有不同的看法。下面简要介绍弗洛伊德、埃里克森和皮亚杰等的人生发展阶段理论。

(一)弗洛伊德对儿童心理发展阶段的划分

弗洛伊德从性心理角度出发，把人的发展分为五个阶段。

第一阶段，口腔期(0~1岁)；第二阶段，肛门期(1~3岁)；第三阶段，生殖器期(3~6岁)；第四阶段，潜伏期(6岁至青春期)；第五阶段，生殖期(青春期至成年)。

(二)埃里克森对儿童心理发展阶段的划分

美国哈佛大学心理学教授埃里克森在1950年提出了解释人生全程发展的一套著名理论，他将人生全程发展分为八个阶段。表3-1介绍了儿童心理发展的五个阶段。

表3-1　埃里克森关于儿童心理发展阶段的划分

顺序	年龄阶段	心理危机	发展顺利	发展障碍
1	0~1.5岁	对人信赖　对人不信赖	对人信赖 有安全感	交往中焦虑不安
2	1.5~3岁	自主活泼　羞愧怀疑	能自我控制 行动有信心	自我怀疑
3	3~6岁	自动自发　退缩内疚	有目的、方向 能独立进取	畏缩无自我价值感
4	6岁至青春期	勤奋进取　自贬自卑	具有求学、做人、待人的基本能力	缺乏生活基本能力 充满失败感
5	青年期	自我统一　角色混乱	自我观念明确 追寻方向肯定	生活缺乏目标迷失彷徨

埃里克森认为每一阶段的心理发展，其顺利与否均与前一阶段的发展有

关；前一阶段发展顺利者将发挥良好基础作用，这有助于后期发展。同时他将人生的每一时期均视为一个危机与转机的关键，意指人生的每一时期各有其特定的发展任务，任务未解决之前心理危机将持续存在；任务解决，危机化解，危机变为转机就会顺利持续发展。有些人之所以行为异常，是由于发展危机不能适时化解，不断累积，结果阻碍甚至丧失了个人适应能力。

（三）皮亚杰对儿童心理发展阶段的划分

瑞士心理学家皮亚杰从认知发展角度出发，研究了个体从婴儿期到少年期大约15年的认知发展历程，认为个体的认知发展分为四个阶段，每个阶段都有它独特的结构，各阶段的出现，从低到高有一定的次序，不能逾越，也不能互换，每个阶段都是形成下一阶段的必要条件。

1. 感知运算阶段（0～2岁）

这一阶段儿童没有表象的加工，没有抽象思维，只能靠感觉与动作去认识周围的世界，处理主客体之间的关系，适应环境。

皮亚杰认为，儿童在感知运算阶段有两大进步，一是主体与客体的分化，二是因果关系的形成。儿童早期分不清自我与客体，不知道客体可以独立于自我而存在。儿童认为自己看得见的东西是存在的，看不见了就是不存在了。1岁左右的儿童开始建立起"客体永久性"，即客体在眼前消失，但它依然存在。儿童早期的动作是无目的，在动作与客体的相互作用中，儿童逐渐产生了主观动作与客观结果的分化，动作的目的性越来越强，意味着因果关系产生。儿童早期的语言也是无目的的，当儿童发展出有意义的字，也就表明他了解了自己的语言与成人的回应和鼓励之间的因果关系。儿童因果关系的建立有助于未来问题解决能力的形成。

2. 前运算阶段（2～7岁）

语言的出现和发展，促使幼儿开始用概念和表象思维来完成心理活动。儿童在这个阶段有其突出的特点。

一是泛灵论。儿童无法区别有生命和无生命的事物，常把人的意识、动机推广到无生命的事物上，如跟"布娃娃"交流讲话，认为"布娃娃"是有生命的。

二是思维的具体性。儿童能借助表象进行思维活动，但仍缺乏逻辑，不能进行抽象思维。

三是不可逆性。儿童认识到的关系是单向的，不可逆的，如他们不理解$A=B$反运算为$B=A$，$A>B$反运算为$B<A$。

四是自我中心性。儿童站在自己的角度看问题，皮亚杰做过一个著名的实验——"三山实验"（如图 3-1 所示）。在一个立体沙丘模型上错落摆放了三座山丘，首先让儿童从前后、左右不同方位观察这座模型，然后让儿童看四张从前后、左右四个方位拍摄的沙丘照片，让儿童指出和自己站在不同方位的另外一人（实验者或娃娃）看到的沙丘情景与哪张照片一样，前运算阶段的儿童无一例外地认为别人在另一个角度看到的沙丘和自己站的角度看到的沙丘是一样的，证明儿童在前运算阶段思维缺乏从他人的角度看待事物的能力。

图 3-1　皮亚杰的"三山实验"平面示意图

五是缺乏守恒性。前运算阶段的儿童认识不到在事物的表面特征发生某些改变时，其本质特征并不发生变化。如图 3-2 所示，两个同样的杯子装一样多的水，当把其中一个杯子的水倒入高度不同的杯子里时，前运算阶段的儿童就认为两个杯子装的水不一样多了。

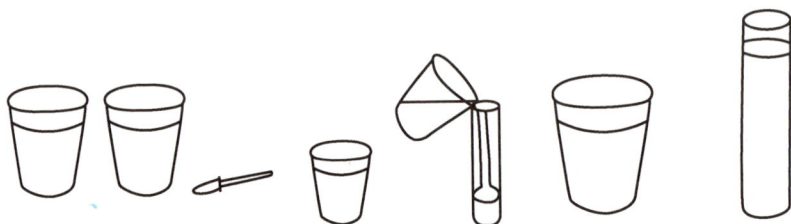

图 3-2　皮亚杰的"液体守恒实验"示意图

3. 具体运算阶段（7～11 岁）

小学儿童正处于这个阶段，此时儿童的思维主要表现在以下几个方面。一是思维具有可逆性、守恒性。思维的可逆性是指思考问题既可以正向思考，也可以反向思考；思维的守恒性是指对物体某特征的认识不因其他无关特征的改变而受到影响。二是思维的去自我中心性，即能够站在他人的立场思考问题；

儿童能按具体事例进行推理思考，可接受他人的观点，不再处于自我中心的状态。此外，儿童的语言具有了社会交流的性质，注意的转移能力已经形成，两种重要的智力运算——顺序排列和分类也发展起来了。同时儿童的意志、推理、自主性和道德观念的理解也都逐渐发展起来了。

4.形式运算阶段(11～15岁)

此时儿童的思维能力已经超出了感知的具体事物，能运用抽象的合乎逻辑的推理方式去思考解决问题。此时个体在生理上和认知能力的发展上均接近成熟，个体可能会思考生命的意义及自己未来的发展问题，由此引发出青春期的自我中心主义。但是该阶段儿童思维中的具体形象成分仍然起着重要作用，八年级是中学阶段抽象思维发展的关键期，到了十一年级趋向成熟。

皮亚杰在认知发展领域进行了大量的研究工作，确定了该领域所研究的绝大部分的研究方向，明确了其中最重要的一些概念，留下了相关领域中非常有价值的研究结论。皮亚杰的理论产生了广泛的影响，引起了大量关于儿童认知发展理论的研究，推动了该领域的研究工作。

(四)朱智贤关于儿童心理发展阶段的划分

我国儿童心理学家朱智贤认为：儿童心理发展同一切事物的发展一样，是一个不断经过量变到质变的过程。儿童心理发展的年龄特征就是在一定的社会与教育条件下，在儿童发展的各个阶段中形成的一般的、典型的、本质的特征。在儿童心理发展的这一阶段之初，可能保留上一阶段的年龄特征，在这一阶段之末，也可能产生大量的下一阶段的年龄特征。甚至同一年龄的儿童，他们的年龄特征也不一样，因此我们应该用辩证的观点来掌握这些年龄特征的个别性和一般性、典型性和多样性，而不能用个别性代替一般性，用多样性否认其典型性。

朱智贤认为，划分儿童年龄阶段应该依据以下两个方面：一是儿童心理发展的每一时期重要的特殊矛盾或质的特点，这是划分儿童心理年龄的主要依据；二是在划分儿童年龄阶段时，既应看到重点又要看到全面。这些特殊矛盾和质的特点主要表现在他们的主导活动、思维水平和个性特征上，同时也表现在他们的生理发展(特别是高级神经活动的发展)和语言的发展水平上。据此，朱智贤提出了儿童心理发展应划分为五个阶段：婴儿期(0～3岁)、幼儿期(3～6岁)、童年期(6～11岁)、少年期(12～14岁)、青年初期(15～18岁)。

第二节 婴幼儿身心发展特点及常见心理问题

一、婴幼儿的身心发展特点

（一）婴儿心理发展的主要特点

婴儿期是从出生到 3 岁，是身心发展最快的时期。在此期间，作为人类特点的直立行走、双手动作和言语交际能力都开始出现了。

1. 婴儿期的第一个高峰

婴儿期出现发育的第一个高峰，需要充足的营养，完成从吃奶为主到吃普通食物为主的过渡。

2. 婴儿的动作发展迅速

婴儿运动机能的发展遵循着三个法则：一是头尾法则，即自上而下，婴儿先发展头部的动作，再到身体的下半部，次序是头部、颈部、躯干、下肢；二是远近法则，即从身体的中部开始，再到身体的边缘；三是大小法则，婴儿先学会运用大肌肉的粗动作，后学会运用小肌肉的精细动作。婴儿动作发展顺序如表 3-2 所示。

表 3-2 婴儿基本动作发展顺序

动作	发展时间
吸吮动作	第 1～2 周
抬头动作	第 2 个月
翻滚身体	第 4 个月
伸手抓住物体	第 5 个月
独自坐起	第 7 个月
爬行	第 8 个月
独立站立	第 12 个月
独自行走	第 15 个月
独自跑步	第 18 个月

3. 婴儿的感情初步发展

婴儿在出生第 1～3 个月，以寻觅、微笑、注视等行为表达关注；到第 4～

6个月，婴儿会分辨熟人和陌生人，分别用不同的感情对待；到第7个月会主动接近他人；稍长的婴儿会主动要求他人满足自己的愿望。婴儿自主能力提高，独立意识初显，需要成人的鼓励和帮助，自我意识萌芽，成人应注意早期个性品德的引导。

4．认知能力初步发展

皮亚杰认为，婴儿在9个月以前，只相信眼前的才是存在的，10个月后形成物体永恒的概念。婴儿通过与周围事物的接触或观察自己动作的影响来认识环境中事物的因果关系，建立日后的自主感。口语迅速发展，需要丰富的语言刺激和交流。动作思维发展，应适当进行早期智力开发。交往需要提高，喜欢与同伴一起玩。

婴儿期如果教养不当，容易导致口语障碍、智力落后、个性缺陷，如自卑怯懦、固执任性、孤僻自闭等。

（二）幼儿心理发展的主要特点

幼儿期是3～6岁，这个时期的身心发展对于个体未来生活的适应至关重要。神经系统发育迅速，6岁时接近成人。婴儿刚出生时脑重约390克，一岁的时候脑重大概翻倍，6岁时脑重量可达1300克左右，成人脑重量为1400克左右。

1．幼儿期动作的发展

幼儿的动作已经相当优雅，能独立行走、大步走、跑步，上下楼梯，立定跳、单脚跳，可自己穿衣、梳洗，可学习骑小三轮车、游泳，这既增强了幼儿的独立感，也给幼儿带来无穷乐趣。

2．智力发育的关键期

智力是一种综合的认识能力，智力因素包括感知力、注意力、记忆力、思维力、想象力等。脑的发育和智力发展的速度相一致，3岁以前大脑发展最快，以后逐渐减慢，5岁以前已经完成整个人脑发育的80％，6岁时大脑的结构和功能基本接近成人，因此幼儿时期是智力发展的关键期。如果成人能掌握时机，采取相应措施激发婴幼儿智力因素发展，就会达到事半功倍的效果，一旦错过，则不易补救。游戏是幼儿的主导活动，游戏对儿童的身体、智力、情感和社会性的发展有着重要的影响。

专栏 3-1　印刻现象

印刻现象首先由英国自然主义者斯波尔丁（D. A. Spalding）在刚孵出的鸡雏身上发现，并且他还观察到这种反应不管追逐的能活动的生物是否是自己的同类。后来，澳大利亚动物学家劳伦兹（K. Z. Loren）把动物的这种行为

称为印刻，并曾用鸭子做实验，验证了这一事实。劳伦兹发现在刚孵化出的小鸭面前像鸭子那样摆动自己的双臂，摇摇摆摆地走路，小鸭子像爱母鸭那样地爱他，在幼小时跟在他身后走，到了性成熟期，则向人类而不是自己的同类求爱。发展心理学家将动物的关键期概念引入儿童学习行为的研究领域，认为儿童心理的发展同样存在关键期。这是个体生命早期一个比较短暂的时期，在这期间，个体对某种刺激特别敏感，过了这一时期，同样的刺激对之影响很小或没有影响。

3. 言语能力迅速发展

幼儿口语发展飞速，基本掌握了全部母语的语音和语法使用规则。4岁的幼儿已会使用上千的单字，学会了用符号代替物体，且由于模仿能力的加强，幼儿词汇量迅速增加，也会自己组句，当然文法还不完全正确。幼儿语言的发展，扩大了其生活范围，拓展了其意识范围，也促进了幼儿思维的发展。根据幼儿思维发展的阶段或方式，幼儿的思维发展表现出三种不同的方式：直觉行动思维、具体形象思维和抽象逻辑思维的萌芽。幼儿早期的思维以直觉行动思维为主，幼儿中期的思维以具体形象思维为主，幼儿末期抽象逻辑思维开始萌芽。

4. 幼儿情绪与个性的发展

幼儿情绪控制能力较差，他渴望能马上满足要求，所以遇到一点挫折就会有非常强烈的愤怒反应。直到幼儿后期，情绪的自控能力才逐渐改善。

幼儿学会控制自己的同时，也逐渐认识到做一些简单的工作，不但能学到许多技巧，而且也会受到表扬。这种认识和经验可增强幼儿的自信，从而奠定"我行"的自我认识态度。此时性心理开始萌芽，形成早期性别的认同。

5. 初步社会化，了解并学习遵守社会规范

每个人必须经过社会化才能使外在于自己的社会行为规范、准则内化为自己的行为标准，这是社会交往的基础。而社会化是人类特有的行为，只有在人类社会中才能实现。"当孩子想着别人时，他的社会化就开始了；当孩子学会和别人交往时，他的社会化就达到一定程度了；当孩子学会关心别人时，他的社会化水平就相当高了。"孩子刚生出来时只是一个生物意义上的人，成长的过程成就了一个社会意义上的人，逐步形成他的信念、价值观和行为方式等。社会化过程从婴幼儿时期就开始了，通过和周围人打交道，通过知识经验的增长，儿童逐渐了解社会，了解周围人希望他做什么、不希望他做什么，也逐渐学会了怎样向别人表达自己的愿望，从而适应自己生存的社会。一个社会化的人，才能学会生活、工作，学会爱别人、学会接受别人的爱。

二、婴幼儿常见的心理问题及引导

(一)吮吸手指

1. 表现

吮吸手指在婴儿期是一种常见的现象，到2～3岁以后，这种现象会明显减少，随着年龄增长，会逐渐消失。

2. 原因

(1)无条件反射

吮吸是人的原始的本能反射，婴儿会很自然地吮吸触碰到嘴唇的任何物体，以后在饥饿时婴儿会将手或其他物品放在口中吮吸，吮吸手指可能是喂养不当或不及时造成的。到两三岁以后，儿童独立生活能力增强、动作技能和言语的发展，索食要求能得到满足，吮吸手指的行为日趋消失。但还有部分幼儿仍然保留这种行为，造成阻碍身心发展的障碍。

(2)长牙时的需要

婴幼儿常常将手放入嘴内磨牙床。

(3)自我探索的需要

婴幼儿通过吮吸手指知道这是自己的一部分。咬痛了，知道这是自己身体的一部分来建立自我意识。如果限制，会造成孩子的需求未得到满足，还会造成孩子缺乏自我意识。

（4）缺乏环境刺激和社会交往

3. 预防和矫正

（1）注意卫生

要注意婴儿的个人卫生及周围环境的卫生，爸爸妈妈应常给婴儿洗手、洗玩具等，以防病从口入，不要用强硬的方法将宝宝的手从口中拉出来。

（2）合理喂养

注意定时定量喂足喂好婴儿，让儿童养成良好的生活和饮食习惯。

（3）行为治疗

在儿童手指上涂抹苦味剂，这种方法要适当使用。

（4）转移注意力

以儿童感兴趣的活动吸引他们的注意力，分散对固有习惯的注意力。特别要多组织一些需要占用双手的活动。此外，还要给孩子足够的爱护，使他们在心理上获得满足。

（二）偏食

1. 表现

偏食是指儿童不喜欢或不吃某一些食物，是一种不良的进食行为。偏食在儿童中很常见，在城市儿童中约占25％，在农村儿童中约占10％。

2. 原因

（1）家长的影响

家长对食物有偏爱，造成孩子对同样食物的挑食。

（2）制作不当

家长对某种食物由于制作不当，给孩子留下难以接受的第一印象，致使孩子以后拒绝食用。

（3）家长早期迁就孩子

孩子喜欢吃甜的就给吃甜的，不喜欢吃的就不要求吃。孩子早期需要品尝各种味道的食品，开发味觉。

3. 预防和矫正

（1）做好榜样

家长一定要做孩子的榜样，以身作则，不要在孩子面前表现出自己的偏食心理和行为。

（2）精心制作

家长一定要注意精心制作，尽量做得色香味美，特别是在外形上要通过鲜艳的颜色、卡通的形状等方式，吸引孩子的注意力，激发孩子对食物的兴趣，引起孩子的食欲，给孩子留下好的印象。

（3）行为矫正

孩子良好的习惯需要家长们耐心地培养，对于孩子不喜欢吃的一些食物，可以通过一些引导的方式，"软硬兼施"。比如，孩子对某样东西稍有反感，我们可以用小故事、游戏等形式启发孩子。另外，家长不能由着孩子的性子，要有引导也要有严肃的教育。

（三）攻击性行为

1. 表现

攻击性行为是指因为欲望得不到满足，采取有害他人、毁坏物品的行为。婴幼儿攻击性行为表现为遭受挫折时焦躁不安，采取骂人、打人、咬人、抓人、踢人、冲撞别人、夺别人的东西、扔东西等行为。他们的攻击性行为可以针对同伴、老师，更多的是针对自己的父母，攻击行为在3～6岁出现第一个高峰，10～11岁出现第二个高峰。他们的攻击可分暴力攻击和语言攻击两大类，男孩以暴力攻击居多，女孩以语言攻击居多。

2. 原因

精神分析学派认为，攻击性行为是本能驱力的结果，是遭受挫折的本能反应。行为学派则认为攻击性行为是社会学习的结果，是通过观察模仿家长的暴力行为和周围小孩子的攻击行为而获得，攻击性行为如果使自我需要获得满足，就更加会得到强化。

3. 预防和矫正

矫正学前期儿童的攻击性行为非常重要，否则，儿童的攻击性行为可能发展为成人期的人际交往和适应困难，少数还可能发展成为斗殴等违法行为。

（1）创设良好的生活环境

第一，为儿童创设适宜的活动空间。研究者对100多例攻击性行为进行分析，80%左右的攻击性行为发生在室内，20%左右发生在室外。而美国心理学家的研究也表明了游戏室中儿童人数增多会导致儿童攻击性行为的增加。因此为孩子创设一个适宜的空间就显得十分重要。一般在天气情况允许的条件下，尽量将室内活动安排在室外进行，以减少攻击性行为的出现。而在室内设置活动区域时，也应尽可能为幼儿创设更多的空间。

第二，为儿童创设一个适宜的心理环境。情绪状态的好坏直接影响孩子攻击性行为的出现频率。而孩子的情绪又有易变性、波动性和易传染性等特点，教师要有意识地为幼儿创设一个良好的心理环境，使孩子处于积极的情绪体验中，对出现不良情绪反应的孩子及时加以疏导，以维持其心理的平衡。具体方法有很多，如在幼儿入园时播放一些轻快的音乐，营造一个活泼轻松的氛围；可以结合"跟老师讲一讲，和好朋友谈一谈"的活动，使孩子在与老师、同伴的交流中得到心理上的宣泄和疏导等。

第三，要为儿童提供适宜的活动材料。幼儿的攻击性行为有自己年龄阶段的特点，即以工具性攻击占优势，很多攻击性行为是因为争夺玩具或材料而引发的。因此，适宜材料的投放，对减少幼儿攻击性行为的出现有很大的作用。适宜的材料包括材料数量的适宜和内容的适宜。

（2）提高幼儿的认知水平

幼儿攻击性行为多与其认知水平较低有着直接的关系，幼儿往往对来自同龄伙伴的信息以自我为中心做出判断。如果一个儿童对别人的行为判断是敌意的，他的行为就会表现出攻击性。幼儿中很多攻击现象的产生都是因为彼此间没有搞清楚对方行为的动机是什么，而用敌意去判断别人的动机。因此，教师必须帮助幼儿正确认识他人，以宽容的态度对待同伴。

（3）榜样法

幼儿之间很容易产生行为上的相互模仿，因此，可使用榜样法。班杜拉认为，将有攻击性行为的儿童置身于无攻击性行为的儿童中可减少其攻击性行为；或者让他们观察其他儿童的攻击性行为如何受到禁止或惩罚，也可起到同样的作用。

（4）强化法

布朗（Brown）和埃里特（Elliot）提出，对儿童的攻击性行为采取不理睬的方式，而对合作性行为给予奖励，就可能减少攻击性行为。避免使用体罚的方法，因为体罚往往对儿童起了示范作用，从而增加儿童的攻击性行为。

（5）情境体验法

依据幼儿已有的生活经验，教师创设典型情境，让幼儿在情境中进行角色扮演，体验角色心情，调整自己的情绪；并学习观察别人的情绪，学会换位思考，激起情感共鸣，当其他幼儿发生争执或矛盾时尝试去解决问题，从而达到情感教育的目标。

（6）培养幼儿的交往、合作能力

幼儿在科学有效引导下，可以逐渐学会适应他人，不断地调整自己的行为，掌握良好的行为准则，学习与他人建立融洽的关系。关心他人、与他人合作等良好品行的形成，可以在源头上减少攻击性行为的发生。

（四）退缩行为

1．表现

指胆小、害羞、孤独、不敢到陌生环境中去，不愿意与小朋友们玩耍的不良行为。这种儿童对新事物不感兴趣，缺乏好奇心。"退缩行为"对幼儿的身心发展影响很大，如不加以预防，就会影响幼儿一生的发展。

2．原因

（1）与孩子自身的素质有关

即儿童先天的解剖生理特征，包括感觉运动器官、脑的结构功能等特征。母亲孕期的状况会影响胎儿的发育，使胎儿的生理结构发生变化，导致儿童的先天适应能力差，对新环境不适应，不愿与人接触，长期下去，就会形成退缩心理，表现出退缩行为。

（2）孩子很少与其他孩子接触

在家中，事事包办；在外面，时时保护。家长剥夺了孩子的锻炼机会，久而久之，孩子的依赖性增强，觉得只有在家人身边才安全。这样发展下去，当幼儿到了外界环境中，不会和陌生人交往，到最后变得离群孤僻，产生退缩行为。

（3）家长的教养方式不当

家长只是重视孩子自身的发展，却忽视了其社会性的发展，如不让孩子出门，特别是有些家长为了阻止孩子出去玩耍，用各种不当的方式恐吓孩子，不让孩子和同伴一起"疯玩儿"等。这样的孩子，大多活动能力较差，不善于交往，胆怯，缺乏独立性。还有家长的一些不当评价和不鼓励也是儿童胆小退缩的重要原因。

（4）语言沟通障碍

儿童掌握语言的过程，也就是其社会化的过程。语言的参与，使儿童的认识过程发生了质的变化。如果此时儿童的语言能力出现障碍，则会导致儿童的社会交往能力受到影响，长期下去，便会导致孤独、自卑等一系列退缩行为的出现。

3．预防和矫正

（1）多给儿童提供锻炼的机会

在日常生活中，家长要有意地鼓励孩子做一些力所能及的事情，如洗手、洗脸、穿衣、吃饭等。可利用游戏对儿童进行有针对性的训练。

（2）培养儿童的自信心

成人要鼓励孩子凡事试一试，体验成功的喜悦；成人要抓住时机，正确评价。

(3)鼓励孩子多与同龄人交往

应多带孩子到社会生活中去，鼓励他们与其他小朋友玩耍、游戏，从而扩大孩子的生活圈。

(4)培养抗挫能力

当孩子遇到困难时，成人要教育儿童正确面对挫折。

(五)性识别障碍

1. 表现

儿童对自身性别的认识与自己真实的解剖性别相反。例如，男孩表现得特别像女孩，或持续否认自己具有男性特征。这种现象多见于3岁以上的儿童。

2. 原因

性识别障碍主要是由家长不当的教养态度所致，孩子在3岁前，家长觉得孩子小什么都不懂，给孩子穿异性孩子穿的衣服，或对孩子像对待异性小孩一样，未对孩子采取应有的评价标准和态度，使孩子逐渐喜欢与自己真实的解剖性别相反性别的行为特点。

3. 预防和矫正

3岁以后的孩子主要是通过一些外在的特征，如头发的长短、衣服的花色等对别人进行性别辨别，而生理上的性别特征在现实生活中总被遮盖着，所以很少被幼儿作为判断的依据。幼儿时期是孩子性别意识形成的一个关键阶段，父母、老师应该明确地告诉孩子生殖器官和我们的眼睛、鼻子、心脏一样都是人体不可缺少的器官。孩子是天真无邪的，应较早地让他们知道一些性别知识。让幼儿明确辨别自己是男孩还是女孩，知道男孩或女孩应表现什么行为，接纳自己的性别，向同性别双亲认同学习。成人应及早注意孩子是否存在性别偏差，一旦发现孩子出现异于自己性别的状况，就应该及早加以引导，改善孩子成长的环境条件，在孩子4岁以前就应当努力帮助孩子矫正性别偏差。

(六)孤独症

1. 含义

孤独症是一类以严重孤独、缺乏情感反应、语言发育障碍、刻板重复动作和对环境奇特反应为特征的疾病。多见于男孩，男女比例约为4.5∶1。

2. 原因

儿童孤独症的病因尚无定论，与遗传因素、器质性因素以及环境因素有关，主要是早年活动环境中缺乏丰富和适当的刺激。长期处于单调环境下的儿童，易于用重复动作或其他方式进行自我安慰，对外界环境不感兴趣。

3. 预防和矫正

目前关于孤独症的训练方式，也有一些"流派"的观点，得到比较广泛的接受。经过长期实践证明有效的训练方式是洛瓦斯（Lovaas）提出的 ABA（Applied Behavior Analysis），即应用行为分析方式，它是讲究结构化的教学方式，即通过适当形式的奖励来对正面行为进行强化，对负面行为进行抑制，从而让患儿养成合适的行为规范、提高认知水平。在 2 岁时实行及时的干预会有很好的效果，尤其是对于程度严重的孤独症儿童而言，一旦晚于这个年龄，严重的孤独症患者在 3 岁以后再确诊、干预，收效就不太乐观，孤独症或许会伴随终生。12 岁之前矫正都会有一线生机，只不过发现、确诊、干预越早，效果就会越好。一旦过了 12 岁这个年龄，神经系统的发育基本完成，除了一些发育较晚的儿童还可能有效果外，基本上不再会有效果。

第三节　中小学生身心发展的主要特点

一、小学生身心发展的特点

（一）小学生生理的发展

1. 生长发育的顺序变化

生长是指身体各器官、系统的长大和形态变化，是量的改变；发育是指细胞、组织和器官的分化完善与功能上的成熟，是质的改变。两者密切相关，生长是发育的物质基础，而发育成熟状况又反映在生长的量的变化上。

从 7 岁开始，人体的生长发育遵循向心律发展，即自下而上，由四肢的远端向躯干，其各部分发育的程序是：足—小腿—下肢—手—上肢，人体活动及总负荷的大小次序是：足—小腿—大腿—手—臂—躯干—头。按照形态和功能统一的法则，负荷量和强度最大的是下肢，依次是上肢和躯干，向心律恰好适应上述功能的需要，这一特点促使儿童在小学阶段的运动能力迅速发展。

2. 体格出现快速增长

小学儿童前期，身体发展在其一生发展中处于一个相对平稳的状态。他们的身高平均每年增长 4～5 厘米，体重平均每年增长 2～3.5 千克。10 岁以后，随着青春期早期的到来，儿童的体格发育进入快速增长阶段，这时男孩身高一般平均每年可增长 7～9 厘米，女孩可增长 5～7 厘米。女孩的这种突增比男孩早两年左右，所以大约 10 岁开始女孩身高赶上并且超过男孩；男孩大约 12 岁左右身高突增，而此时女孩开始减慢。儿童体重一般平均每年可增长 4～5 千克。

3. 骨骼逐渐骨化，肌肉力量较弱

同幼儿相比，小学儿童的骨骼更加坚固，由于骨骼中所含的石灰质较少，不易发生骨折，但比较容易变形、脱臼，不正确的坐、站、走姿势可引起脊柱侧弯、驼背等变形。小学生身体的肌肉组织虽有所发展，但不够强壮，缺乏耐力，容易疲劳，不易长时间从事过于激烈的体育活动。

4. 心肺功能迅速发展

从体内机能的发育来看，小学生的心脏和血管在不断增长，其容积没有成人的大，不过新陈代谢快，所以小学生心跳速度比成人快，心率大约为 80～85 次/分，这个数值明显低于新生儿的大约 140 次/分。从肺的发育来看，六七岁儿童肺的结构已经发育完成，至 12 岁时已发育得较为完善，儿童的肺活量在这一阶段也迅速增加，表明肺功能不断发展。

5. 神经系统的发育迅速

从脑和神经系统的发育来看，小学生的脑重量已逐渐接近成人水平。随着大脑皮层的生长发育，儿童脑的兴奋过程与抑制过程逐渐走向平衡，觉醒时间逐渐延长，睡眠时间缩短，这使儿童有更多的时间从事学习活动。

6. 生殖系统开始发育

WHO 规定青春期为 10～19 岁，女孩的青春期开始年龄和结束年龄都比男孩早两年左右，青春期的进入和结束年龄存在较大的个体差异，可相差 2～4 岁。进入青春期的男孩长出喉结，变声，长出腋毛和阴毛，睾丸、阴茎开始发育，出现首次遗精。进入青春期的女孩，乳房开始发育，骨盆变宽，臀部变圆，出现月经初潮。

(二)小学生心理的发展

1. 认知过程的发展

(1)感知觉的发展

小学生从不精确地感知事物的整体渐渐发展到能够较精确地感知事物的各部分。10 岁前儿童的视敏度不断提高，10 岁儿童视觉调节能力的范围最大，之后逐渐降低。小学一年级儿童已经能正确辨认、匹配各种颜色。小学儿童的听觉敏感度逐渐提高，但不如成人。随着数学教学的进行，小学儿童逐渐知道了一些几何图形的名称，掌握了一些相关概念，他们的形状知觉发展较快。小学儿童初期已经能较好地辨认前后、上下等方位，对左右的辨认尚待完善。小学时期是儿童时间知觉发展的重要时期，他们掌握了一些时间的单位，如"分钟""小时""日"和相关知识，但对那些与他们的生活距离较远的概念，如"世纪""共产主义"等往往理解困难。

小学低年级儿童观察事物在目的性、系统性、精确性、深刻性等方面水平都比较低，中高年级有较大发展。

（2）记忆力的发展

小学生的有意记忆、意义记忆获得很大发展，但无意记忆、机械记忆仍占有重要地位。

（3）注意力的发展

小学生的注意特点：从无意注意占优势，逐渐发展到有意注意占主导地位，注意集中的时间不断延长，但注意的稳定性差，注意的分配和转移能力也较差。

（4）思维能力的发展

小学生的思维发展总的趋势是：从具体形象思维向抽象逻辑思维过渡，判断、理解能力不断提高，思维的深刻性、敏捷性、灵活性、批判性、创造性也都有所发展。

（5）想象力的发展

小学生的想象从片断、模糊向正确、完整的方向发展，有意想象增强，想象更富有现实性，想象的创造成分增多。

2. 情感的发展

小学生的情绪和情感富于表情化，喜、怒、哀、乐明显地表现在面部，而且容易变化，不善于修饰和控制。随着年龄的增长，情感的内容不断扩大与加深，也逐渐变得稳定、深刻。

3. 意志的发展

小学生精力旺盛、活泼好动，但同时因为他们的自制力还不强，意志力薄弱，所以遇事容易冲动，意志活动的自觉性和持久性都比较差。

4. 个性的发展

（1）自我意识有了迅速的发展

自我意识的迅速发展主要表现在以下两个方面。第一，自我意识的内容不断丰富。小学生不仅能意识到自己的身体特征和生理状况，而且能意识并体验自己内心的心理活动和自己在社会集体中的地位作用。第二，自我评价的独立性、批判性获得较大发展。儿童从依赖他人的评价逐渐发展为能独立地、批判地进行自我评价，且自我评价的内容和范围不断扩大，稳定性不断加强。

(2)个性品质获得了迅速的发展

小学生的兴趣逐渐分化、稳定，个人理想从直觉的、幻想的、易变的逐渐分化、稳定且趋于理性。在教育的引导下，儿童的勤奋、勇敢、守纪、忠诚等优良个性品质正在形成。

5. 品德的发展

小学阶段是人一生中道德品质发展最为协调的阶段。在这个阶段中，小学生的道德知识系统化，并形成相应的行为习惯。

(三)小学生学习的特点

1. 学习动机

学习动机是指直接推动学生进行学习活动的内部动力。小学生的学习动机特别是在低年级时多是为了得到好分数，为了得到成人的表扬，而与社会需要相联系的动机较少，如为集体荣誉而学，为个人前途、理想而学，为祖国前途、人民的利益而学等。

2. 学习兴趣

学习兴趣是一个人倾向于认识、研究获得某种知识的心理特征，是可以推动人们求知的一种内在力量。学习兴趣既是学习的原因，又是学习的结果。

小学生的学习兴趣在低年级主要是以学习过程和外部活动为主，小学生对通过游戏的方法进行学习更感兴趣，且兴趣不分化。三年级以后，儿童开始比较喜欢需要开动脑筋单独思考的问题，开始重视学习结果和内容，游戏在儿童兴趣上的作用逐渐降低，儿童开始产生对学科兴趣的分化，但还不稳定，极易发生变化。整个小学阶段对具体事实比较有兴趣，而对有关抽象的因果关系的兴趣在初步发展着，在社会政治生活方面的兴趣逐步扩大和加深。

3. 学习态度

小学阶段是学习态度初步形成的时期。所谓学习态度，一般是指学生对学习及其学习情境表现出来的一种比较稳定的心理倾向。它受学习动机的制约，是影响学习效果的一个重要因素。

(1)对教师的态度

低年级的小学生无条件地信任和服从教师，对教师怀有特殊的尊敬和依恋之情，教师具有绝对权威。中年级开始，小学生以选择批评的态度对待老师，只有那些人品好，教学水平高的老师才能赢得他们的尊重和信任。

(2)对班集体的态度

小学时期是形成"帮团"的时期，儿童开始产生了交往与归属的需要，因此，小学阶段是培养儿童集体观念、形成良好班集体的重要时期。低年级还没有形成真正的集体关系，中年级开始，小学生逐步把集体的要求当成自己的要求，完成集体交给的任务。

(3)对作业的态度

小学生学习态度发展的一个重要方面就是形成对作业认真负责的态度。他们逐步学会安排一定时间、按一定顺序来完成作业，并逐步学会按老师要求集中精力细心地完成作业。

(4)对评分的态度

分数评定对儿童心理发展的作用是通过儿童对评分的态度而产生影响的。低年级初步理解了分数的意义，但常常把分数意义绝对化。中年级开始，小学生逐步把优良的分数理解为学生对本身职责的态度和尽责的表现。

4. 学习能力

小学生的学习能力是在教学的影响下逐步发展起来的。在教学中，儿童智力活动的形成包括五个阶段：了解当前活动阶段；运用各种事物完成活动的阶段；有外部语言参加的、依靠表象来完成的阶段；只靠内部语言参加在头脑里完成活动的阶段；智力活动过程的简约化阶段。多次进行某一智力活动之后，其各个阶段就逐渐简约化，以高速度进行，这一智力活动的能力便初步形成了。有些小学生在学习上的落后，常常是由于在智力活动中，缺少某一阶段引起的。

二、中学生身心发展的特点

中学时代是个体由儿童走向成人的过渡阶段，这个阶段是人类个体生命全程中的一个极为特殊的阶段，其最大特点是身心的迅速成长和发展。

(一)中学生生理的发展

中学生的生理正处于青春发育期。这一时期学生的身体和生理机能都发生了剧烈的变化，并逐步趋于成熟。

1. 身体外形剧烈变化

首先表现在中学生的身高、体重、胸围、肩宽等发育迅速。进入青春期后，中学生的身高年均增长一般为8～10厘米，体重年均增加为5～6千克，多的可达8～10千克。高中生的身高、体重等生理指标多数接近成人水平。其次表现在中学生多数出现了第二性征，男女生的外形差异日渐明显。

2. 体内机能健全

随着青春期的发育，中学生体内的各器官、系统的机能迅速增强，并逐步趋向成熟。心血管系统功能稳定、肺功能增强。

3. 身体素质快速提高

主要表现为速度加快、耐力增强。

4. 神经系统方面

神经系统逐步完善，脑的发展由容积、重量转向功能的完善。

5. 性发育成熟

性的成熟是人体内部发育最晚的部分，它的发育成熟标志着人体全部器官接近成熟。青春期后，性器官迅速发育成熟，功能完善。

(二)中学生心理的发展

1. 认识过程的发展

(1)感知、观察能力的发展

学生进入中学以后，逐渐依据教学和实践的要求，能较长时间地、集中地、全面深刻地感知事物。观察目的更明确，能主动地制订观察计划，有意识地进行集中观察，并能对观察活动进行自我调控，持久性明显发展，精确性提高。在观察活动中，中学生能全面深入地了解细节，既重整体辨认，又重细节辨认，观察的正确率逐步提高，观察的概括性、深刻性明显提高。

(2)记忆力的发展

中学时期是一个人记忆力发展的黄金时期，记忆量迅速增加，有意记忆占主导地位，但无意记忆仍是不可缺少的，理解记忆为主要记忆方法，语词逻辑记忆占优势。

(3)思维能力的发展

中学生的思维能力以抽象逻辑思维为主，表现在思维的组织性、敏捷性、灵活性、深刻性、批判性等方面。八年级之前，学生的抽象逻辑思维处于一种经验型的水平，即思维活动仍需要具体形象的经验材料的支持。从八年级起，学生的抽象逻辑思维从经验型向理论型转化，思维逐步摆脱经验的限制，根据理论来进行逻辑推理。到十一年级，这一转化过程基本完成，它标志着中学生的思维已达到成人水平。他们能够有意识地把所学内容进行分析综合，使之系统化。在面临问题时，能够迅速地从本质上发现矛盾的焦点，从而减少和克服片面性、绝对化。他们能够独立地思考，对同学、教师、家长、书本都有自己的认识。中学生喜欢争论和怀疑，敢于发表自己的意见，不迷信权威。

(4)想象力的发展

中学生由于学习内容丰富、人际交往频繁，社会活动增多，他们的想象大多是由现实中遇到的问题或问题情境激发的，逐步摆脱了幻想，带有更多的现实性。

2. 情感的发展

中学生情绪高亢强烈，充满热情和激情，活泼向上，富有朝气；情感的两极性明显，会从一个极端走向另一个极端；情感的社会性越来越深刻，道德感、理智感、美感的内容与水平日益丰富和提高；情绪情感的调节能力增强；学生的友谊感迅速增强，并出现两性爱情的萌芽。

3. 意志的发展

随着年龄的增长、年级的升高，中学生能够有目的、自觉地做出意志决定和努力。在果断性上也有了显著的发展，但行动有时显得轻率。他们善于控制和支配自己，克服来自内外部的种种困难，从而减少了任性和随意冲动。

4. 个性的发展

中学生的个性发展主要表现为自我意识的高度发展，人生观、价值观的初步形成，性格逐渐成熟、稳定。

(1)自我意识高度发展

自我意识的发展出现第二个飞跃期(第一个飞跃期在 1～3 岁)主要表现为：中学生逐渐意识到自己是一个独立的人，产生了强烈的成人感，他们希望得到成人的理解与尊重，希望获得独立，但成人往往对他们有诸多限制，不能完全满足他们的要求，因此，他们对成人有较强的反抗心理；中学生的自尊心高度发展，他们渴望获得成人的肯定，对他人的评价特别敏感；中学生的自我意识出现了分化，意识到"理想自我"和"现实自我"的区别，并常常为现实自我和理想自我的差距而焦虑和烦恼；中学生的自我评价能力不断增长，对自己的评价逐渐从主观模糊的评价发展到客观正确的评价，自我评价的独立性显著增长。

(2)人生观、价值观初步形成

一个人的人生观、价值观的发展与其自我意识的发展有着密切的联系。在初中阶段，人生观、价值观处在萌芽状态。高中阶段，人生观、价值观初步形成，但高中阶段形成的人生观和价值观还不够稳定，有待进一步发展。

(3)性格逐渐成熟、稳定

中学阶段是一个人性格发展和形成的重要时期在初中阶段，性格的可塑性较大，高中阶段便趋于成熟和定型。

5. 品德的发展

中学生具备了较丰富的道德知识，掌握了部分道德标准，能够客观地、全面地对自身和他人的道德行为进行判断和评价。中学时期是道德观念、道德信念得以强化并用来指导自己行为的时期。

（三）中学生学习的特点

1. 学习内容逐步深化、学科知识逐步系统化

学习的课程门类逐渐增加，内容也逐渐加深，中学生的学习负担加重。

2. 学习成绩分化日趋明显

随着内容的加深，课程对学生逻辑思维能力要求越来越高，智力在学习中的作用表现得越来越突出，学习成绩差距越来越大。

3. 学生的自主能力日益重要

进入中学后，学生学习的独立性逐步增强。课堂上，教师训练学生独立思考，课外学生需要独立安排自己的学习活动，因此，自学能力的强弱对学习成绩的影响明显增强。

4. 学习的自觉性和依赖性、主动性和被动性并存

学生的学习自主性有明显差异，许多学生还要依赖教师家长的监督。

（四）中学生心理发展的主要矛盾

中学生心理发展的主要矛盾有：①中学生与学校、家庭、社会间的不适应；②性发育迅速成熟与性心理幼稚间的矛盾；③自我意识的增长和社会化成熟滞后之间的矛盾；④感情外露和内隐的矛盾。

第四节　中小学生常见的心理问题

按照我们国家现行的学制，一个孩子从小学入学到高中毕业要接受 12 年基础教育，其中包括九年义务教育。如果从 6 岁入学算起，正常情况下一个学生高中毕业要到 18 岁。6～18 岁这个阶段是一个人的知识、能力、品格、个性、人生观、世界观形成的关键时期，是个体从不成熟走向成熟的过渡时期，尤其是初中阶段被称为"第二反抗期"，在青少年犯罪方面被叫作"危险年龄"。因为这一时期青少年身体、心理的迅速发展给他们带来了一系列矛盾：独立性和依赖性相矛盾；幼稚和成熟相矛盾；闭锁性与交友愿望相矛盾；性要求和道德法律相矛盾；物质需求与经济依赖相矛盾等，一系列矛盾说明青少年期，尤其是中学阶段，应特别关注他们的心理健康教育，为学生健康发展提供必要的阳光、空气、水分、土壤等各种有利的外在条件，为学生的健康发展保驾护航。中小学生常见的心理问题表现在几个方面。

一、学习问题

学习是学生的主要任务，由在校学习情况引发的问题是学生心理健康问题的轴心。学生学习的好坏不仅影响知识的掌握，而且也影响日常情绪，影响他们在群体中的地位，影响自我评价和自我体验。所以，由学习问题引发的心理问题是中小学生心理健康的一个重要课题。中小学生的学习问题主要表现在以下几个方面。

（一）学习适应

学习适应主要表现在学习阶段的衔接上，由学龄前进入小学、由小学升入初中、由初中升入高中，是学生学习道路上的转折点，由于各个阶段学习内容不同，学习门类逐渐增多，学习难度、跨度逐渐增大，教师的授课方法、管理方式的变化等，都需要学生及时做出调整。若学生不能及时调整或适应不够，就会出现适应不良，造成心理问题。

（二）学习疲劳

学习疲劳是指学生由于长时间高度紧张地学习，学习效率下降、学习兴趣降低的一种不良心理现象。我国教育主管部门虽然一再强调要减轻中小学生的课业负担，但由于各方面原因，实际情况却是很多学校学生的课业负担非但没有减轻，反而有加重的趋势，甚至超过了学生身心发展的承受能力，违背了学生机体生长和成熟的规律，走入了发展的误区，这个问题亟待从根本上加以解决。中小学生学业负担过重，疲劳不堪，日积月累严重影响了孩子的身心健康。学习疲劳又可分为生理性疲劳和心理性疲劳。生理性疲劳主要是指由于肌肉和神经系统能量的消耗、代谢废物的积累造成动作失调、姿势不合理、感觉迟钝、力不从心等现象；心理性疲劳是指学生由于学习内容的单调或没有兴趣而对学习产生的紧张、厌烦状态。学习疲劳主要是指心理性疲劳。长期处于心理疲劳的学生容易对其身心健康发展产生不良影响。例如，在身体方面容易出现视力减退、食欲不振、面色苍白、软弱无力、血压增高、大脑供血不足、易失眠；在心理上则会出现情绪烦躁、信心不足、记忆减退、注意力不集中、思维迟钝、反应缓慢等，严重时可导致神经衰弱等其他症状。

（三）学习困难综合征

这是一种学习技能的发展障碍。这类学生并非呆傻或愚笨，而是在发育期获得技能的方式受损，表现在阅读、计算等单一方面的能力低下，而其他技能均属正常，所以常出现严重偏科现象。学生学习困难有生理原因，如出生前后造成的脑损伤、神经系统失调等导致的智力低下。而学习技能障碍由遗传而来，或是由于身心发展落后于同龄儿童的发展水平，如说话过迟、个子矮小等，更重要的是环境因素的影响，如不良的家庭环境，父母长期在外工作，家庭成员关系紧张等，使儿童从小就未得到成人充分的爱抚，特别是缺乏母爱，或在早年生长发育的关键期，父母没有为儿童提供丰富的环境刺激和教育；或是家长过度期望或教育方法不当，如学前儿童小学化，小学儿童成人化的现象，影响了学生的学习兴趣。另外，有些老师对学习学困生存有偏见，不恰当地批评指责，严重伤害了学生的自信心和自尊心，降低了学习动机、兴趣，使学生产生厌学情绪。对学习困难综合征矫正的关键在以下几点。首先，成人要有正确的态度，父母和教师不要歧视学困儿童，要给予他们更多的关心和帮助，对他们的学习困难分析具体原因，给予具体指导，为其创造良好的生活学习环境。其次，进行教育训练，这一工作在一些国家由专门的诊疗机构——学习中心来承担。我国目前还没有这种专门机构，其矫正可在条件较好的心理咨询机构的指导下，由有经验的教师利用假期进行集中训练。其程序是针对学生的具体技能障碍，制订专门的训练计划，进行个别矫治。最后，就是心理治疗，主要是采取正强化法，在进行教育训练时，对学生的进步给予及时表扬，提高其自信心。

（四）厌师情绪

"亲其师，信其道"在中小学生身上表现为学生由于喜爱某教师而喜爱他所教的学科，或由于喜欢这门课而喜欢教这门课的教师，这在心理学上叫"移情"，是积极的移情；反之结果相反，也可叫迁怒，便是厌师情绪。有的教师为人严厉，说话尖刻，对学生教育不得法，或教师本人在职业道德上出现了偏差，体罚或变相体罚学生，讽刺挖苦学生，严重伤害了学生的自尊心和自信心，导致学生因讨厌这样的教师而渐渐对其所讲内容产生反感，于是成绩下降，这种现象在中小学比较普遍，甚至对学生的一生产生影响。这表面上看来是学习问题，实际上是一种心理问题。其产生的原因，是中小学生心理发育不成熟，更多地靠感性去思考处理问题，而且情绪本身有很大的感染性、弥散性，加上中小学生从众心理强，容易受周围环境和人的影响，容易受暗示，不能利用理智控制感情。要消除这种厌师情绪，最主要是对教师提出更高的要求：教师要加强职业道德，增强自身责任感，提高从教能力，要做学生的良师益友。另外，从学生的角度，要教育学生明确学习目的，对教师多一分理解和支持，师生之间要建立良好的尊师爱生的优良传统。

（五）考试焦虑

焦虑是一种对环境无把握又对不可知的未来感到威胁时的一种恐惧、忧虑、烦躁不安的情绪紊乱状态。考试焦虑是由考试情境引起的一种特殊焦虑状态。考试焦虑的主要特征是在考试之前或在考试的时候心率加快、呼吸急促、多汗、尿频、失眠、食欲不振、情绪不安、多余动作增加、思维不清等。过度的考试焦虑常会导致心理紊乱，严重地影响学生的生理和心理健康。产生焦虑的原因有的是主观的，如学生的神经类型或对考试的认知和评价、知识的准备和应试的技巧等，也有环境的影响，如社会、学校、家庭的压力以及教育观念、教育体制等原因。

面对这些学习问题，我们的任务是帮助学生尽快适应新的学习生活，切实减轻他们的学业负担，注意培养他们的学习兴趣和学习动机，帮助他们掌握良好的学习方法，养成他们良好的学习和生活习惯，帮助他们增强自信心和学会正确的归因，教会他们考试策略和技巧，正确面对因考试失利而带来的负面情绪。同时也要及时与学生家长进行沟通，使他们能树立正确的家庭教育观念和教育方法，以减轻学生一些不必要的压力和负担。

二、行为问题

中小学生行为问题主要表现为打架斗殴、拉帮结派、说谎、欺骗、偷窃、横行霸道、破坏、对抗、离家出走以及青少年犯罪等。面对这些问题，我们的教育应该注意防患于未然，特别是家长要对孩子的健康成长负责，为孩子提供一个健康积极的家庭环境，提供良好的家庭教育，以身作则，学会用正确的方法与孩子沟通，及时正确地帮助孩子解决成长中遇到的各种困惑。学校教育要为学生的发展把握方向，教师应关心、尊重每一个学生，积极鼓励学生，让每个孩子都能看到自己的闪光点，做学生的良师益友。从提高学生的认识水平入手，树立正确的道德观念，加强自我修养、自我控制、自我教育、自我完善的能力，减少学习焦虑，提高耐挫能力。特别是针对青春期的学生，学校、教师、家长等诸多方面要给予更多的理解和关注，引导他们顺利度过人生发展中这个特殊的年龄阶段。

三、情绪问题

中小学生的情绪问题主要表现在自卑、忧郁、恐惧、焦虑、过度紧张等。

自卑往往与学生的学习成绩、成长的环境有关系，特别是来自家长与教师的评价，如果学生学习成绩出色，自然会得到更多的来自教师与家长积极的评价，这样的学生容易自信、乐观，相反则容易出现不自信、自卑的心态，甚至影响今后人格的健康发展。

忧郁是一种过度忧愁和伤感的情绪体验，它是中小学生常见的一种情绪困扰。研究表明，长期处于忧郁状态的人容易患抑郁症，而性格内向、多疑多虑、不爱交际、生活中遇到意外挫折、长期努力得不到补偿的人容易陷入抑郁状态。中小学生忧郁的主要表现是兴趣衰退、缺乏自信、精力减退、封闭退缩、悲观失望等。

恐惧是每个正常儿童发展中普遍具有的一种体验，是儿童、青少年对周围环境的一种必要的、健康的反应。恐惧在一定程度上是个体保护自身免受伤害的一种先天机制。但如果明知这种恐惧是过分的、不必要的，但难以克服和抑制，那么这种恐惧就是情绪障碍。学生的恐惧对象很多，有交往恐惧、高空恐惧、批评恐惧、学校恐惧、考试恐惧等。

针对中小学生中容易出现的情绪问题，我们教育的着眼点就是帮助学生建立自信，多鼓励多表扬，少批评别挖苦，训练他们的自控能力，培养他们丰富多彩的兴趣，扩大他们的人际交往范围，多为学生提供参加活动的机会，也鼓励他们参加各种各样的活动，让他们在各种活动中找到自身的价值，提升自己的能力。对一些有严重情绪问题的学生还可适当地采用一些切实可行的心理疏导，帮助他们顺利地度过人生发展的关键期。

四、人际交往问题

中小学生的人际关系包括亲子关系、师生关系、同性关系、异性关系、与陌生人的关系等，他们在人际交往中的主要问题主要表现为处理问题简单偏激、不合群、冷漠、孤僻、嫉妒、退缩或过于沉默，甚至钩心斗角、互相诋毁、挖苦、拆台等。

人只有在与人交往过程中才能提高人际交往能力，而且人际交往能力对一个人一生的发展，特别是走向社会之后事业的发展非常重要。这种能力的培养应从小就引起家长教师的重视，不要只把重点放在学生的学习成绩上，应给学生提供尽可能多的交往合作的机会，多组织学生参加各种集体活动。良好的人际交往能使学生学到书本上学不到的东西，可提高生活技能，扩大社会知识面，增长才干。一个人从自然人逐步成为社会化的人，也是在交往中完成的，因此有必要帮助学生学会交往，建立良好的人际关系。

五、青春期心理问题

青春期是身体和心理发育最为剧烈的时期，是最充满激情、浪漫，最富有创造力、思想最活跃的时期。这是他们从幼稚走向成熟、从依赖走向独立的过渡时期，也是对人生、社会和未来充满幻想与好奇的"多梦季节"。国外有学者形容这一阶段是"骚动的、矛盾的、动荡的、暴风雨式的时期"。这个时期的中学生正处在个体发展的特殊时期，是心理功能受阻的易发期和多发期，伴随着成长的欣喜、生活的苦恼、学习的压力、情感的吸引，种种感情交织在一起，年轻的心变得十分敏感和冲动。

(一)逆反心理

所谓逆反心理就是指受教育者在接受教育的过程中，因自身固有的传统定式和思维模式与特定教育情境下产生的认知信息相对立的并与一般常态教育要求相反的对立情绪和行为意向。不少中学生由于辨别是非的能力较差、疑心重，往往不能正确对待家长的一片苦心和老师的批评教育。他们对正面宣传作反面思考，对不良倾向产生认同感，对思想教育、遵章守纪要求消极抵抗。

案例3-2　小强的学习热情哪去了？

小强(化名)，初二的学生，学习成绩较好，明天就要期末考试了，他决心这次要考出好成绩。在学校复习了一整天，他觉得有点累，放学回家后，想放松一下，就随手打开了电视。一边看电视，他心里直着急，想着明天的考试还需要再做些准备，得赶紧着手了，同时觉得好像有人在监督他。实在看不踏实，就又关了电视，准备回房间复习功课。这时妈妈喊了一句："明天要考试了，赶紧复习功课啊。"小强一听，学习热情就没了，小声嘀咕："就冲你这句话，我今天晚上就不学习了。"

请你分析：小强为什么会这样？请给出一些指导性建议。

对待逆反心理，教师和家长首先要以宽容的态度，理解中学生这个特殊时期的心理特点，不要一味训斥，应区别对待，对正确的部分应肯定、鼓励，对不良的部分要理性地否定，同时要说服劝告，对正确与错误兼有的部分，要引导学生分析，不要以偏概全，混淆是非。

(二)早恋问题

所谓早恋，指青少年中间过早地发生或发展着的恋爱现象。判断是否早恋的依据大致有两点：一是生活自立的程度；二是恋爱的年龄与法定最低婚龄相差的程度。早恋是青春发育期容易出现的一种现象，伴随着身体的发育成长、生殖系统的成熟，中学生会在心理上产生对异性的好奇与向往，男女生之间易产生朦胧的好感，加上流行歌曲、言情小说、影视媒体的影响，家长、教师过于严厉的批评和监督，使学生产生了较强的逆反心理，这更容易使学生走入早恋的误区。

教师要耐心细致地了解情况，不要轻易下结论；真诚引导，提高学生的认识；在学习上给学生具体指导，提高其信心和上进心，升华情感。

(三)情绪动荡

中学生情绪丰富而强烈，但情绪起伏变化很大，而且容易冲动，往往不善于调节和控制自己的情绪，有时可能会因一点点小事而情绪激动，也可能为一点点小事而灰心丧气。多变的情绪，常常使他们难以专心致志、善始善终地做好每一件事，学习、生活也因此受到干扰，又会影响同学之间的团结，甚至违反校规、触犯法律。

教师要耐心倾听，引导学生宣泄情绪，指导学生使用正确的方法调节情绪。

（四）心理闭锁

进入青春期后，中学生的内心变得丰富多彩，一方面渴望被人理解和关注，另一方面，独立感增强，又不愿意把自己的内心轻易表露出来，这就出现了青春期常见的闭锁心理。他们开始有了自己的秘密，许多事有意回避父母与师长，有了自己的心事、但不轻易告诉人，抽屉也锁起来。这种闭锁、隐秘的心理特点，一般来说是正常现象，但如果与其内倾的气质联系起来，变得抑郁、忧虑、苦闷和不安，那就可能产生闭锁心理障碍。这种闭锁心理障碍，一般以高中生居多。如任其发展，易形成自我封闭，自我孤立的性格，甚至会导致悲观厌世。

教师要尊重学生的特点，不强人所难；组织有趣的活动，培养学生的参与、合作精神；引导学生认识自闭的危害，培养阳光乐观的性格。

（五）性心理问题

青少年期是一个性生理、性心理迅速发育的时期，青少年很多心理问题都源于此。由于物质生活水平迅速提高和其他因素的影响，目前我国青少年个体的青春发育期普遍提前。青春发育期的提前，性成熟的来临，必然产生一些特殊的心理体验，这个体验就是性意识。性意识的产生使青少年对性知识的兴趣和渴求加强，但由于性知识的贫乏，获得性知识缺乏正规教育途径，这就造成了青少年性认识的混乱。

1. 性别认同障碍

性别认同障碍是一个由心理学家和医生定义的精神医学用语，是指一个人在心理上无法认同自己与生俱来的真实的解剖性别，相信自己应该属于另一种性别。

正常儿童3岁左右即可识别自己的性别，随后知道性别是跨时间稳定的，喜欢与同性别幼儿一起玩，自然而然地遵从着内在的性别角色要求，表现出行为上的性别差异，性别的差异随年龄增长更加明显。但有些儿童对自身性别的认识，却与自己真实的解剖性别相反，即在穿着、言语、行为、爱好上像异性或坚持否认自己的真实性别。

专栏 3-2　性别认同障碍

《中国精神障碍分类与诊断标准(第三版)》(CCMD-3)对性别认同障碍的诊断标准是：男性持久而强烈地因为自己是男性而痛苦，渴望自己是女性或坚持自己就是女性；着装、参加的活动趋于女性，拒绝参加同性的活动；固执而强烈地否定自己的解剖生理特征，排斥作为自己生理性别的行为。这些表现至少有一项，时间持续 6 个月以上，即可诊断为性别认同障碍。女性亦然。

《国际疾病分类(第十版)》(ICD-10)对童年期的性别认同障碍的诊断标准是：从上学前数年男孩就开始沉湎于通常属于女孩的活动，偏爱穿女孩的服装，讨厌男孩，女孩是他们偏爱的玩伴，上学的头几年，他们会越来越被孤立，并遭到其他男孩的嘲笑，这种情形在小学中高年级达到顶峰；明显的女性化举止在青春期早期会有所减轻，但其中有 1/3～2/3 的男孩在青春期或青春期后期显露出同性恋倾向。女孩亦然。该障碍男孩多于女孩。

2. 性困惑

比如，过分关注自己的生殖器，担心自己发育不好，对性幻想、性梦有罪恶感等。现在的男孩女孩，与 80 年代、90 年代青少年最大的不同在于，他们面对的信息空前多，他们获取信息的方式也要快捷得多，但随之而来的问题也应引起人们的关注，现在特别应该引起注意的是互联网对青少年的负面影响。

3. 性压抑

两性之间的强烈吸引，需要通过适当的异性交往，满足心理上的渴求。但是中学生由于受传统观念的束缚，加上对自己的性生理感受和性心理体验感到自责和恐惧不安，于是他们会主动回避异性，处于紧张、焦虑、矛盾、困惑的性压抑之中。

4. 性自慰

所谓性自慰是指在没有异性参与时，所有自我进行的满足性欲的活动。一般有性幻想、性梦和手淫三种形式。青春期偶然出现性幻想是正常现象，但如果经常出现以幻想代替现实，可能会导致病态，应注意调节。性梦的出现是不受意识支配的，对他人无伤害，但是据调查有 1/3 的中学生因性梦产生自责心理，并伴有罪恶感。其实性梦并不是邪恶的，不必为此焦虑、自责、内疚，应顺其自然。不过，如果性梦过于频繁，就需要分析原因，过度劳累、泌尿系统有炎症、性自慰过频等都会导致出现性梦。手淫是指自我抚弄或刺激性器官而产生性兴奋或性高潮的一种行为。手淫的害处不完全在于手淫本身，而在于"手淫有害论"带来的心理挫伤，如手淫后的恐惧心理、犯罪感、悔恨心理等，使青少年背上沉重的心理包袱。其实，手淫是一种自慰手段，是释放性能量，缓解性心理紧张的一种措施。但是过度的手淫则是有害的，是一种变态的性满足方式，会增加人的疲劳感，有的还会影响睡眠，使人消沉、颓废，工作、学习精力不足，妨碍学习、事业的进步。为此，中学生要正确对待手淫，既不要视其为洪水猛兽，也不要放任自流，以科学的态度对待性成熟，培养高尚情操和坚强意志，扩大与异性的正常交往，促成性心理的健康发展。

中学生的性心理问题如果得不到及时的指导，会影响正常的人际交往，干扰学习、生活，还会影响将来的婚姻和家庭幸福，影响身心健康，甚至形成人格障碍，导致精神失常。因此，面对儿童的性困惑，我们不能回避，而应该加强青春期的性教育，要用正规教育渠道、从正面适时地对他们进行性教育，不仅要传授性知识，而且要进行性道德教育、家庭婚恋教育，要提高他们的性道德意志水平，使他们能顺利度过人生的关键时期，帮助他们健康成长。

六、挫折适应

中学生的挫折是多方面的，表现在学习、人际关系、兴趣和愿望以及自我认识等方面。面对挫折造成的困难与痛苦，中学生的反应方式有两类：消极反应与积极反应。消极的挫折适应方式一旦习惯化、稳固化，在一定的情境中挫折状态即使有所改变，其行为却仍以习惯化的适应方式出现。于是，消极的挫折适应方式也就转化为较严重的、需要长期耐心教育的心理健康问题了。

教师要及时发现问题，保持冷静，认真倾听；关心体谅，让学生感受到温暖与爱；尊重和赏识学生，鼓励学生积极面对；超脱角色，理性对待；批评适度，讲究策略；耐心引导，以理服人，改善学生的认知角度，提高学生分析问题解决问题的能力。

延伸阅读

[1]王宏，李飞，周净．豆豆妈妈的成长[M]．广州：新世纪出版社，2005．
[2]钟思嘉，游乾桂．父母不再伤脑筋[M]．重庆：重庆出版社，2005．
[3]钟思嘉，赵梅如．单亲父母成功教子方案[M]．北京：中国宇航出版社，2005．
[4]林青青．孩子的心理世界[M]．重庆：重庆出版社，2005．
[5]曾奇峰．你不知道的自己[M]．太原：希望出版社，2006．

第四章　中小学心理健康教育的学科渗透

本章导读

1. 心理健康教育学科渗透的内涵。
2. 中小学心理健康教育学科渗透的必要性和可行性。
3. 中小学心理健康教育学科渗透的具体实施。
4. 中小学心理健康教育学科渗透应注意的问题。
5. 中小学心理健康教育学科渗透的案例分析。

案例 4-1　敏感的心

小海，男，小学五年级学生，由于学习成绩较差，以前的老师经常批评讽刺他，使他的内心既敏感又脆弱。他渴望受到关注但又害怕受到伤害，所以课上基本不敢举手回答问题。后来有的老师想用赏识和表扬的方法使其增强信心，但对他通常不起作用，因为他听到老师两三次比较夸张的表扬后就会心生警惕，认为自己并不像老师表扬的那么好，继而怀疑自己受到的表扬是不真实的，从而还加重了他的自卑感，产生了破罐子破摔的思想，激化了叛逆情绪。

请你分析：小海出现了什么心理问题？导致小海心理问题的主要原因是什么？如果你是他的老师，你认为可以通过哪些途径和方法来帮助他？

第一节　中小学心理健康教育学科渗透概述

一、心理健康教育学科渗透的内涵

调查研究发现，众多中小学生存在心理脆弱、任性倔强、独立性差、承受挫折和压力能力弱等心理问题或心理障碍。他们一遇到挫折与压力，或心灰意冷，或急躁莽撞，甚至因与同学、家人闹矛盾而离家出走；或因受到教师、家长的批评而逃学；甚至极个别中小学生还出现自伤或伤人的情况。中小学生心理健康状况令人担忧。

中小学生的心理健康问题已经引起教育行政部门、学校以及社会各界的广泛关注。很多学校在开展心理健康教育的实践中创建了不少行之有效的方法，如进行各种形式的集体辅导讲座、开设专门的心理健康教育活动课、设立心理咨询室进行个别咨询、利用学科教学进行渗透，等等。在这些途径中，学科教学是学校的中心工作，是学校教育的基本途径与主要方式，也是学校心理健康教育的主要途径。

传统的学科教学在片面追求升学率思想的指挥下，往往只强调学科知识的掌握、技能的形成和相应能力的发展，而忽略学生心理素质的提高，甚至由于教师本人的教育态度和教育行为失当，使一些学生产生了这样那样的心理问题，如压抑、自卑、焦虑、恐惧等。新的课程标准要求学科教学不仅要完成掌握知识技能和发展能力的任务，还要求结合教学对学生进行良好的人格塑造与心理疏导，也就是在学科教学中要渗透心理健康教育。

所谓心理健康教育的学科渗透，是指教师在学科教学的过程中，自觉地、有意识地运用一系列心理健康教育的原理和方法，在授予学生一定学科知识技能的同时，开发他们的智力和创造力，提升和促进学生的心理健康水平。

学科渗透心理健康教育，要求教师要全面了解学生，掌握学生的智力和非智力水平，根据学生的实际接受程度以及学校心理健康教育的目标和内容，科学设定学科教学中心理健康教育的渗透点，努力营造民主和谐的教学氛围，建立融洽的师生关系，选择适当的教学方式，帮助学生在掌握学科知识和技能的同时，提高心理素质，维护心理健康。

一般而言，在正常的课堂教学中，教师除要完成知识传授、方法传授、思维发展等任务外，需要渗透的心理健康教育内容主要包括：激发学习动机，培养学习兴趣，树立自尊自信，实施潜能开发，指导学习方法，养成良好学习习惯，锻炼人际交往和沟通能力，培养坚强的意志力，塑造乐观开朗的性格，培养道德感、责任感和爱国主义情操等。学科渗透要实现的目标，通俗地说就是：学生在课堂上不仅学到了学科知识、技能和方法，还满足了好奇心、激发了求知欲、提高了兴趣、养成了习惯、发展了能力、学会了合作、体验了愉快、增强了自信、锻炼了意志和完善了人格。

二、中小学心理健康教育学科渗透的必要性和可行性

通过学科渗透开展心理健康教育，是以一种自然而然的方式实现心理健康教育目标，具有潜移默化的效果，更容易被学生接受。由于学科教学的主要任务不是系统的心理健康教育，故心理健康教育只能"渗透"在学科教学中实施。

有人认为，既然学校已经开设了专门的心理健康教育课程、设置了专门的心理咨询室，或许就没有必要在学科教学中去渗透心理健康教育了。这个观点是非常错误和危险的。学校心理健康教育是通过多种途径的协同作用实现的。学校心理健康教育要渗透在学校教育的全过程中，而学科教学是学校的中心工作，是实现教育目标的最主要途径和最主要方式，所以也是心理健康教育的最主要途径。学科教学渗透心理健康教育的必要性和可行性主要体现在以下几点。

（一）各科教学是学生和教师占据时空最多的场所

有调查研究表明，中小学生在校期间有 60％～70％ 的时间是在上课。学生知识的获得、技能的掌握、智能的培养、心理的发展，绝大部分是在这一特定时空中完成的，可以说各科的课堂教学才是学校心理健康教育最主要的阵地。如果不有效利用此阵地对学生进行心理健康教育的渗透，那就是时间和空间上的极大浪费。

（二）各科教学内容本身包含着非常丰富的心理健康教育资源

正如德国教育家赫尔巴特所说："没有教育性的教学是不存在的。"同样道理，学校中的任何一门课程都蕴含了大量认识自我、挖掘潜能、提高心理素质、完善人格品质等方面的心理健康教育内容，只不过在我们日常各科教学中或意识到或意识不到而已，但都已经渗透到我们日常教学活动当中了。关键是作为教师，在日常的各科教学中如何有意识地挖掘课堂教学中心理健康教育的因素，充分发挥各科教学的心理健康教育作用。如果不有效利用各科教学内容本身包含的心理健康教育资源，那就是在教学内容上的极大浪费。

（三）各科教学过程本身需要心理健康教育的理念和技术

在整个教学过程中，教师使用的教学手段和教学方法是否符合学生的年龄特点，是否能激发学生的学习兴趣，是否有利于师生之间和生生之间的交流与互动，是否能调动学生自主学习和独立思考的积极性，是否有助于增强学生的自尊和自信，这些都是对心理健康教育内容的自然渗透。即便是教学活动提供给学生的所有学科文化知识，也只有在学生的筛选、内化的前提下，才能被学生吸收和利用，转化为属于学生的知识。而学生在学习活动中，或由于知识基础差、智力水平不足，或由于学习动机和学习兴趣的缺乏，或由于学习方法不当、学习习惯不良等原因，导致无法顺利完成学习任务时，必然会产生压力和挫败感，甚至出现心理问题或障碍。因此，教师在教学过程中，不仅要在学习方面给予学生耐心的指导和帮助，更需要在心理方面给予学生真诚的支持和科学的引导。

（四）教师的根本任务是教书育人

育人的核心内容是育心，因为"教师是人类灵魂的工程师"。从这个意义上来说，每个教师都应该是心理健康教育工作者，都应该自觉地充当学生的心理保健医生。首先，教师本人具有的自信乐观、公平正直、善良友好、认真负责、积极进取等人格魅力对学生的潜移默化的感染作用，是任何显性教育都无法比拟的；其次，如果每位教师都能在学科教学中自觉运用心理健康教育的方法和技术，激发学生的学习动机，树立学生的自尊自信，指导科学的学习方法，养成良好学习习惯，训练学生的沟通能力，培养学生的意志力等，那全体学生的心理素质能得到全面提高和发展就不再是神话而是现实了。所以学校的心理健康教育工作绝不是专职心理教师的任务，而是全体教师共同的责任和任务。

（五）学生个体的身心健康成长受多种因素的影响

学生心理素质的完善和人格的健全发展，不是通过一门心理健康课程就可以实现的，必须借助各学科的协调配合和全面渗透。当然，学生心理健康成长除了学科渗透还不够，还需家庭、社会以及学校中各种因素共同发挥积极作用，才能为学生健康成长提供良好的外在环境和发展的可能。

就目前中小学的学科教学现状而言，许多学科教师还没有渗透心理健康教育的意识；有的教师虽然有了渗透的意识但缺乏渗透的专业能力，致使在学科教学中不仅没有促进学生心理素质的提高，反而由于教师的言行方法失当给学生带来心理上的伤害，这就是师源性心理伤害。所谓师源性心理伤害，是指由于教师对学生采取了不恰当的教育行为，从而导致学生产生了心理问题或心理疾病。师源性伤害的具体表现与危害包括：教师对后进生的轻视或惩罚，容易导致学生的压抑、自卑或叛逆；教师对中等生的忽视和遗忘，容易导致学生的失落、消极或冷漠；教师对优等生的高压与宠爱，容易导致学生的焦虑或跋扈。还有的教师教育行为简单粗暴，把惩罚当作教育的常用手段，从而使许多学生焦虑不安，人际关系紧张，甚至害怕老师，害怕上学。

师源性心理问题主要原因有很多：一是教师职业道德需要提升，多一些责任感和使命感；二是教师需要了解学生身心发展的特点和心理规律，多站在学生的角度思考问题，多一份尊重和理解，多一些表扬和鼓励，从学生长远发展的角度去看问题；三是有的教师因为性格等原因无意中导致学生出现师源性心理问题，最重要的是教师缺乏心理健康教育的理论和方法。有调查表明：学生不良情绪的80％来自于身边的长者，主要是家长和教师。据北京的一项调查发现：不爱上学、害怕教师、在学校感到不快乐的小学生竟然占了近半数之多；有 46.8％的学生感觉在学校有自己害怕的教师，52.5％的学生在教师请他去办公室谈话时感到很紧张。有调查表明：刚入学的小学生，约有 80％对自己的学习能力极其自信，当他们 16 岁时，这一百分比急降到 18％。

美国著名的教育心理学家吉诺特博士(Dr. Hhain G. Ginott)为激发教师的动机，树立教育的信念，这样说："在经历了若干年的教师工作之后，我得到一个令人惶恐的结论——教学的成功和失败，'我'是决定性的因素，'我'个人采用的方法和每天的情绪，是造成学习气氛和情境的主因。身为教师，'我'具有极大的力量，能够让孩子们活得愉快或悲惨，'我'可以是制造痛苦的工具，也可能是启发灵感的媒介。'我'能让人丢脸，也能叫人开心；能伤人，也可以救人。无论在任何情况下，一场危机之恶化或解除，儿童是否受到感化，全部决定在'我'。"

专栏 4-1　学生心目中的好教师

热情、耐心、公正
根据学生的不同水平进行教学
学识渊博
工作注意方式、方法
关心学生课余生活
虚心、平易近人
以身作则

专栏 4-2　教师如何制造学习困难学生

轻率评价学生优劣
不公正对待学生
只看学生不足
靠边角教学
随意抹杀与伤害学生的积极性
功利主义教学影响
人为树立落后典型

强调心理健康教育的学科渗透，首先是保证在各科教学中不伤害学生的心理健康，保护学生的好奇好问、自尊自信、活泼开朗等健康心态，进而引导学生克服在学科教学中表现出的一些懒惰、粗心、被动、自私、畏难、依赖等不良心态和习惯，培养学生积极主动、独立思考、自信自强、团结合作、坚强勇敢、发挥潜能等优良品质，促进学生心理素质的全面提高。

第二节　中小学心理健康教育学科渗透的具体实施

一、科学设定学科的教育目标——目标渗透

（一）学科教育目标的内涵

学科的教育目标也称教学目标，是指教师计划通过教学引起的学生心智和行为的变化。

一门学科的教育目标是一个完整的目标体系，这一体系由学科教学的总目标和各单元、各章节的具体目标构成。各个具体目标是总目标的具体化，是为总目标服务的。教学目标体系是一个多维的结构。

（二）学科教育目标的构成

布卢姆的教育目标分类学认为，学科教育目标由三个维度构成：第一个维度是认知领域的目标，由知识的理解与掌握及智力发展诸目标构成；第二个维度是情意领域的目标，由兴趣、态度、价值观、判断力、适应性的发展等目标构成；第三个维度是技能活动领域的目标，由动作技能诸目标构成。每一个维度的教育目标，又由低到高分为若干层次，低层次的目标是掌握高层次目标的基础，高层次目标则是低层次目标的进一步深化。

新的课程标准把学科教育目标表述为知识与技能目标、过程与方法目标、情感态度价值观目标。在学科教学中，由于学科性质和特点不同，每一节课的教学内容和任务的不同，心理健康教育在教学中的表现形式和侧重点也各不相同。

但需要注意的是：设定学科教学目标一定要分清主次，学科课程本身的内在规定性目标才是主目标，而学科教学中的心理健康教育目标是副目标，不能喧宾夺主；学科教学中的心理健康教育目标必须是教材和教学过程本身所蕴含的，而非强加上去的；学科教学中的心理健康教育目标应符合学生的年龄特点。

（三）学科教育目标示例

1. 初中语文第六册第一课朱德的《回忆我的母亲》（人民教育出版社）的教学目标设计

学科教学的知识能力目标可设计为"帮助学生认识选材与中心的关系；理解记叙文中抒情、议论的作用；学会运用修辞方法增强文章的感染力"。心理

健康教育目标可设计为"从平凡小事中认识、体验母(父)爱；培养学生爱父母，并升华到爱人民的高尚情操"。

2. 小学数学课"分式的基本性质"的教学目标设计

知识、技能、思维发展的目标为"掌握分式的基本性质和变号法则，并能准确运用其进行分式的变形；通过分数和分式的类比，培养学生类比联想的良好思维习惯"。心理健康教育目标可设计为"通过创设各种问题情境，激发学生的学习热情，激活学生的思维；通过师生、生生间的合作学习，增进师生、生生间的互动与情感交流，拓展学生的思维发展空间，激励其进取心"。

3. 小学六年级科学课"小苏打和白醋的变化"的教学目标设计

科学概念知识目标为"认识小苏打和白醋的特点；知道小苏打和白醋会发生化学反应产生新的物质；掌握二氧化碳是具有特殊性质的一种气体"。过程与方法目标为"通过观察、实验、分析和阅读资料得出正确结论"。情感态度价值观目标(心理健康教育目标)为"树立科学精神和科学态度，发展严密的逻辑推理能力，培养认真细致耐心等性格特征，养成合作的习惯"。

4. 小学美术"好吃的水果"教学目标设计

知识技能目标为"感知了解一些常见水果的特征；能够大胆地表达自己的独特感受，创作出有情趣的画面"。过程方法目标为"通过演、猜、看、尝、摸等活动，充分感知了解水果的特征，并启发学生去体会和表现物体特征带给个人的不同感受"。情感目标(心理健康教育目标)为"引导学生在积极的情感体验中提高想象力、创造力，体验生活美"。

在心理健康教育目标体系尚未构建完善，特别是在心理健康教育刚刚起步的现实条件下，只要我们充分完整地体现了学科教学中的"情感、态度、价值观"目标，就可以说我们也达到了心理健康教育的目标，做到了学科教育目标与心理健康教育目标的整合。

二、充分挖掘各门课程的心理健康教育资源——内容渗透

内容渗透主要指通过挖掘教材中的教育资源来渗透心理健康教育。中小学教材中的心理健康教育资源是非常丰富的，下面从几个方面简单介绍。

(一)社会科学类课程

社会科学类课程包括语文、政治、历史、地理等课程。这些课程中，有些直接蕴含着丰富的心理健康教育内容，如思想品德课，而更多的课程是间接蕴含着心理健康教育内容。

以语文教材为例，有人说，优秀的文艺作品本身就是一笔丰厚的财富，不

仅在于丰富的遣词造句和描写，更重要的是可以愉悦人的身心，陶冶人的性情。萨克雷说："读书能开导灵魂，提高和强化人格，激发人们的美好志向。"而语文教材所选篇目更是优秀文艺作品中的精华。应该通过教师的备课把语文课文中那些向善的、向上的、有利于学生精神成长的东西挖掘出来，从而感染学生的心灵。例如，《敬畏生命》中生命那种豪华、奢侈而又不计成本的投资，不分昼夜地飘散，哪怕只有一颗种子也要成树的顽强执着精神；《夜游承天寺》中被贬官黄州的苏轼和张怀民，那"何夜无月？何处无竹柏？但少闲人如吾两人耳"的豁达宽广的胸襟、鄙视尘俗的自豪；《五柳先生传》中的"五柳先生"那粗犷豪爽的性格以及不慕名利、安贫乐俗的生活态度；《塞翁失马》中塞翁那坦然对待"祸福"的心境和祸福在一定条件下可以相互转化的哲理光芒，等等，这些无不是我们切入心理健康教育的最好载体。它给予学生的不仅仅是工作、生活的态度问题，更是学生在学习中遇到困难、挫折和压力时，应采取的积极乐观的心理适应方式。

（二）自然科学类课程

自然科学类课程包括数学、物理、化学、生物、自然等课程。这些课程虽然都是介绍自然现象不同方面的规律，但其间所包含的心理健康教育资源亦极为丰厚和广泛，与学生的心理发展息息相关。

例如，学习数学知识的过程，正是学生锻炼克服困难的意志、养成一丝不苟的学习态度和细心谨慎的学习习惯的过程。而化学和物理知识的学习，加上其中的演示和实验，可激起学生学习自然科学的兴趣，树立科学精神和科学态度，并形成认真、细致、耐心、踏实等良好的性格特征。

（三）艺术体育类课程

艺术体育类课程包括音乐、美术、体育等课程。与社会科学类课程和自然科学类课程相比，艺术体育类课程蕴含着更为丰富的心理健康教育资源，甚至可以说音乐、美术本身就是心理健康教育的载体。

许多研究资料表明：音乐可以改善人的情绪状态。例如，节奏明快、铿锵有力的音乐具有兴奋作用，能使人心跳加快、肌肉绷紧、情绪振奋；而节奏缓慢、音调幽雅的音乐，具有镇静、降压、镇痛和安定情感的作用。音乐还可以调整人的个性特点和行为方式，有助于提高人的注意力、记忆力和思维想象力。音乐还有助于机体各器官活动的协调一致和人体潜能的充分发挥。近年来，一些学者已将音乐引入心理咨询和治疗领域，发展出心理咨询和治疗的音乐疗法。在音乐课的唱歌教学中还可以挖掘歌词的心理健康教育因素。例如，《中华人民共和国国歌》，使学生感受中国人民百折不挠、勇往直前的大无畏斗争精神，唤起他们的爱国情感；例如，《妈妈我爱你》和《长大后我就成了你》，使学生理解体会家长和教师的爱与无私奉献，唤起他们对师长的感恩之心；还有《阳光总在风雨后》《爱拼才会赢》等，让学生懂得没有付出就不会有收获，只有努力，才有可能成功的道理，激发他们为实现自己的理想而努力奋斗的决心，等等。

美术课中，绘画的颜色和线条能引起人的不同心理感受和情绪体验，进而影响到生理状态。例如，有研究认为，红色能使人精神振奋，激发爱的情感，并促进血液循环和新陈代谢；黄色给人以轻松、明亮之感；绿色易使人安定、温柔，有镇静神经和减轻视觉疲劳之功效；蓝色给人和谐、平安、凉爽和舒适的感受；黑色使人感到庄严、压抑；白色则给人纯净、素雅之感。而美术教学活动本身则有利于培养学生的注意力、观察力、思维力、想象力和创造力，有利于锻炼学生的耐心、细心、坚持等意志品质，对某些不良情绪也有宣泄、转移和升华的作用。

体育课中，虽然学生主要是进行身体活动，但在身体练习过程中往往伴随着复杂的心理活动，因而体育教学中同样蕴含着丰富的心理健康教育资源。毛泽东曾说过："体育之效，在于强筋骨，因而增知识，调情感，强意志。"首先，体育锻炼能促进内脏器官的机能，增强身体素质，提高机体免疫力，也有助于智力活动的进行；同时，体育锻炼能大大改善和提高中枢神经系统的机能，进而促进学生智力尤其是思维能力的发展。其次，学生通过身体活动既能体验到很多积极情绪，满足某些合理欲望，又能使一些不良情绪（压抑、烦闷、抑郁、孤独等）得到宣泄，转移或升华，从而有助于身心健康发展。最后，通过体育活动，还能锻炼坚强的意志，健全的人格；能增加交往频率，改善人际关系；能更多地接触不同的环境，利于提高学生对环境变化的适应能力。

三、努力营造和谐的课堂氛围——氛围渗透

（一）什么是和谐的课堂氛围

从字面意义上说，和谐，就是和睦、协调。和谐的课堂氛围就是平等、民主、宽松、安全的课堂环境。在这个环境里，同学可与教师进行充分交流沟通，讲错了没有关系，不认同教师的意见不会受批评，对教材有异议也没有人指责，学习遇到困难时会得到善意的帮助，取得成功时会得到诚挚的祝福，标新立异时会得到大家的喝彩。在这样的课堂中，教师不再是绝对的权威，学生真正成了学习的主人。

（二）如何营造和谐的课堂氛围

实践证明，营造和谐课堂氛围的关键在于教师的仁慈、真诚、信心以及师生间的互动。

1. 教师的仁慈

教师对学生的仁慈表现在两个方面：一是教师对全体学生无条件的爱心，对所有学生的一视同仁，不因学生成绩优秀而偏爱，也不因学生成绩落后而厌弃，对所有的学生给予一样的关怀和爱护；二是教师对学生的高度宽容，即便是学生犯了一些错误，因为他们是成长中的青少年，在认知、情意、个性等方面还没有发展成熟，正需要师长的悉心教导，所以对犯错的学生，应宽容在先，教导在后。一位特级教师曾说过："我每天要问自己三个问题，即'我爱我的学生吗？我会爱我的学生吗？我的学生感受到我对他们的爱了吗？'"爱是情感，会爱是技巧，让对方感受到爱是最佳效果。有一项调查显示：某市教育局在教师中随机调查，问"您热爱学生吗？"90％以上的教师都回答"是"。而当转而对他们所教的学生问"你体会到老师对你的爱了吗？"时，回答"体会到"的学生仅占10％，这个调查结果虽然不能完全说明问题，但也应该值得教师深思。

在学生眼中，教师是神圣的，他既是成人社会的代表，也是是非善恶的标准，所以教师的一言一行学生都十分在意。过于严厉的教师往往会使学生面临不必要的心理压力，造成心理疾患；过于放纵的教师又会使学生缺少控制能力而导致人格缺陷，也不利于学生的心理健康。所以，实行真正的教育仁慈有利于学生的心理健康。

2. 教师的真诚

真诚就是要求教师以"真实的我"出现在学生面前，开诚布公地与之交谈，直截了当地表达想法，不装腔作势，不戴假面具，而是表里如一，真实可信。

教师的真诚态度能发挥出三个方面的作用。一是给学生以亲近感。教师平易近人、和蔼可亲的真诚态度，能使学生感到亲切、亲近、被接纳，因而容易对教师产生信任感，缩短与教师之间的心理距离。二是对学生起榜样作用。教师的真诚，对学生是一种榜样，引起、激励学生对教学、对教师的真诚，从而有效地促进学生的自我开放，敢于在课堂上说出真实的想法。三是具有重要的教育价值。真诚是唤起勇气的力量，激励学生大胆敞开心扉，向教师表达自己的苦闷、委屈、软弱、挫折感等，既有助于教师掌握材料，也使学生郁积的情绪得以宣泄。

3. 教师的信心

信心就是相信自己的理想、愿望或预见一定能够实现的心理。教师的信心就是教育效能感。教师应当树立"通过教育，学生一定能够成才""通过努力，我一定能够教好我的学生"的教育信心。只有有信心，我们才能冷静地面对问题；也只有具有较高的教育效能感，教师才能发现自己的力量，更加热爱自己的学生和教育事业。相反，我们可以看到，对学生苛刻、冷漠的教师往往都是教育上的失意者，由于对自己的能力失去信心，所以暴躁、蛮横、失去理智。

4. 师生的互动

教学过程中的师生互动，是一种双边（或多边）的交往活动，表现为教师提问，学生回答；教师指点，学生思考；学生质疑，教师解答。师生在互动中共同探讨问题，互相交流，互相倾听，互相期待，共同成长。师生互动的实质，是师生间的相互沟通，实现这种沟通的基础是相互尊重和相互理解。而师生之间相互尊重和理解的关键还是教师的仁慈、真诚和对学生无条件的信任。

我们看到，许多优秀教师的成功，很大程度上，是与学生建立起了一种非常融洽的关系，师生之间相互理解，彼此信任，情感相通，配合默契。教学活动中，师生之间、生生之间、个体与群体彼此互动，合作学习，真诚沟通。师生之间的互动不仅利于增进师生情谊，活跃课堂气氛，更利于培养良好心态，优化人际关系，完善个性特征。

四、精心选择恰当的教学方法——方法渗透

恰当的教学方法是指那些能激发学生学习动机、调动学生学习兴趣、利于教学任务的完成并能增强学生学习信心的方法。即该方法的使用能使学生"想学""乐学""主动学"和"学有所成"。

（一）激起好奇

心理学认为：好奇心是个体遇到新奇事物或处在新的外界条件下产生的注意、操作、提问的心理倾向。好奇心是个体学习的内在动机之一，是个体寻求知识的动力，是创造性人才的重要特征。好奇心是人类的天性，人的本性是不满足。好奇心就是人们希望自己能知道或了解更多事物的不满足心态。个体一旦面临新奇的、神秘的、自相矛盾的事物，就会产生三种形式的探究行为：感官探究、动作探究、言语探究。正是通过这些探究行为，个体有选择性地了解周围事物，并积累大量生活经验。

教师应当善于创设问题情境，激起学生的好奇心和求知欲，把学生的好奇心引向智力活动和探究行为。这些探究行为如果能够得到不断的强化与满足，还会逐步内化为学生良好的心理品质。例如，一位化学老师在讲"分子运动论"时，先拿出一瓶水和一瓶酒精，然后他问学生："如果把两瓶液体倒在一起，是不是还是两瓶原有的容量？"学生根据物质不灭定律，又根据溶液倒注是物理现象等原理进行思考后，都做出"保持两瓶液体原有容量"的结论。但教师并不急着评价答案的对错，而是像变魔术一样，当着学生的面将两瓶液体倾倒在一

起。事实证明倾倒后的液体容量并不是两瓶液体的原有容量之和。于是，惊奇、困惑、求解的心理反应过程在学生身上出现了，以至于这些学生中有的人若干年后走上讲台时，也以该实验作为该教学内容的"导言"。正如苏联教学论专家巴班斯基所说："教学过程中创造引人入胜的情境，如引用有趣的例子、实验、离奇的事实等，可以称作教学上的情感刺激方法之一。"

（二）调动兴趣

学习兴趣是指一个人对学习的一种积极的认识倾向与情绪状态，具体表现为对学习活动的喜爱、热爱，甚至着迷。有了学习兴趣，学习不再只是为了完成学习任务，而是一种快乐的享受，一种幸福的体验。可见，学生的学习兴趣，可以转化为内在动机，可以成为推动、引导、维持和调节学生进行学习活动的一种巨大的内在力量。所谓"知之者不如好之者，好之者不如乐之者"就是这个道理。

教师要采用适合学生年龄特点的、灵活多样的教学活动，如教学游戏、讨论、辩论、角色表演等，既调动了学生学习的兴趣，使之"乐学"，又自然引导其主动参与教学情境，锻炼了多种能力，提高了教学效果。

例如，一位初中英语老师在教"smile"这个单词时，先在黑板上画了一张笑脸，然后指着图说："Miss Zhang is a good teacher. She is very kind to her students. She always comes into the classroom with a smile. She is smiling now."这样学生就很容易猜出这个单词的含义。接着老师又请三个学生做出了不同的表情，分别为"laugh""cry""smile"三种状态，全班同学都笑了起来，在愉快的气氛中，学生们很快就掌握了这三个单词。正如美国教育家杜威所说："经验表明，当儿童有机会从事各种能调动他们自然冲动的活动时，上学便是一种乐事，儿童管理不再是一种负担，而学习也比较容易了。"这就是日常所说的"寓教于乐"。"寓教于乐"不仅在小学中是极为必要的，即便是在高层次的学校教学中适当运用也是颇受欢迎的。

再如，一堂实验课。老师先提出引导性问题："同学们，大家注意，四个温度计，用不同颜色的布料包裹。经过太阳照射，获得的数据分别是白色 $34\,℃$，灰色 $36\,℃$，蓝色 $37\,℃$，黑色 $44\,℃$，大家得出一个什么结论呢？"学生用所学原理思考后回答："颜色深的吸热多，颜色浅的吸热少。"老师及时肯定："正确。"但同时又问："这个是什么原理呢？"学生答："光照射原理。"老师再次肯定："非常正确！"接着又引导思考："大家再想一想，生活中还有哪些属于这种原理的应用？"学生踊跃发言："我家太阳能外表涂了黑色，很厚实，为了吸热使水温高""夏天晾衣服时候，白色衣服比黑色衣服干得慢"……这种由学生独立思考将所学原理和生活常识紧密结合的方法，也会使课堂学习趣味盎然，快乐无比。

（三）强化成功

每个人都有成功完成某件事情的渴望和需求，即成功的需要。满足成功的需要不仅会产生快乐的情绪，而且会产生自信心和胜任感，促进个体朝着成功的方向继续努力。在课堂教学中，学生对学习活动的成功体验有助于增强其学习的热情和动力。苏联教育家苏霍姆林斯基曾告诫教师："请记住，成功的欢乐是一种巨大的情绪力量，它可以促进儿童时时学习的愿望。请你记住，无论如何不要使这种内在的力量消失。缺少这种力量，教育上任何巧妙的措施都是无济于事的。"因此，教师应重视对学生进行鼓励性评价，强化学生的成功体验（积极暗示），使学生更多地体验到学习的成功。强化成功，教师需要加强两方面的工作。

一是为学生尽可能创设获得成功体验的机会。有些学习成绩差的学生往往比较敏感，害怕受到伤害，所以既渴望受到关注又排斥他人，一些教师常用的激励手段通常不起作用。比如，有的学生听到两三次比较夸张的表扬就会心生警惕，认识到自己并不像教师表扬的那样好，继而怀疑自己以前受到的表扬有多少是真实的，从而加重内心的自卑感，产生破罐子破摔的思想，激化了叛逆的情绪。这种情况下要选择恰当的时机进行表扬，帮助他重拾信心是一件煞费苦心的事情。有的老师创造了"自然关注法"（即表面漫不经心，背后做足文章）来帮助这样的学生重拾信心。例如，有位老师希望让某位同学从回答简单的问题开始建立信心，寻找机会表扬他。但是直接扔给他一个简单的问题会让他感到难堪，加重内心的自卑感，这就需要营造一个非常自然的环境。假如这个同学坐在第四排第四座，老师就把最容易的问题放在第四个来提问，第一个问题让第一排第一座的同学来回答，第二个问题看似漫不经心地让第二排第二座的同学来回答，以此类推，这样让他回答第四个最容易的问题就顺理成章了。再假如，老师知道这个同学的学号是15，而讲课当天是5号，提问之前先故意问一下今天是几号？然后回答问题的顺序按5、15、25来安排。这些看似漫不经心的安排可以绕过学生排斥别人的心理防线，创造机会让学习差的学生也能获得和其他同学平等条件下不断取得成功的体验。这样做既保护了他们的自尊心，又自然而然地增强了他们的学习信心，提高了学习的自我效能感。

二是帮助各类学生制定合理的成功期望值——抱负水平。抱负水平适当与否对学生的情绪有很大影响。一些研究表明，当学生"抱负太高，所志不遂"

时，便充满失败感。若学生长期沉沦在失败的消极情绪之中，就会损害他的心理健康。

（四）化解困扰

学生在学习过程中，随时会表现出在学习态度、学习方法、人际关系、情绪状态等方面的问题，教师要注意观察学生的心理状态，了解和理解学生的情绪和情感，要善于从学生表面的行为问题捕捉和发现行为背后的心理问题，做出准确的判断，并采取相应的方法进行有针对性的辅导。例如，学生在学习中出现的疲劳、紧张、懒散、分心、听不懂、烦躁、厌倦等情绪，教师要善于因势利导地进行调适和疏导，并随机应变地处理好各种突发事件，使学生能较长时间地保持平静、愉快的心态。尤其要对学习困难的学生进行个别指导，帮助其改进学习方法，提高学习技能与自信心。

例如，一节美术课上，一个小女孩儿画画，画出了一个胖墩墩的姐姐，被同桌笑话，还打起来了。老师没有立即把他们揪出来，批评他们两个，而是把小女孩儿的图画拿出来，让大家欣赏，并帮助其修改。老师说："这节课干脆就上修改课吧。"老师的目的不是想证明这幅画有多好，而是动了脑筋，想趁这个机会让大家思考发言。同学们各抒己见，有的说，她画的姐姐眼睛很好，头发也漂亮，还穿着少数民族服装，就是脸胖了点，还有就是上身长，下身短，手的样子不太好看，直挺挺的……这样既保护了小女孩儿的自尊心，又能很好地找到这幅画的不足，还可以调动同学们上课的兴趣，使学生的注意集中。大家讨论完后，老师又把话题转移到了其他同学的作品上，让学生认识到，每个人画的画都有缺陷，但也都有各自的优点，这就引导学生学会了辩证思维。

第三节　中小学心理健康教育学科渗透中的几个问题

关于学科教学中渗透心理健康教育的研究现状，各地都有不同程度的实践和探索，并且在不同程度上取得了不少经验和成果。但在学科教学中如何进行心理健康教育的渗透还没有成型的、可借鉴的教育模式，只是停留在理论上的论述，缺乏实践意义。一线教师在上课时如何进行操作仍然把握不好，许多学校的心理健康教育学科渗透只是停留在形式上、口头上，实际效果并不太好。为此，为了更好地在中小学各科教学中进行心理健康教育的学科渗透，需要在理论与实践中不断探索、提高与完善。

一、教师在学科渗透中需要注意的问题

（一）明确学科教育目标与心理健康教育目标的关系

教育目标是一个具有整体性、多维性和层次性的完整的体系。一门学科的教育目标是一个完整的目标体系。新的课程标准把学科教育目标表述为知识与技能目标、过程与方法目标、情感态度价值观目标（心理健康教育目标）三个方面。

心理健康教育虽然更多地需要在各科教学中进行渗透，但也有自己的教育目标体系。心理健康教育目标体系从横向构成的角度看，应由认知教育目标、情感教育目标、意志教育目标、人格教育目标四个方面的子目标组成，每项子目标又都包括培养良好的心理素质、开发心理潜能、预防心理疾病三个层次的教育要求；从纵向构成的角度看，可以分为小学心理健康教育目标、初中心理健康教育目标、高中心理健康教育目标，每一学段的心理健康教育目标在认知教育、情感教育、意志教育和人格教育四个方面都有在培养良好的心理素质、开发心理潜能、预防心理疾病三个层次上的要求。

在各科教学中渗透心理健康教育，既要有强烈的心理健康教育意识，明确心理健康教育目标和独特任务，又要突出学科课程的特点，明确学科教育目标和独特任务，紧密与学科的教学内容相结合。有些专家认为，学科教学中的心理健康教育目标是副目标，学科课程本身的内在规定性目标才是主目标。因此，在具体教学中，渗透心理健康教育应适时有度。既要防止把学科教学变成心理健康教育课，忽视学科教学目标和任务（如果一节学科课有一半时间在集中渗透心理健康教育，那就不叫学科渗透，而是心理健康教育课了）；又不能只重视学科的知识技能教学而忽视心理健康教育目标的实现，更不能在学科教学中对学生的心理造成伤害。

（二）掌握教材中的心理健康教育因素的发掘方法

学科渗透首先要保证各学科的正常教学，同时还要根据学科内容灵活、机动地渗透心理健康教育，而不能机械地渗透，渗透的最高境界是"润物无声""潜移默化"。教材内容是学科渗透的基础，要达到渗透的最高境界，就必须充分挖掘教材内容的心理健康教育成分，找准心理健康教育的渗透点，做到顺其自然、水到渠成。

苏联著名教育家赞科夫在其《教学与发展》一书中，将"教学与发展的关系"的核心思想阐述为"以最好的教学效果来达到学生最理想的发展水平"。所谓"发展"，赞科夫指的就是各种心理因素即各种认知能力、情感、意志和个性的发展。教学是手段，发展是目标。他把教学与心理发展看作相辅相成的两个方面，学生的心理发展要在掌握知识技能的过程中进行，学生的心理水平提高的目标，又能更有效地掌握知识技能。在精心选择和编制的教材中，一般都蕴含着丰富的心理健康教育内容，以实现新课标要求达到的情感、态度、价值观的教育目标。在以往的课堂教学中，我们比较重视知识和技能的教学，对教材中的知识和技能因素发掘得比较充分，而对过程和方法因素特别是对关于情感、态度、价值观，即对心理健康教育方面的教育因素的发掘和利用显得十分不够。其原因除了受应试教育只重视知识教学的影响外，还在于心理健康教育因素不是由学科教材自身的、明显的结构体系构成的，而是蕴含在教材的认知因素之中，并通过认知因素而发生作用的。因此，在学科教学中，比起挖掘认知因素来讲，挖掘心理健康教育因素更为困难。

教材中的心理健康教育因素，主要表现在四个方面。

一是科学性因素。它与认知因素联系最为明显，甚至就是认知因素本身。它主要影响学生的世界观、科学态度和分析判断的价值标准与科学标准。

二是情感性因素。它是渗透在知识因素之中，能够引起学生肯定或否定情感体验的因素，它是靠感染—体验发生作用的。

三是哲理性因素。它是指教材中有关待人处事的原则和方法方面的内容。这些因素，在教材的认知体系中虽然不占重要地位，但对学生的态度、价值观的影响却十分有力。

四是示范性因素。它是教材中对学生有示范性影响、可以引起学生模仿的人物和事件。

充分挖掘教材中的心理健康教育因素，可以尝试采用以下几种方法。

一是切己体验法。教师认真体验教材的情境，凡是对自己能够产生积极影响的因素，也可以对学生产生积极影响，可以作为心理健康教育因素。

二是对比法。把教材中的心理健康教育因素与学生的表现进行对比，凡是对学生有积极影响，有助于学生发扬优点、克服缺点的内容，都可以作为心理健康教育因素。

三是摘录法。从教材中摘录哲理性的名言警句，供学生诵读、记忆。

四是引申法。对教材中的原理、法则进行引申类比，如考证其发展的历史过程、科学家逸事等，发现心理健康教育因素。

（三）保证教师本身的人格健全和心理健康

要想保证教学工作的顺利开展，并在学科中渗透新健康教育，前提条件之一就是教师本人必须心理健康。教师愉快的心境可使学生产生愉快的情感体验，促使学生进入兴奋状态，提高学习积极性。教师开放的心态、广泛的爱好、创造性的思维和对学生充满真情，也在潜移默化中影响着学生的心理健康发展。

（四）掌握必备的心理健康教育的理论与技能

掌握必备的心理健康教育技能，包括了解学生的心理特点和常见的心理问题，掌握心理健康教育的基本理论和技术，掌握与家长等其他教育资源的沟通合作技能等。依据现代的教学发展性目标，教育要促进人的各种心理品质的发展。要求教师不仅要了解所教学科知识，而且要了解学生各种心理发展规律，学会观察他们，评估他们的发展水平并及时加以教育和辅导。

二、心理健康教育学科渗透的优势和局限性

（一）优势

在学科教学中渗透心理健康教育，比专门的心理健康教育活动课和其他专题教育活动更为经济有效。就目前而言，中小学的课程体系基本已相对稳定成型，没有太多灵活的时间和空间来单独增加心理健康教育活动课和其他专题教育活动。况且专门的心理健康教育活动课和其他专题教育活动往往具有"人为"的痕迹。而"润物无声"的学科渗透，则是在不增加人力、物力和时间的情况下自然而然地实现心理健康教育目标和整体教育目标，这符合教育经济学的要求。

在学科教学中渗透心理健康教育，对各科教学本身也具有较大的促进作用。学科渗透大大拓展了学科课程的功能与目标，对各科教师提出了更高的要求。教师们在努力完成学科课程的心理健康教育目标和整体教育目标过程中，使自己的视野更加开阔，专业知识和能力进一步得到提高。这样的学科教学必然魅力大增，对学生更具吸引力。

在学科教学中渗透心理健康教育，有利于营造健康积极的校园心理氛围。学校心理健康教育的开展不是靠部分教师，而是靠全体教师的"共同参与"。而全体教师参与心理健康教育，有利于在学校中营造利于学生心理健康的环境氛围。

（二）局限性

在学科教学中渗透心理健康教育，目前尚处于启动阶段，还没有更成熟的经验。相对而言，通过学科渗透进行心理健康教育较专门的心理健康教育活动课和其他专题教育活动更难以操作，对教师的专业素质要求更高。一般来说，不经专业训练的教师难以更好地胜任此项工作。

在实际操作中，学科教育目标与心理健康教育目标很难做到有机统一。虽然从理论上讲，学科教育目标与心理健康教育目标能做到有机统一，但长期以来，学科教育目标忽视甚至排斥心理健康教育目标，导致学科渗透中两个目标的相互挤压或重叠。如果操作不当，两个目标都将难以实现。

在学科教学中渗透的心理健康教育，往往是零散的、不成系统。因为各学科教学有其自身的独特任务和完整的知识体系，所以心理健康教育在其中只处于辅助地位。同时学科教学也不可能包揽心理健康教育的所有方面。因此，心理健康教育不能单靠学科渗透来完成，还必须需结合其他模式，如专门的心理健康教育活动课、其他专题教育活动、班主任工作、家庭教育等协同进行。

第四节　中小学心理健康教育学科渗透案例分析

一、语文课堂教学渗透篇

案例 4-2　《灰姑娘》教学片段

这节课老师要讲的是《灰姑娘》的故事。老师先请一个学生上台给同学们讲一讲这个故事。学生讲完后，老师对他表示了感谢。（点评：请学生上台来讲故事，不仅可以培养他说话的胆量和临时组织语言的能力，还学生以"说"的权利，而且还有利于学生做一个真正的人，因为他上台讲故事的行为得到了老师及全班同学的认可，老师还向他表示感谢。）

接下来，老师开始向全班提问。

老师：说说你们喜欢故事里面的谁？不喜欢谁？为什么？（点评：这种提问好，有全面性、开放性，利于激发学生思维的独立性、发散性。）

学生：喜欢灰姑娘和王子，不喜欢她的后妈和姐姐。灰姑娘善良、可爱、漂亮。后妈和姐姐心眼坏。（点评：学生敢于说真话，能说真话，是对个人人性的肯定。）

……

老师：如果你是灰姑娘的后妈，你会不会阻止灰姑娘去参加王子的舞会？你们一定要实话实说呦！

学生：（过了一会儿，有孩子举手回答）是的，如果我是灰姑娘的后妈，我也会阻止她去参加王子的舞会。

老师：为什么？

学生：因为，因为我爱我的女儿，我希望自己的女儿当上王后。

老师：是的，所以，我们看到的后妈好像都是不好的人，她们只是对别人不够好，可是她们对自己的孩子却很好。你们明白了吗？她们不是坏人，只是她们还不能够像爱自己的孩子一样去爱其他的孩子。（点评：做一个敢说真话的人，首先要求做到的便是诚实，孩子们在回答问题时老师要求诚实，这是尊重个人意见并肯定人性的举动。对"好"与"不好"的讨论，这位老师没有发表强制性的个人意见，而是从一个旁观者的角度对"后妈"的行为做了剖析，并分析这种爱的两面性，教育学生尽量客观、辩证地理解每一个人，学会宽容。）

老师：灰姑娘的后妈不让她去参加王子的舞会，甚至把门锁起来，她为什么能够去，而且成为舞会上最美丽的姑娘呢？

学生：因为有仙女帮助她，给她漂亮的衣服，还把南瓜变成马车，把老鼠变成马……

老师：对，你们说得很好！想一想，如果灰姑娘没有得到仙女的帮助，她是不可能去参加舞会的，是不是？

学生：是的！

老师：如果老鼠不愿意帮助她，她可能在最后的时刻成功地跑回家吗？

学生：不会，那样她就可以成功地吓倒王子了。（全班再次大笑）

老师：虽然灰姑娘有仙女帮助她，但是，光有仙女的帮助还不够。所以，孩子们，无论走到哪里，我们都是需要朋友的。我们的朋友不一定是仙女，但是，我们需要他们，我也希望你们有很多很多的朋友。（点评：这一问题是在引导学生要学会交往，多交朋友，否则你会孤立无援。）

老师：下面，我们想一想，如果灰姑娘因为后妈不愿意她参加舞会就放弃了机会，她可能成为王子的新娘吗？

学生：不会！那样的话，她就不会到舞会上，不会被王子看到，王子就不会认识和爱上她了。

老师：对极了！如果灰姑娘不想参加舞会，就是她的后妈没有阻止，甚至支持她去，也是没有用的，是谁决定她要去参加王子的舞会？

学生：她自己。

老师：所以，孩子们，就是灰姑娘没有妈妈爱她，她的后妈不爱她，这也不能够让她不爱自己。就是因为她爱自己，她才有可能去寻找自己希望得到的东西。如果你们当中有人觉得没有人爱，或者像灰姑娘一样有一个不爱她的后妈，你们要怎么样？

学生：要自己爱自己！

老师：对，没有一个人可以阻止你爱自己，如果你觉得别人不够爱你，你要加倍地爱自己；如果别人没有给你机会，你应该加倍地给自己机会；如果你们真的爱自己，就会为自己找到自己需要的东西——没有人能够阻止灰姑娘参加王子的舞会，没有人可能阻止灰姑娘当上王后，除了她自己。对不对？

学生：是的。（点评：这一组问题的中心议题有两个，一是一个人如何主动把握机会，二是一个人如何自尊自爱。）

老师：最后一个问题，这个故事有什么不合理的地方？

学生：（过了好一会儿）午夜12点以后，所有的东西都要变回原样，可是，灰姑娘的水晶鞋没有变回去。

老师：天哪，你们太棒了！你们看，就是伟大的作家也有出错的时候，所以，出错不是什么可怕的事情。我担保，如果你们当中谁将来要当作家，一定比这个作家更棒！你们相信吗？

孩子们欢呼雀跃。（点评：这一问题的设计对小学的学生来说，有一定的难度，要他们很快地从整个故事中找出这一问题的答案也是不可能的，所以，这位老师没有给学生规定几分钟时间思考，而是耐心地等待（过了好一会儿），才有学生发现了这一答案。对于学生的回答，老师表现出极大的欢喜，并给予充分的肯定和赞扬，"就是伟大的作家也有出错的时候"，老师没有回避作家的失误，这是在向每位同学表明：你们如果将来有所发展，一定会超过前人，重在激励学生的开拓性与创造性。）

二、英语课堂教学渗透篇

案例 4-3 不喜欢英语的学生

学生张龙飞把刚发下来的英语试卷甩到了地上。老师看在眼里，知道他不喜欢英语，成绩也不好。如果这时老师单刀直入，批评他一顿，可能效果更糟糕。以后上英语课，可能还会出现意想不到的事情。

于是，老师很沉着、自然地把试卷帮他捡了起来，然后微笑着对他说："请说'Thank you'"。张龙飞虽然英语不好，但是这句耳熟能详的句子还是听懂了，他丝毫没有准备就随着老师的声音说了一句："Thank you"。这个时候，老师及时让大家用英语夸夸他。有的说："You are very good"，有的说："We like you very much"。这些句子他可听不懂了，于是他眯缝着眼睛红着小脸，问同桌，同桌很友好地为他翻译，这算帮他解了围。然后老师并没有就此停止，又让他对同桌说："Thank you""You are very kind"，并引导他对大家也说同样的话，并加了一句"I like you all"。

点评： 这位英语老师的课堂行为，既及时巧妙地化解了学习困难学生的不良情绪，还激发了学生对英语的兴趣，改善了师生之间、生生之间的人际关系，使课堂气氛和谐而融洽。

三、化学课堂教学渗透篇

案例4-4　化学实验课片段

某教师在一次"制取乙烯气体"的化学实验课教学中，通过引导学生观察分析，让学生知道制取乙烯气体的装置是由铁架台、铁夹、酒精灯、石棉网、圆底烧瓶、双孔塞、温度计、玻璃导管等很多单个的仪器按一定的顺序组装成的"集体"，它们必须共同起作用才能完成制取乙烯气体的实验；若将它们拆开，或去掉任何一个仪器，都将无法完成这个实验。教师由此让学生体会"团结协作"的内涵，进而引导学生认识集体的重要，在集体中学会尊重和理解他人，善于与他人团结合作。在讲到实验条件时，强调温度要迅速上升至170 ℃，防止在140 ℃时生成副产物乙醚。通过实际实验证明在温度升高到140 ℃而非170 ℃时，制取出的气体主要为乙醚而非乙烯的事实，让学生明白：任何一个失误、疏忽、粗心大意都可能造成一个重大的错误。教育学生无论做什么，都要有责任心，要认真严谨，不能粗心大意。

点评： 化学教学要求重视化学实验，强调尊重客观事实。通过学生亲自动手做实验，体验和经历"事实胜于雄辩"的魅力，进而引导学生尊重客观事实，客观地看待周围的人和事，正确地估量自己，摆正自己在班级、家庭和社会上的位置，形成正确的自我认识，学会与他人交往，保持良好的心态与和谐的人际关系。

四、数学课堂教学渗透篇

案例 4-5 鼓励独立思考和创新

某老师在教授"乘法的初步认识"时，先把几个加法算式改写成乘法算式："2+2+2=2×3，即3个2；3+3+3+3=3×4，即4个3"。然后又写了"5+5+5+3"这么个算式，问学生："该怎么写成乘法算式呢?"这不是教师题目出错了，而是精心设计的一个变异情况，正是培养学生思维能力的好机会。学生经过观察，改写为5×3+3，5×4-2，6×3，这改写成6×3就有创造性，他是把最后一个3分开给每个5加1，这就变成了3个6。老师对同学的设想都给予了充分的肯定和表扬。

点评：这位老师的做法不仅加深了学生对乘法意义的理解，更重要的是灵活运用旧知识解决了新问题，创造性地发现了乘法的规律，使学生的思维得到了充分的发展，尤其培养了学生的创新思维。而且学生在学习过程中充分体验到细心观察和努力思考带来的乐趣和成功，激发了学习的热情和信心，促进了学生素质的全面提高。

五、音乐课堂教学渗透篇

案例 4-6 《黄河大合唱》的力量

某小学五年级(1)班的同学歌一直唱得很好，但是在某一年艺术节比赛的时候却没有唱好，结果和第一名擦肩而过。好多孩子流下了眼泪，全班同学的情绪都非常低落。

正好轮到音乐老师给他们班上音乐课。老师不动声色地给同学们放起了《黄河大合唱》中的第七乐章。该歌曲气势恢宏，大气磅礴，二部轮唱此起彼伏，犹如黄河怒涛在咆哮，巧妙地隐喻了抗日战争时期人民保卫国家的决心。力量由小到大，由弱到强，不论是在万山丛中，还是在青纱帐里，从四面八方都掀起了人民解放战争的巨浪！该歌曲生动地塑造了抗日战争年代里游击健儿为保卫黄河，保卫全中国而战斗的英雄形象！老师先引导学生欣赏这段乐章，体会其中的意境，激起学生内心的激情和斗志；然后，提出问题让学生讨论："今天我们在座的每一位同学都是龙的传人，英雄的后代，中华民族的子孙。在和平的年代里你们又该怎样做呢?"同学们展开激烈的讨论，最后总结回答。同学都认识到"遇到挫折要勇敢面对，要保持继续奋的决心和热情。并且想办法尽快克服自己心理上的不快，也可以自己选择一些调节心情的歌曲听听，心情会很快好起来。"

　　点评：利用音乐欣赏教学可以陶冶学生的性情。音乐可以调节人的心理、净化人的灵魂、陶冶人的情操。它能使高兴的人更高兴，也能使情绪低落的人走出逆境走向阳光，同时它也可以让人从高兴的气氛中一下子沉入悲伤的谷底。这位老师给学生欣赏的歌曲鼓舞了他们，让他们重新找回了自信，有了克服重重困难的决心。当然，如果再加上"正确看待名次与成败"的引导就更好了。

六、体育课堂教学渗透篇

案例 4-7　一次来之不易的掌声

　　这是一节跳高课。通过几次练习，大部分学生都能顺利地达到本课的学习目标。按老师的预计，这时会出现几名因个子矮小、腿部力量差、胆子小等原因，需要增加练习时间和次数并适当降低横竿高度才能完成的学生。此时，小王出现在老师的眼中。她中等身材，体格健壮，一双明亮的大眼睛中透着一丝淡淡的忧郁。平时在体育课上她的表现还是不错的，体育成绩在班上属中等偏上。此时的她，正信心十足地起步，步履轻盈地加速……可是，每到横竿前的那一瞬间，她或是急停，或是绕过横竿，有时还两手抓住横竿，急得不是低头就是跺脚，眼睛不敢看人，脸涨得通红，原有的那份活泼和开朗已无影无踪。原先还偶尔获得掌声的她，正慢慢躲进"失败者"的行列。过关练习时，老师运用降低横竿、换橡皮筋等方法，进行诱导性教学。那些"失败者"，一个接一个地成了"成功者"，唯独她依然如故，毫无进步，脸上带着莫名的痛苦，后来居然停下来躲在了一旁。

　　望着像一个泄了气的"小皮球"的她，老师的预感成了事实：心理障碍。心病还得心药医。老师轻轻走到她的面前，开始运用心理疏导方法询问："跳不过是否难为情？以前，是不是在跳跃中受过伤？"答案出来了，小王回忆起上学期，在家玩耍时，玩跳板凳的游戏时曾被绊倒，嘴上还留下了伤疤。

　　于是老师对症下药解决"怕"字。先运用对比疗法，请来班上最矮的女生陪练，拿掉横竿换橡皮筋练习，并逐步提升高度。此时，陪练由于体质差异被"淘汰"了，而她却越跳兴致越高。老师抓住时机及时给予掌声和激励。可是，当老师把橡皮筋换成横竿时，她又迟疑了。回忆中那血淋淋的一幕，又削减了她刚刚树立起的信心。眼看前面的努力就将化为乌有。此时此刻，老师也展开了激烈的思想斗争。一个热心肠、和蔼的老师的声音："算了，不就有点怕了吗？反正橡皮筋都能跳，锻炼的目的达到了。"而另一个性格执着的老师的声音："体育教育就应培养坚强不屈、知难而上、勇于拼搏的精神，现在就此放弃，也许这种阴影就将伴随她一辈子呀！""一切为了学生"的现代育人理念和体育教师固有的执着使老师坚定了信念。

接着，老师采用意念疗法，让她闭上眼睛一遍一遍地回忆刚才轻松自如越过橡皮筋的全过程。而后又请来班里跳得好的女生做了越过不同高度横竿的示范，同时还特地拉开了左右立柱的距离，加大左右高度的落差，尽量创设符合她心理接受水平的条件。渐渐地，情况有了转机，迟疑的步伐变得勇敢起来，踏跳变得果断有力，摆动腿也变得越来越高，眼看成功的一跃就要来临，但最终脚尖还是狠狠地踢掉了横竿。老师明白，真正超越自我的一跳即将来到了。

老师不失时机地拿出了关键的一招，让她挑选了班上几位好友跟她一起练习。此时此刻，全班学生不仅是观众更成了临时"啦啦队"成员，为她鼓劲加油！只见她看到一个个好友越过横竿后，也开始了助跑、加速，在全班同学异口同声喊出"跳！"的瞬间，一个漂亮的越竿动作终于展现在了眼前，一次来之不易的掌声终于响起！

成功的喜悦在历尽周折后再次回到她的脸上。她眼里含着泪，欣喜地跑到老师身边说："老师，我跳过去了！谢谢你！"此刻，一种强烈的自豪感在老师心中油然而生。她越过了一个平常的高度，但那可是人生的一次飞跃，这一越冲刷了她心中积郁多时的一片阴云。

延伸阅读

[1]陈家麟. 学校心理健康教育——原理与操作[M]. 北京：教育科学出版社，2002.

[2]蔡祖泉. 高效课堂破冰之旅——小学"361"快乐课堂实施的途径和方法[M]. 武汉：华中师范大学出版社，2012.

第五章　中小学心理健康教育活动课

本章导读

1. 心理健康教育活动课的内涵。
2. 心理健康教育活动课的性质、目标、内容和方法。
3. 中小学心理健康教育活动课的设计。
4. 中小学心理健康教育活动课的操作。
5. 中小学心理健康教育活动课的设计案例。

案例 5-1　萌萌的烦恼（一封信）

敬爱的老师：

　　您好！我叫萌萌，是一名女生，性格活泼，平时既爱和女生玩，也会和男生讨论问题，美好的友谊一直伴随着我们。可是到了五年级以后，一切都变了，男生和女生之间好像有了一堵无形的"墙"。比如，我们课间操学习舞蹈，老师让男生女生手拉手表演，我们都很不好意思，只是拉着对方的袖子，似乎在跟空气握手，这样的感觉让人难受。老师也批评我们动作不到位。我真不明白，到了高年级，女生和男生该怎样交往呢？

　　请你分析：萌萌的烦恼是个别现象还是普遍现象？如果你是她的老师，你可以通过哪些途径来帮助她和她的同伴们？

第一节　心理健康教育活动课概述

一、心理健康教育活动课的内涵

　　《指导纲要 2012》中明确规定，各中小学要"开设心理健康教育课。心理健康教育课应以活动为主，可以采取多种形式，包括团体辅导、心理训练、问题辨析、情境设计、角色扮演、游戏辅导、心理情景剧、专题讲座等。心理健康教育要防止学科化的倾向，避免将其作为心理学知识的普及和心理学理论的教

115

育，要注重引导学生心理、人格积极健康发展，最大程度地预防学生发展过程中可能出现的心理行为问题。"

心理健康教育课属于心理健康教育的专门课程。心理健康教育的专门课程是学校通过显性课程的形式实施的，有目的、有计划、有系统、有组织地对学生的心理健康施加影响的一类课程。这一类课程通常可分为两种类型。一是心理健康教育学科课程，即较为系统地传授有关心理发展和心理健康基础知识的一种课程形式。它具有知识性、基础性和问题逻辑性等性质，是学校心理健康教育整体课程体系的基础部分。二是心理健康教育活动课程，即教师根据学生身心发展的规律及其特点，运用心理学、教育学的有关原理，有目的、有计划、有系统、有组织地通过以学生为主体的活动方式，提高学生心理素质、增进其心理健康、开发其心理潜能的一种课程形式，具有活动性、主体性、互动性、体验性和感悟性等性质。从目前中小学心理健康教育课程的实际运作情况看，这两种课程同时存在，但以活动课程最为普遍。

心理健康教育活动课程，也称为心理健康教育课、心理辅导活动课，是以班级团体活动为载体，以班级全体学生为对象，以发展和预防为主要功能的心理健康教育形式。

心理健康教育活动课已被列入学校和班级教学计划之内，但它不同于其他学科课程（语文、数学、物理、化学、历史等），它主要通过生动活泼的、需要学生主动参与的活动来进行，所以一般称之为"心理健康教育活动课"。

二、心理健康教育活动课的性质

（一）它是一门"活动课程"

首先，它是写进日课表的课程。心理健康教育活动课已被写进学校和班级的教学计划之内，在日课表中占有一席之地，所以都加之以"课"或"课程"字样。

其次，它是以学生活动为主要形式的课程。活动课程与学科课程相比主要有以下几个特点。

第一，心理健康教育活动课是以学生的情意活动为主要内容，它拒绝系统地向学生传授心理学学科知识。"活动"是心理健康教育活动课的主线，它为学生提供了各种社会生活的模拟场景，成为学生自我体验、自我发展、自我超越、自我实现的重要学习方式。

第二，活动课既没有作业，也不需要考试。

第三，活动课是充满弹性的，学校及心理辅导教师完全有权利根据本校、本班学生身心发展的实际情况，在辅导的目标、内容、方法及课时安排上做出灵活的调整。

（二）它是一种"发展性团体辅导"

首先，它是心理辅导课。与思想品德课既有着本质区别，又有内容和形式上的交叉。

心理辅导课对辅导教师的要求是辅导态度第一，辅导技能第二。辅导教师对学生抱有充分的尊重、理解、真诚、接纳、支持、鼓励、关爱等基本的辅导态度，比他掌握较多的辅导理论与辅导技巧紧迫得多、重要得多。

其次，它是发展性团体心理辅导。既区别于个别心理辅导，也区别于治疗性团体心理辅导。心理健康教育活动课是学校心理健康教育发挥其发展性、预防性功能的重要载体。所谓发展性功能，是指同一年龄段的中小学生，其心理发展水平也基本上处在同一阶段，他们在学习、生活、交往等活动中遇到的问题和困惑，也大体表现出一种普遍性和一致性。因此，我们可以通过心理健康教育活动课的形式加以科学引导，使他们的心理素质整体性得到提高和发展。所谓预防性功能，是指中小学生在发展过程中出现的某些行为偏差或成长危机，都是有征兆和有规律可循的，同样也是可以预见的，因为它们与学生年龄的增长、身心的发展有着密切的关联。因此，如果我们运用心理健康教育活动课的形式，在学生的偏差和危机出现之前或初露端倪之时进行"引领、疏导和防范"工作，就能较快地扭转某些不良心理和行为倾向，使问题不至于继续发展和蔓延。

心理健康教育活动课的选题必须着眼于学生发展的需要，也必须带有前瞻性，以预测学生在成长道路上可能遭遇的挫折与困难，帮助他们提前掌握有效的应对策略。

三、心理健康教育活动课的目标

（一）心理健康教育活动课的总目标

心理健康教育活动课的总目标也是心理健康教育的终极目标，就是培养学生适应现代社会发展所必需的心理素质和健全的人格。具体来讲，就是通过心理健康教育，使学生能够自我认识、自我调控、自我教育、自我提高，增强学生承受挫折和适应环境的能力，培养学生健全的人格和良好的个性心理品质。对少数有心理行为问题和心理障碍的学生，给予科学有效的心理咨询和辅导，帮助他们克服成长中的困扰，学会调节自我，形成积极健康的心理品质，提高心理健康水平，以乐观积极向上的心态投入学习、生活。

（二）心理健康教育活动课的操作性目标

操作性目标是在心理健康教育总目标指导下，将具体目标细化为可以观察、评定并可以训练、培养的行为特征。操作性目标的表述，一般都以行为动词开头，如"理解""认识""学会"。

根据中小学心理健康教育活动课总目标，可以把中小学心理健康教育的操作性目标概括为"四个学会"，即学会认识自己、学会有效学习、学会社会交往、学会适应环境。

学会认识自己，就是引导学生清楚地把握自己，了解自己，认识自己的优势与不足，能客观、正确地看待自己，接纳不完美的自我，悦纳自我，扬长避短，找准自己的定位，从而更好地提高和发展自己。

学会有效学习，就是帮助学生清楚地把握学习在自身发展中的地位与作用，并能根据自己的实际情况，有效地提高学习效率，掌握提高学习效率的方法，使学生在学习中找到乐趣，变"要我学"为"我要学"，变被动为主动。

学会社会交往，就是鼓励学生主动、积极与他人交往，主动帮助、关心他人，尊重师长、团结同学，提高社会交往能力，为将来走向社会打下良好基础。

学会适应环境，就是积极引导教育学生适应环境的变化，当生活环境、学习环境、作息时间等外在环境改变的情况下，要乐观积极面对环境，积极主动适应环境，提高适应环境的能力。

（三）心理健康教育活动课的阶段性目标

心理健康教育活动课的阶段性目标是在心理健康教育总目标指导下，根据学生年龄特点和心理健康状况发展实际，根据教学计划安排，分阶段设立的具体目标，包括小学阶段心理健康教育活动课目标、初中阶段心理健康教育活动课活动目标、高中阶段心理健康教育活动课目标。具体到每个阶段就是要把心理健康教育的目标细化，以便于具体可操作。

（四）心理健康教育活动课的单元目标

以初一的"认识自我、悦纳自我"单元为例。

单元目标：帮助初一学生正确认识自己各方面的特点，肯定并发扬自己的优势，改正或接受自己的不足。学会以不骄不躁、不卑不亢的心态去面对自我，悦纳自我。

一个单元往往包含几个主题，"认识自我、悦纳自我"单元包含的主题有三个，即"我是谁"——了解自我，认识自我；"我很优秀"——欣赏自己的优点；"我爱不完美的我"——悦纳自己的不足。

（五）心理健康教育活动课的活动目标

活动目标指具体到一次活动课的具体目标，这在本章第四节"心理健康教育活动课设计案例"中会具体分析。

四、心理健康教育活动课的主要内容

（一）学习心理辅导——学会学习

学习是中小学生的主导活动，是中小学生的基本任务。学习过程是否顺利及学习成绩的好坏对学生的情绪和行为影响重大。研究表明，中小学生的许多挫折来自于学习。据一项北京市中学的调查，由于学习问题（主要是不爱学和不会学）而处于烦恼中的学生，初中生达58.6％，高中生达72.4％。因此，运用心理学的理论和技术，对学生进行学习心理辅导，帮助学生学会学习是非常必要且重要的。学习心理辅导包括智力因素辅导和非智力因素辅导。智力因素辅导，包括智力各要素的发展和训练，如注意力、观察力、记忆力、思维力、想象力、创造力、言语表达力的培养与训练；非智力因素辅导，包括学习动机、学习兴趣、学习方法、学习习惯、学习自我监控等方面的辅导，还包括考试心理辅导（考前指导、考后总结）等。

（二）人际关系辅导——学会交往

学生在学校内不仅要学习科学文化知识，还要学习如何与他人相处，增强与人交往的能力，成为一个受欢迎的人。儿童心理学家卡兰丹认为："一个社交能力低下的孩子比没有进过大学的孩子具有更大的缺陷。"学校中的人际关系，是构成少年儿童的社会经验和他们对社会中人与人之间关系的概念与情感的重要基础。良好的校内人际关系能使孩子们心情舒畅、身心愉悦，有利于培养孩子乐观豁达的个性品质，促进孩子积极主动地适应环境，应对各种问题。因而，人际关系辅导，是学校心理健康教育活动课的一项重要内容。中小学生的人际关系辅导，可以从同伴交往辅导、异性交往辅导、师生交往辅导、亲子交往辅导、社会交往辅导等方面展开。

（三）自我意识辅导——学会自尊

良好健全的自我意识是心理健康的重要标志之一，它意味着一个人能客观地认识自己、愉快地接纳自己和积极地完善自己。中小学生在自我意识方面都存在着一系列问题，他们往往由于自我认识不足，导致自我体验不良，如他们时而只看到自身优势而自高自大，时而只注意自身弱点而自卑自怜，难以形成客观真实的自我形象，进而影响了自己的情绪、行为、人际关系和学习效率，导致一系列心理问题。中小学生的自我意识辅导可从三个层面进行：自我认识辅导(自我知觉、自我评价),自我体验辅导(自尊、自爱、自信)和自我监控辅导(自我监督、自我完善)。

（四）情绪管理辅导——学会调节

情绪与人们的身心健康有着密切的关系。不良情绪会造成生理机制的紊乱,导致各种躯体疾病。持久的不良情绪如果得不到及时调节,会使个体心理长时间处于失衡状态,严重损害人的心理健康,甚至有可能发展为神经症。相反,良好的情绪不仅有利于提高机体的免疫力,增进身心健康,还是构建融洽人际关系的重要前提。近年来,常有中小学生因情绪问题离家出走、伤人或自伤等报道见之于各种媒体。可见,对中小学生进行情绪管理辅导,帮助学生认识、接纳和把握自己的情绪,学会恰当地表达情绪和有效地控制情绪,对于增进学生的心理健康和提升学生的人际吸引力是非常重要的。中小学生情绪管理辅导,可以选择"拥抱快乐""善待焦虑""克服嫉妒""远离烦恼""控制愤怒"等辅导主题。

（五）生活适应辅导——学会适应

许多学者认为,从广义来说,心理健康泛指个体对社会的适应良好。适应是指机体与环境能保持适度的动态平衡。中小学生在成长过程中,会面临许多适应困难,如进入青春期后在生理心理方面的不适应;进入新的学校环境后对新的人际关系和新的学习方式的不适应;面临升学考试方面的激烈竞争带来的不适应;对社会生活方式发生的迅速变化带来的不适应等。因此,学校心理健康教育活动课要重视对学生进行生活适应辅导,引导学生顺利度过人生道路上的一些动荡时期。生活适应辅导可包括青春期适应辅导、环境适应辅导、升学就业适应辅导等。

（六）生涯规划（职业）辅导——学会生存

通俗地说,人从出生到死亡,终其一生即为生涯。生涯规划就是在分析个人兴趣、爱好、性格、潜能等各方面因素的基础上,对自己未来从事的职业、承担的责任的一种计划和预期。对中小学生而言,生涯规划辅导就是指导学生认识自我,帮助他们准确剖析个人的潜力及人格倾向,制订人生奋斗目标,并为学生指出实现人生目标的可能性。生涯规划对学生的意义在于,它让学生更深入地思考生活的目的是什么,人生的目标是什么,自己肩负的社会责任怎样去完成,什么才是我一生的追求。可见,生涯规划辅导不仅具有个人意义,也具有社会意义,它是构建和谐社会不可或缺的组成部分。中小学生的生涯规划辅导包括四个方面的内容:学会生活、学会终生学习、学会谋生和学会爱。

学校在具体安排心理健康活动课内容时,应注意在各年级做出递进式的安排，避免不同年级、不同学期活动课内容的重复和不成系统。

以初中阶段为例，可以将初中三个年级的心理健康活动课的内容做出如下安排(见表 5-1)。

表 5-1　初中心理健康活动课

七年级心理健康教育活动课内容安排(专题)	
第一单元	适应初中的学习和生活——"走进初中的大门"
第二单元	认识自我、悦纳自我——"人贵有自知之明"
第三单元	学习心理辅导——"学业成功之路"
第四单元	亲子关系辅导——"爸妈爱我，我爱爸妈"
第五单元	考试心理辅导——"我努力考出好成绩"
八年级心理健康教育活动课内容安排(专题)	
第一单元	学习心理辅导——"做学习的轻骑兵"
第二单元	意志力辅导——"攻城不怕坚，读书莫畏难"
第三单元	自信心训练——"相信自己"
第四单元	青春期辅导——"让我的青春更美丽"
九年级健康教育活动课内容安排(专题)	
第一单元	挫折应对辅导——"挫折是人生的必修课"
第二单元	学习心理辅导——"中考前的冲刺"
第三单元	生涯辅导——"条条大路通罗马"
第四单元	考试心理辅导——"带着自信走进考场"

五、心理健康教育活动课的教学方法

教无定法，但有定规。心理健康教育活动课的规定是："它没有说教和灌输等显性教育的痕迹，而是以活动为中介，通过学生的参与、体验和感悟，认识自己和他人，学会学习，学会生活，学会交往，开发自己的潜能，获得自助能力。"具体方法可包括讲授法、操作法、集体讨论法、角色扮演法等。

(一)讲授法

讲授法是指教师通过讲述、讲解、暗示和质疑等方式，借助多媒体等其他手段，把心理健康的相关知识传授给学生的方法。例如，有的学生到了青春期，不由自主地产生了对异性的朦胧情感，但他非常自责，认为自己是品德不良的人，是可耻的。这就是由于缺乏科学的心理健康知识而造成的错误的非理性的思想观念，如不及时加以引导，可能会导致较严重的心理问题。因此，需要教师通过讲解青春期相关知识，帮助学生正确认识自身的身心发展特点，懂得青春期性意识萌动的合理性和把握情感分寸的必要性，帮助学生形成合理的认知观念和建立理性思维方式，改变不合理的认知观念和非理性思维方式，促进学生健全人格的发展。

需要注意的是，讲授法不仅仅是教师的口头讲述或讲解，也可以采用多媒体教学手段，如让学生观看有教育意义的幻灯片、电影或某些专题节目等，帮助学生澄清某些思想观念，达到感染和影响学生的思想和行为的目的。另外，讲授法也不能理解为教师单方面的讲和学生单方面的听，在活动课中特别强调师生、生生的多边互动，所以在讲授中适当穿插问答和谈话等互动形式是非常必要的。

（二）操作法

操作法主要是指通过学生自身的言语和行为操作来完成教学活动的某些环节，达到心理健康教育目的的方法。

1. 游戏法

玩是孩子的天性，游戏是儿童普遍喜欢的活动。有意义的游戏不仅能给儿童带来快乐而且能使之从中受到教育。游戏有多种分类，一般可分为竞赛性游戏和非竞赛性游戏。竞赛性游戏，如"解扣""两人三足跑"等，可以培养和锻炼学生的竞争意识和团结合作的精神；非竞赛性游戏如"大西瓜、小西瓜""白菜与兔子"等可使学生情绪高涨、轻松快乐，有利于增进师生之间、生生之间的心理距离，同时也利于训练学生的注意力和反应能力。

2. 测验法

通过让学生亲自做智力、个性、态度、兴趣、心理健康等各种心理测验，帮助学生更客观地了解自己的特点，增加学生自我完善、自我教育的针对性和自觉性。但教师在运用心理测验的时候，一定要谨慎选用心理测验量表，更要谨慎解释心理测验的结果，防止不当使用心理测验给学生造成的不必要的负面影响。一般只有经过专业培训的教师才可以使用心理测验的方法。

3. 纸笔练习法

可以让学生自己亲自写一写，写下对他人要说的话、对自己要说的话，写出自己的优点和不足，并写出改进方法，写出自己的行动目标和行动计划等。这样可以起到宣泄情感、提高认识、激发行为动机的作用。耶鲁大学和哈佛大学都曾经做过相关的调查研究，研究结果表明：那些具有明确的目标，并把目标写成文字的学生，日后的成就不仅远远超过了自己的目标，而且远远大于其他学生的成就之和。另外，还可以通过学生的绘画活动，培养学生的观察力、想象力和创造力。

4. 歌舞法

通过歌舞活动，激发学生的情感，陶冶学生的情操；提高团体合作的意识和能力。

（三）集体讨论法

集体讨论法是指两个以上的学生通过相互交流沟通，达到集思广益、互相理解、促使问题得到解决的目的。

1. 专题讨论

针对学生中普遍存在的问题可进行专题讨论，如中学生普遍存在的异性交往问题、考试焦虑问题等。学生对这些问题的认识往往模糊不清，或是不甚明确，或是不太全面，可通过专题讨论的方式，进行交流沟通，集思广益，澄清问题，明确努力方向。

2. 辩论

当学生对某些问题产生了分歧或对立的看法时，可就这些有争议的问题进行分组辩论，提出正反两方面的不同意见，并找出自己的根据和理由，达到辩证、全面看问题的目的。

3. 脑力激荡

脑力激荡法又称头脑风暴法，是由美国著名创造学家奥斯本所创。该方法是利用发散思维的手段，集体思考，使大家发挥最大的想象力，根据一个灵感激发另一个灵感的方式，产生创造性思想，并从中选择解决问题的最佳途径。脑力激荡法常用在决策的早期阶段，它一般只产生方案，而不进行决策。主持讨论的老师要鼓励学生提出自己的设想，允许异想天开，想法多多益善，禁止批评他人的意见，但鼓励将他人的意见加以综合或改进。

4. 六六讨论法

六六讨论法也叫菲利浦斯六六法，是美国密歇根州希斯迪尔大学校长J. D. 菲利浦斯发明的集体思考的创造技法。这一方法是将一个大型集体，分成若干个六人小组，围绕可能解决的问题，运用脑力激荡的方法，同时进行六分钟讨论，每人发言一分钟。然后再回到大团体中分享及进行最终的评估。该方法可以消除"人数太多，不利于自由发言"的弊端，是一种人人都能参与而且省时的好方法。

5. 配对讨论法

针对一个题目，先两个人一组讨论，得出结果，然后与另两个人讨论的结果进行协商，形成四个人的共同意见。再与另四个人一起协商，形成八个人的共同意见。这种讨论必须经过深思熟虑，参与感也比较高，讨论的效果比较好。

（四）角色扮演法

角色扮演是一种情景模拟活动，将个体安排在模拟的生活、工作和学习的环境中，要求个体处理在模拟情景中出现的各种问题，从而进一步认识自己，认识他人，认识环境，体验在特殊情境下的特殊心情，学习某些处理问题的方式方法。在心理健康教育活动课中，常用到的角色扮演法有以下几种。

1. 心理剧

心理剧又称社会剧，是维也纳精神病学家莫雷诺首创。这种方法是通过即兴表演的方式，探索学生的人格特征、内心冲突、情绪问题和人际关系。也就是说，将学生的各种心理行为问题置于戏剧化的形式之下，使学生重新经历情绪冲突或人际矛盾，通过表演可创造出新的情境，并做出某些新的富有积极意义的反应，从而促进自我成长。

2. 哑剧表演

老师提出一个主题或情景，要求学生不用言语而用表情和动作表演出来。例如，让同学表演赞美别人或指责别人的情景，表演考试取得好成绩或成绩不好的情景。此方法利于促进学生非言语沟通能力的发展。

3. 空椅子表演

这种方法是让一个学生轮换扮演两个角色，与之交往的另一个角色用空椅子来代替，让学生练习同想象中的坐在空椅子上的人对话。该方法比较适合于人际交往方面有困难的学生。具体做法是：将两把椅子面对面地放着，让表演者坐在一把椅子上，设想另一把椅子坐着他的交往对象，先让该生表演彼此间曾经有过的或可能有的对话中自己说的话，然后坐到对面空椅子上去，再以对方的立场说话。如此反复多次，可使学生加深对对方的了解和认识，有助于提高交往能力，改善人际关系。

4. 角色互换

这种方法与上述方法相似，但参与的人有两个或更多。例如，让母亲去扮演儿子，让儿子扮演母亲；或让学生扮演老师，让老师扮演学生等。这样做是为了使当事人更好地了解和体会对方的思想和情感，纠正自己之前不正确的看法，利于改善人际关系。

5. 改变自我

这种方法是让学生扮演自己改变某些缺点之后的行为表现。例如，某学生上课不爱发言，老师就让他扮演爱发言的自己；某学生不爱值日，就让他扮演总是认真值日的自己。这样有利于学生尽快改掉不足，学习良好的行为，完善自己。

需要说明的是，以上列举的方法并不全面，而且方法的分类也不是绝对的，不同的方法之间有一定的交叉或包含关系。具体到某一次活动课时，可依据具体内容、具体目标、年龄特点，综合地、创造性地运用各种方法，还可以创造出更多新的有效的方法。

第二节　心理健康教育活动课的设计

一、确定辅导主题

辅导主题如同文章的标题，是心理活动课的灵魂，如"我是谁""异想天开""做情绪的主人"等。

确定活动课的辅导主题，既可以结合本学期的心理健康教育活动课的系列目标确定主题，如初二的"穿越感情的风暴"。也可以针对本班存在的现实问题选择主题，如"令人讨厌的外号"等。

二、澄清辅导理念

辅导理念是教师设计心理健康教育活动课的指导思想和设计指南。它回答的是"为什么要开设这样一次心理活动课?"辅导理念反映了教师对组织某一次心理活动课的理性思考，它侧重于教师对辅导主题的理解和把握。丰富的活动、熟练的技巧、精致的课件，都是辅导过程和辅导理念的载体。心理活动课的生命在于理念，成败在于理念，是否能促进学生的成长在于理念。总而言之，辅导理念第一，辅导技巧第二。

心理健康教育活动课的辅导理念应包含三方面的思考：第一，对活动主题核心概念的科学理解；第二，对学生年龄特征的准确把握；第三，对学生在学习和生活中遇到的现实问题有充分的了解。

以下是主题为"我是谁"的心理活动课(七年级)的辅导理念。

自我认识是个体对自己的认识、了解和评价，包括认识自己的生理状况、心理特点和社会关系，学生自我认识的完善有助于个性的健康发展。青春期儿童的自我意识迅速增强，特别注重自我形象，但由于其处在半幼稚半成熟阶段，自我认识往往是不协调的，有时是相互矛盾的，甚至是混乱的。他们时而只关心自身优势而自高自大，时而只关心自身弱点自卑自怜，因而难以形成客观全面真实的自我形象，进而影响了自己的情绪、行为、人际关系和学习效率，导致一系列心理问题。针对以上现象，设计本次活动课。通过这样的心理活动课，目的在于让学生学会全面正确地了解自己，形成客观真实的自我形象，克服盲目的自大或自卑，健全自我意识，增进心理健康。

三、确定辅导目标

辅导目标要回答的是"通过这次活动课，希望学生有何改变？"

确定某次活动课的具体目标需要注意以下几点。第一，既要符合总目标，又要考虑年龄阶段的目标和每个主题的具体要求。第二，目标表达要清晰、具体、通俗易懂。第三，目标要集中。一节课的目标不能太多，更不能面面俱到。第四，目标必须可操作，如在认识上应该"了解什么、懂得什么"，在感情上要"体验什么、感悟什么"，在行为上要"学会什么、养成什么或改变什么"。第五，要顾及团体的共性目标。不论活动的主题是什么，每次活动课中都应有意识地训练学生在人际交往、问题解决、自尊自信、自我管理等方面的技巧，但每次课只能有所侧重地训练一两方面，多了会顾此失彼。

以下是主题为"我是谁"的心理活动课（七年级）的辅导目标：

①学生认识到"正确全面地认识自己很重要"；

②学生学会"通过多种途径和方法来认识自己"，形成客观真实的自我形象；

③学生养成课上认真倾听，与他人主动沟通与合作的好习惯。

四、列出活动准备

考虑好活动课需要做好的准备工作并写在设计方案中，如活动课中教师要用到的设备、道具、课件、教案、书本等，学生要用到的相关材料，还包括事先和学生有什么样的接触，了解学生哪些特点，是否需要确定助手等。

以下是主题为"我是谁"的心理活动课（七年级）的活动准备：

①学生每人准备一块小镜子、一张白纸、一支笔；

②教师准备一张"形容词检核表"幻灯片或挂图。

五、确定时间场地和选择教学方法

明确何时何地实施本次活动课的教学；并确定以哪些活动方式来实现教学目标，如讲授、讨论、角色扮演、自主学习总结等。

六、设计教学环节

教学环节即每一次活动课程进行的具体过程和步骤。根据研究与实践，我们对一节有课时限制的心理活动课的微观发展进程做如下划分。

(一)暖身阶段——课程开始

本阶段的主要任务是激发学生参加活动的热情和积极性。通过热身游戏或其他媒体手段，促成团体成员初步的互动。目的在于激发学生主动参加活动的热情和积极性，增进师生之间、生生之间的信任感和凝聚力。必要时，明确告知团体活动的基本规范和活动的注意事项。

以下是主题为"我是谁"的心理活动课(七年级)暖身阶段的活动设计。

1. 游戏分组

游戏活动"寻找有缘人"。规则：全体同学以自己的出生年月来进行同类组合。每个学生只能以自己的手势表示自己的出生月份，不能出声。按月份组合后，相近月份(1—2、3—4…)的小组合并，共分 6 个小组。

2. 明确规范

全体学生遵守"真诚、尊重、倾听、保密、交流、成长"的活动规范。

(二)转换阶段——展开主题

本阶段的主要任务是切入辅导主题，感知辅导目标。教师围绕活动主题，选择某一种形式(案例、游戏、小品等)将问题情境呈现在学生面前，借助学生的情绪和团体的气氛，切入辅导主题，使本次活动的辅导目标，以直接或间接的方式被学生感知。此阶段要鼓励学生主动参与互动讨论，积极对他人的意见予以回馈。

以下是主题为"我是谁"的心理活动课(七年级)转换阶段的活动设计。

1. 引导学生讨论了解自己的重要性

活动1——教师讲述"小马过河"的故事。

活动2——小组讨论"小松鼠为什么会被淹死？小马如果不了解自己的身高和能力，结果会怎样？这个故事说明了什么道理？"

师引导：这个故事说明正确了解自己很重要，那么我们都能正确了解自己吗？

2. 引起学生对"认识自我"的关注与兴趣活动

活动3——照镜子。

学生把自己带来的小镜子拿出来，对着自己，现在老师问大家："镜子里是谁呀？""我！""那我又是谁呢？"大家对镜子问一下自己："我是谁？我是一个怎么样的人？"

（三）工作阶段——对问题实质的探索

本阶段是解决问题的关键时期。此阶段的基本任务是：设置更为贴近学生生活实际、更能反映学生成长困惑的活动或情境，引导学生在参与活动的过程中，进一步感受、体验和思考，促进学生的自我开放。鼓励团体成员之间不同观点的交换，在支持与面质之间取得平衡。注重团体的组织调控，引导学生关注团体目标，鼓励学生相互倾诉、共同研讨有效策略。

以下是主题为"我是谁"的心理活动课（七年级）工作阶段的活动设计。

1. 初步探索自我特征

活动——写句子、念句子。

教师出示"形容词检核表"，要求学生对照表上的内容写出 5 句"我是一个_____的人（要求是真实的自我认识）。"然后每人在小组内大声念出自己写的句子，其他组员只能以真诚、尊重和接纳的态度认真倾听，不能反驳、打断和评论。

2. 思考自我认识的途径和方法一

活动——小组讨论、代表发言。

每小组就同学的发言讨论：①每人的自我认识是通过什么方法得出的？（自我反省），②多数人的自我认识是否准确全面？（很多不准确不全面）

师引导："认识自我并不容易，就如自己看不见自己脸上的黑点，但别人能看见，别人就是你的镜子。"

3. 体验自我认识的途径和方法二

活动——照镜子。

本活动要求每个同学主动邀请组内其他同学作为自己的"镜子"，从不同角度，客观地反映出自己的特点，因而能更全面地认识自己。作为"镜子"者必须客观真实地反映，不可主观推测，不可人身攻击。"镜子"们在发言时，当事人只需静听，不能反驳或打断。在对方发言结束后，可做一些补充或解说。

4. 分享感悟

自由发言：通过两次"照镜子"活动，你有什么感受？想对同学们说什么？或有什么建议给同学和自己？——3～5 个同学发言。

5. 重新全面认识自我

活动——重新写 5 个"我是一个_____的人"的句子。比较与开始写的有无不同。如果不同，说明是否现在对自己的认识更全面和客观了？

（四）结束阶段——问题解决、目标达成

本阶段属于总结收获的阶段。此阶段的基本任务是：引导学生总结本次活动的收获。鼓励学生将认知、经验加以生活化与行动化，使自己的收获向课外延伸。结束阶段的团体经验对团体的成效有决定性的影响。富有新意、余音袅袅的结束活动，为活动主题的探索画上一个圆满句号。

以下是主题为"我是谁"的心理活动课（七年级）结束阶段的活动设计。

教师引导同学总结今天活动课的收获（学生自由发言后，教师总结）。

第一，知道了正确认识自己很重要。

第二，要通过多种途径和方法全面客观地了解自己：

①自我反省、自我观察；

②通过他人的反馈认识自己；

③通过从事某些活动来认识自己——完成某任务、做某测试。

结束语："希望同学们在今后的学习生活中注意从多方面了解自己，正确认识自己，形成完整健康的自我形象。"

第三节　心理健康教育活动课的操作

心理健康教育活动课的操作属于心理健康教育活动课具体实施过程中的一些技术性问题。下面所提出的各项操作原则、操作要领等是自20世纪90年代以来，我国广大一线中小学教师在长期的心理健康教育活动课实践中经过反复探索总结出来的，带有鲜明的本国特色和很强的操作性。

一、心理健康教育活动课的操作原则

（一）活动性原则

活动是实现主体发展的必由之路。只有活动才能打破"教师中心"的教育模式，只有活动才能调动学生的主体参与性。可以说活动是心理健康教育活动课的"命根子"。因此，活动课就是要以学生一个一个的活动构成教学过程的基本环节。教师精心设计好活动形式是活动课成功的关键。

（二）体验性原则

尽量提供模拟的、动态的、符合学生年龄特点和生活实际的生活场景，把来自具体情境中的具体问题放置到类似的环境中去，通过切身体验，重新对问题进行辨析和调整，这将有助于学生澄清问题的实质，体谅当事人的情感，发现有效解决问题的办法。

（三）互动性原则

互动是指团体成员相互讨论与回应的行为。团体互动可以促进个人成长，团体的每个成员在互动中，将自己关心的事情及困扰提出来和其他成员分享、共同探讨；其他成员除了有支持作用外，同时还给予回馈、建议及经验分享，使得当事人在这样的互动中进行省察和思考，对自己的问题有更深入、正确的看法，进而促使自己的观念、态度、价值观及行为的改变，这就是人际交互作用对每个成员的影响力。互动的前提是成员的充分参与，即每个人都想说话，每个人都有话说。讨论是团体互动的主要形式，不管采用何种多姿多彩的活动形式，但只要进入到实质性阶段时，就必然会使用讨论的方式，否则便无法使成员之间充分沟通与互动。

（四）即时性原则

教师在活动课过程中，不能一味拘泥于预先设定好的教学方案，而是要根据现场发生的具体情况，及时调整教学方案，顺着学生的思路，将活动主题引向深入，灵活实现心理健康教育目标。在心理活动课实践过程中，真正能够震撼学生心灵、引导学生深入思考、激发学生强烈情感体验的东西，往往不是教师事先预设好的，而是在活动的现场即时性生成的东西。

（五）主体性原则

谁是心理健康教育活动课课堂上的"中心""主体""主角"？当然是学生。教师必须相信每一个学生可以"自己发现自己，自己帮助自己"，必须让每个学生成为教学过程的"主体""主角"。心理健康教育活动课的目的不是为了告诉学生在成长的道路上要做些什么或要怎样做，而是为了唤醒学生内在的成长需求，激发学生改变自我、努力完善自我的动机和潜能，以促进学生的自我发展。

（六）有序性原则

活动课要"活"而有"序"，不能混沌无序。教师要对整个活动课进行精心、周密、有趣的设计，使课堂上的活动环环相扣，紧紧围绕活动主题和辅导目标。教师还要引导学生遵守"活动规范"和"游戏规则"，让学生在不受伤害的状态下成长。

二、心理健康教育活动课的操作要领

（一）"体验"比"认知"更重要

心理健康教育不是说教，不是安慰，不是训导，也不是逻辑分析，而是心灵的碰撞，是人际的交流，是情感的体验，是助人自助的过程。在这样的活动过程中，学生只要能在某一个问题上，或某个问题的某一方面真正有所感悟、有所触动、有所体验，那就是一种成长、一种发展。反之，如果学生只是记住了几个心理学的概念术语，能说出心理健康的一些基本常识，却没有情意活动的介入，没有真切的情感体验，可以说，在这个过程中，学生还没有真正得到成长和发展。简言之，心理健康教育活动课侧重的是让学生从生活实际中或团体互动中获得真切的感受，而不侧重教师的认知概括。

（二）"引导"比"教导"更重要

引导的理念是"陪伴着当事人去面对他的人生"，是"引导学生自己思考问题，自己得出结论"。教师不应该对学生做强制的说理和武断的解释，必要时采用的暗示、忠告、说服等手段也只能最低限度地使用，即力求"随风潜入夜，润物细无声"。引导的四段论是"倾听—同感—判断—商量"。总之，引导的宗旨应该如有的学者所说："顺其所思，予其所需，同其所感，引其所动，投其所好，扬其所长，助其所为，促其所成。"

心理健康教育活动课也不能排除教师某些必要的教育指导（指示、暗示和忠告），因为中小学生年龄尚小，许多方面还需要成年人的扶助。

（三）"口头交流"比"书面活动"更重要

这是一种非常简单、却又很容易被教师忽视的操作规范，它是辅导过程有没有动态气氛的关键。口头交流的作用主要在于：①学生能发现别人也有跟自己相同的问题，通过交流，自己理解和支持了别人，也得到了别人的理解和支持；②同龄人的理解和支持往往比教师的评价与支持更为重要，因此大大增强了自信心，使积郁的情绪得到宣泄，并可重塑自我形象；③体验到自己在同伴中有所作为，可以和别人成功地进行交往，因而增加了安全感；④在不能确定自己应持的态度行为时，可以倾听并综合大家的意见，以得到最大的收获。当然，有些游戏、有些测验、有些行动计划、有些自我描述是必须动笔的。不过从实践经验来看，动笔不可过多，时间不可过长，否则团体氛围立刻就被冲淡了。

（四）"目标"比"手段"更重要

手段的使用一定要服从于目标的需要。心理健康教育活动课最重要的是把握好辅导理念和辅导目标，如果只考虑形式和手段的新鲜花哨，就很可能会导致舍本求末。现代化教学手段的辅助可以为活动课增添不少生机和便利，但这种手段的使用一定要服从于辅导目标的需要，不要只是为了变换一下形式。事实证明，在条件简陋的农村中小学，如果教师对辅导理念和辅导目标理解透彻，活动设计又比较贴近学生实际，那么，虽然未能采用现代化教学手段，却同样可以设计出效果较好的心理健康教育活动课。

（五）"讲真话"比"讲对的话"更重要

信任使人感到安全，信任才能敞开心扉。说真话难免会有错话。对学生在成长过程中出现的错话持一种宽容而积极的态度，可强化学生自我向善的意向与努力。在心理活动课上，教师要努力培植一种讲真话、讲实话、不讲套话的风气，形成一种团体内的规范。但是作为成长中的青少年学生，一遇宽松环境就难免讲出一些分寸不当的话来。其实，他们讲出一些在成人看来是糊涂的，甚至是错误的话，是出自对教师和团体的真诚信赖。遇到这种情况，辅导教师一定要放下严肃的德育标准，给学生以真心诚意的宽容和谅解，使每个学生可以不必担心批评指责，不必小小年纪就学会戴上一副假面具，而这对于他们人格的健康发展是极为有益的。

（六）"随机应变"比"原定设计"更重要

心理健康教育活动课的实施过程是充满动感的，它的发展和推进往往是随机的、高度动态的。在师生、生生的多向交互作用下，学生的潜力会随时被激发，各种奇思妙想、各种生动的生活经历，会在瞬间涌出。学生往往会妙语连珠、才思横溢，整个现场会变得生机勃勃、充满智慧的挑战，每个学生都会真切地感受到自己生命的意义和价值。这时，辅导者也将被辅导，教育者也将受到教育。这样的活动过程是任何周密的设计都难以事先预料的。因此，必须随机应变，随机引导，不要死守原定的活动设计方案。特别是当有的问题涉及多数同学关心的共性问题时，教师一定要及时抓住，充分展开。

（七）"自我升华"比"教师总结"更重要

领悟是学生克服心理不适应、促进自身发展的关键，它往往伴有深刻的认识飞跃。即使学生的自我升华还比较幼稚，教师也不可越俎代庖。活动课的结束部分，应该是学生借助自己的内省、同学的回馈和辅导教师的建议等，对自己的认知体系进行整理和重建的重要环节，这个环节也应该让学生主动参与来完成。

当然，教师的概括总结也很重要。例如，"学会拒绝"，是一个人的社会化发展进程中比较高级的要求，学生很难一下子抽象出"拒绝"的若干种巧妙而得体的方法。此时，教师如果采取打开"锦囊妙计"的方法，让学生了解到"拒绝"时可以采用共同推想后果、延迟决定、找借口、用建议替代、转移话题等方法，这样就能比较直接地帮助学生较好地完成认知上的飞跃。

第四节　心理健康教育活动课的设计案例

一、认识自我篇

案例 5-2　我很优秀（适合七、八年级）

辅导理念

心理学家研究发现，人类天性中最根深蒂固的本性是被人欣赏。威廉·詹姆士说："人性里最深的原理，是受欣赏的渴望。"一个人首先应该学会欣赏自己。一个人只有充分地自我接纳，懂得欣赏自己，才能有良好的自我感觉，才能自信地与人交往，出色地发挥自己的才能和潜力。推此及彼，我们周围的人一样需要得到鼓励和欣赏，如果我们都能用一种欣赏的眼光去善待自己和身边的每一个朋友，世界一定会更加美好。

初中生自我意识迅速增强，但自我认识往往不全面不客观，因而自我体验也很不稳定，很多学生常常只注意到自己的不足（学习成绩不理想、外貌不漂亮、不被教师重视、没什么特长等），忽略自己的优势，因而产生自卑情绪，缺乏少年应有的朝气和自信。为了帮助学生发现自己的优势，肯定自己的成绩，提高自信心，设计了本次活动课。

辅导目标

1. 使学生学会发现自己的优点，对自我做出积极正面的评价
2. 使学生学会发现别人的优点，对别人做出积极正面的评价
3. 使学生学会专心礼貌地倾听，学会尊重他人，自觉遵守活动规范，维护活动秩序。

活动准备

教师准备寓言故事"猴子和大象"，给学生每人准备一张彩纸，学生自己准备一支笔。

教学方法

游戏法、讨论法、纸笔练习法等。

活动过程

1. 暖身阶段（课程开始）

（1）分组游戏

将学生事先分组，每组 6 个人左右。小组内成员两两击掌游戏，边击掌

边大声说"你好我好，你棒我棒!"说三遍。

(2)明确规范

学生遵守"真诚、尊重、倾听、保密、交流、成长"的活动规范。

2. 转换阶段(展开主题)

(1)活动1——"自我称赞"

师引导：在上次课大家全面认识自我的基础上，这次我们要专门欣赏自己的优点。

活动规则：每个人都要大声、肯定、自豪地向组内成员介绍自己的优点(可从外貌、品德、才能等方面)，其他组员只能以真诚、尊重、认可和赞许的态度认真倾听，不能反驳、打断和评论。

(2)活动2——分享感受

每组推荐一个代表上台发言，谈谈"向别人大声介绍自己优点时的感受"。(内心充满了愉快、自信，甚至自豪；也有人会不好意思)

3. 工作阶段(通过相互欣赏，进一步增强自信)

(1)活动1——教师讲述寓言故事"猴子和大象"(情节略)

师引导提问：听了这个故事，你们有什么感想？他们为什么争吵？——学生自由发言。

(大象与猴子各有各的长处；但他们只看到自己的优点看不到别人的优点。)

教师总结：我们既要看到自己的长处，学会欣赏自己，也要看到他人的长处，学会欣赏他人。同学们，你们在一起相处了这么长时间，知道你的同学的优点吗？下面我们做一个游戏，叫作"相互称赞"。

(2)活动2——"相互称赞"

教师介绍活动规则：全组成员依次对每一个人给予优点回馈(强调只说优点，不说缺点)，回馈的内容必须具体，以事例说明，目光要对视。被"称赞"的人只能认真倾听，不能反驳和打断，听完后要对赞扬自己的人真诚地道谢。以小组为单位开始"相互称赞"。

全班分享(每组代表发言——自愿或推荐)：

哪些优点是被同学指出而自己以前并未觉察的？

被他人称赞时自己是什么感受？(自尊、自信)

你在称赞他人时内心是什么感受？(敬佩他人，向之学习)

(3)活动3——画"我的优点树"(发给学生彩纸,让学生自由作画)

指导语:请你画一棵很特别的、完全是你个人的一棵树,在它上面挂满了标志着你特别能力和优点的硕果。画完树,在树的下面写上一段话:"看到自己有这么多优点,我感到＿＿＿＿＿＿＿＿,看着我的优点树,我忍不住要大声说:＿＿＿＿＿＿＿＿!"(可以把指导语打在投影上)

学生开始画"优点树",教师巡视指导。

全班分享:每组推荐一人,向全班展示自己的"优点树",大声念出自己写的句子。

4. 结束阶段(问题解决、目标达成)

教师总结:通过今天的活动,我们都认识到自己有很多优点,我们每个人都很优秀!从此,我们会更有信心、有勇气面对未来可能会遇到的各种困难,相信我们有能力创造美好的未来!

布置作业:

①把"优点树"贴在自己的床头或其他醒目可见的地方,也可再加以修饰点缀,使之更加美观;

②每天早晨起床看树,带着美好的心情开始一天的学习生活,学习效率更高,生活更美好;

③每天晚上睡前看树,带着美好心情入眠,做个好梦,睡得香甜。

二、交往辅导篇

案例5-3　穿越情感的风暴(适合八年级)

活动理念

青春期是生殖系统开始成熟的阶段,随着体内性激素分泌迅速增多,伴随着青春期生理上的巨大变化,心理上也相应地产生许多变化,内心产生了与异性交往的渴望,这是人类繁衍后代的本能反应,也是在性发育进入成熟阶段的正常的生理、心理需要。所以,进入青春期青少年对异性产生好感,既不是心理疾病也不是不道德的行为。但是,如果这种情感强烈而又得不到理智的调控,就会导致与异性同学交往过于亲密,并进一步导致情绪或行为问题,严重影响学业。为了及时对青春期的学生进行异性交往的指导,以帮助他们顺利度过这个关键期(也是危险期),设计了本次活动课。

活动目标

引导学生正确面对青春期对异性产生好感而带来的烦恼,了解并掌握异性交往的基本原则，学会恰当合理地处理自己在异性交往中遇到的一些问题。

活动准备

1. 排演小品剧"我该怎么办"

2. 每人准备一张白纸和笔

活动过程

1. 团体热身阶段

绘画高手大赛：请每组派两位同学（一男一女）参赛，选手一位蒙上眼睛，在白板上画自己的脸谱，另一位提示，限时 2 分钟，最后进行评比。（体现男女合作）

2. 团体转化阶段

(1) 角色扮演"我该怎么办"

教师引言：最近我们有位同学遇到了一件内心很纠结的事，希望同学们帮她出出主意。

学生表演小品剧"我该怎么办"。

剧情简介：女生薇薇坐立不安，看书走神，终于克制不住给她的同学子墨写了一封信。信的内容如下："子墨，你好！不知从什么时候开始，我悄悄地喜欢上了你。每天走进学校，你的一言一行、一举一动都在我的关注中。我现在好痛苦，满脑子都是你的影子，学习总集中不了精神，干什么都没有兴趣。子墨，我很想和你交往，成为比一般同学更好的朋友，可以吗？期待你的回信！薇薇"。薇薇写完信，将信装进信封里，又开始犹豫不决，不知该不该将这封信寄出。

(2) 分组讨论

将全班同学分为两组——甲组（寄出组），乙组（不寄出组）。（由同学自愿表态，认为薇薇应该寄出信的同学组成甲组，其他同学为乙组）

① 甲组的同学讨论：要寄出信的原因有哪些？

② 乙组同学讨论：不要寄出信的原因有哪些？

③ 两个组的代表发言。

3. 团体工作阶段

(1) 分组讨论

信不寄出，薇薇该怎么处理她的情感？怎么摆脱困惑？想出解决方法。

第一环节，各组将想出的办法写在白纸上。

第二环节，各小组代表发言，并将本组的答案纸贴在黑板上。

第三环节，全班同学从中挑选出最有效的方法，加以整理。

①把苦闷宣泄出来：

A. 找个朋友倾诉，获得帮助；

B. 记日记，把这份感情变成自己的秘密；

C. 参加激烈的体育运动。

②转移注意力：

A. 培养积极向上的兴趣爱好，把精力转移到这些爱好上；

B. 扩大交往范围，投入到集体学习、活动中，回避与子墨单独相处。

③将这份感情埋藏在心理，升华为无尽的动力，去刻苦学习、立志成材，为长大后获得这份感情打好基础。

（2）分组讨论

如果信真的寄出去了，收到信的同学又该如何面对？每个小组讨论后，用小品剧的方式将本组最提倡的方法表演出来。

第一环节，每个小组讨论排练。

第二环节，每个小组用小品剧的方式将本组最提倡的方法表演出来。

第三环节，全班同学从中挑选出最有效的方法，加以整理。

4. 团体结束阶段

①让学生畅所欲言，本节活动课都有哪些收获。

②教师补充总结。

③在诗朗诵中结束。

等一等　等你的肩膀更厚实

不，不要说

让我们依然保持沉默

我是多么珍惜

这天真羞涩

你也应该保持那青春的活泼

我们的肩膀

都还稚嫩

扛不起太多的责任

等一等吧

等你的肩膀更厚实些

我也懂得了什么是成熟的思索

三、学习辅导篇

案例5-4 专注是金（适合七、八年级）

活动理念

注意是指心理活动对一定对象的指向和集中。随着初中生学习任务的加重，学校对初中生的注意力也提出更高的要求，要求初中生能比较独立地、专心致志地去完成各项学习任务。而学习是一项艰苦而漫长的活动，只有全身心地投入，高度专注地去努力，才有可能获得成功。但现实中许多初中生出现学习困难、学习效率不高、学习成绩不理想的现象，一个很重要的原因就是多数学生在学习过程中注意力难以集中，缺乏专注的能力。因此，培养学生全神贯注，不为外来刺激所干扰的学习习惯，对于提高学生课堂学习效率显得尤为重要。

活动目标

1. 了解分心的危害，认识专注在学习上的重要性

2. 在活动中学会克服分心的方法，并引导学生养成专注做事的良好习惯

活动准备

《人与自然》狮捕捉猎物片段、贴好脚印、指导学生演小品、每人准备一张精美小卡片。

活动过程

1. 观看视频，引出课题

(1)播放《人与自然》视频片段

让学生认真观察这些猛兽是如何捕获到猎物的。

(2)教师在学生回答的基础上总结

美洲狮在瞄准一个目标后，紧追不放，哪怕身旁有更近的猎物也心无旁骛。因为它明白，一旦更换目标，追逐将重新开始，那样的话，自己的体力是不允许的。可见，专注于一个目标，对美洲狮的生存来说是至关重要的。

2. 联系自身，初步探索

(1)让学生说一说自己可以持续45分钟以上的活动(睡觉除外)

师小结：学生列举的大部分是看电视，听音乐、打牌、下象棋、上网、玩游戏、画画……学习是学生的天职，但能长时间集中注意力于学习的学生占少数。

（2）让学生反思自己课堂上出现不专注现象的原因有哪些？——小组讨论并回答

师小结讨论结果：与授课教师关系疏远甚至有敌意；身体疲乏、睡眠不足；负面情绪；太大的压力；对所做的事不感兴趣等。

（3）讨论分心的害处

分心影响学习，影响情绪等。

3. 尝试训练

（1）做游戏——雷区脱险

将讲台作为雷区，探雷人员已探清此雷区布满了密密麻麻的雷，只有在贴好的脚印处才能安全走过，而这些脚印大小只能容下一只脚，且朝向不同的方向。在冲出敌人封锁线时，你的战友为了掩护你阵亡了，你背着他的遗孤（用一个塞得满满的书包代替）艰难地从雷区穿过。稍不留神，你们就会牺牲，但你发誓，无论如何也要保护好孩子。

采取自愿的形式找部分学生走过雷区并分享感受。

总结：要想做好一件事，必须认准目标，心无杂念，还要想想自己背负的责任。

（2）头脑风暴——金点子大汇集

师：从刚才的游戏中我们明白唯有"专注"才能成功，那么如何才能专注于某事呢？各小组找出克服分心的小窍门并进行"点子汇集"。首先由各小组每组讲一点，不能重复。然后由各小组抢答。教师将学生列出的金点子写在黑板上。预设：

A. 开始学习就全身心投入，在规定时间内完成任务；

B. 上课盯着教师看、圈记关键词、主动回答问题；

C. 每科找一个学习对手，赶超他（她）。（最好是与你实力相近或比你稍好的人，要公平竞争，不可伤了友情哦！）

4. 实战演练

（1）学生表演小品《小明的一节课》

在自习课上，小明很晚才从外面懒洋洋地走进教室，在书堆里漫无目的地东翻西看，一会儿又痴痴地望着窗外，冷不丁把同桌的本子抢了过来，在自己作业本上随手画了几笔，又随口哼起了小曲，趴在桌子上直至下课铃响。

（2）为小明制作攻克"分心"小卡片

师：同学们，根据今天我们总结的方法，帮帮小明吧！每人做一张攻克"分心"的小卡片送给小明，也为了自勉。

5.分享收获

学生分享本次课的收获。

教师总结：历史上，大凡做出突出成就的人，无不在确定方向后，执着追求，不懈努力，专注于一个目标。相信同学们在今后的学习中，能够运用今天总结的方法，专心致志，全神贯注，取得更好的学习成绩，为实现我们的理想而奋斗！

（资料来源：田文《中小学心理健康教育活动设计与实施》，有改动）

四、情绪辅导篇

案例 5-5　学会快乐（适合初中生）

活动理念

快乐是有益身心健康的情绪体验，而良好情绪的形成又是塑造健全人格的重要机制。现在的学生独生子女居多，他们虽然从小生活优越，接受了很多的关爱，却形成了"高智商、高敏感、高脆弱、高自尊"的特点，学习的困难、友情的裂痕、他人的误解或一时的挫折等都容易导致他们的不良情绪。初中生正处在青春发育期，情绪波动大，逆反情绪强烈，更容易为一些学习生活上的小事而产生紧张、焦虑、烦恼、气愤等消极情绪，这些不良情绪如果得不到及时有效的调节，将会严重影响学生的精神状态和学习效率，也会对学生的身心健康造成较大危害。

快乐需要学习。学会快乐也是一种能力。为了教给学生一些技巧和方法，帮助他们摆脱烦恼，收获快乐，设计了本次活动课。

活动目标

1.在具体的情境中体验并感悟快乐，培养乐观积极的生活态度，拥有健康的心理

2.学会换个角度去看问题，从而消除自己的不良情绪；运用所学帮助别人解除烦恼

活动准备

1.多媒体课件庾澄庆的《快乐颂》歌曲；"击鼓传花"用的鼓、槌和绢花

2. 调查学生中存在的有代表性的消极情绪

活动过程

1. 欣赏歌曲，引入快乐（课前多媒体播放《快乐颂》的音乐）

师导言：说到快乐，同学们在生活中一定有很多快乐的事情吧？（有！）这节课就让我们从分享快乐开始吧。我不能让每一个同学都来讲，就用做游戏的方式，随机抽取同学来展示你的快乐。一起进入做游戏环节。

2. 击鼓传花游戏，说快乐

游戏规则：击鼓传花，当鼓槌停下来，绢花在谁那里，谁就起来说一说自己在生活中的快乐。

预设：①小测验得了满分；②和朋友一起玩，很高兴；③做自己感兴趣的事……

教师小结：刚才我们分享了几个同学的快乐。看到同学们脸上洋溢的笑容，老师特别想帮助你们把快乐延续下去。这节课我就要教给大家一个方法，让你在生活中少些烦恼，多些快乐。这是一个什么方法呢？一起进入"看图片，明道理"环节。

3. 看图片，明道理

展示图片，请同学分别描述一下这两张图片（从年龄、神态的角度）

图 5-1

提问：这两张图片有没有联系呢？（学生回答：颠倒过来看）

这就是老师要告诉你的方法：换个角度看问题。

教师小结：我们看到，同样的一幅图片，观察的角度不同，会得出不同的结果。其实生活中也有很多这样的现象，一旦换个角度思考，就会有"横看成岭侧成峰，远近高低各不同"的效果。现在，我们就来看看这种智慧在生活中的应用吧。

4. 换位思考，寻找快乐

大家可以看到屏幕上有两个大字"快乐"。每一个字后面都隐藏着一个小

活动，大家想先进行哪一个呢？（学生自己随意挑选"快""乐"两个超链接）

（1）"快"→"唱反调"游戏

游戏规则：出示问题，其他人唱反调，说出不同的看法，加上"太好了"三个字。

①考试失败是不好的；

（如可以说："考试失败太好了，失败是成功之母。让我知道错误的地方，就可以努力改正，争取下次考好些"；也可以说："考试失败太好了，让我体验到失败的滋味，增强了耐挫的能力。"……）

②被老师批评，很沮丧。

（如可以说："被老师批评太好了，帮你指出缺点，改正了才能进步。"……）

（2）"乐"→视频《发书》

一本有些破损的书，开始两个同学谁都不要，最后又都抢着要，因为他们学会了换位思考。

换位思考就是站在对方的角度想问题，我们通过几个生活中的情境来了解换位思考的精髓：

①当我犯了过错，我希望别人批评我吗？不希望！我希望得到原谅；

②当我做得不好时，我希望别人嘲笑我吗？不希望！我希望得到鼓励；

③当我遭受挫折时，我希望别人幸灾乐祸吗？不希望！我希望得到帮助。

（整个环节设计意图是要让学生明白：换个角度看问题，会更积极、更乐观。）

（过渡语）同学们都知道生活中并不总是阳光明媚，也有乌云密布甚至狂风暴雨的时候。请同学们四个人为一个小组，推选出一位组长，把你的烦恼告诉他，请他记录下来。然后交上来。

5. 变烦恼为快乐，快乐比拼

教师从同学的答卷中选择一些有代表性的问题，学生以小组为单位进行讨论，尽可能多地提出好的变烦恼为快乐的解决办法。

这些问题可能包括：

①双休日，父母逼着学乐器，没有玩的时间，很苦恼；

②平日里父母总是唠叨个不停，要加衣，要多吃饭，要认真听讲……真烦！

③因为一件小事，我和好朋友闹了矛盾，过后，我主动找她和好，可她不理我，我很伤心，该怎么办？

……

小组解决完问题，选派代表进行交流，教师点评。

6.收获快乐

学生先谈谈本次课的收获。

老师知道有这样一句话：快乐的人像太阳，照到哪里哪里亮。希望同学们都来争当太阳，照亮自己的同时也照亮别人。最后，请大家欣赏一首小诗——《改变自己》。

改变自己（漫画配乐诗）

我不能左右天气，

但我可以改变心情。

我不能改变容貌，

但我可以展现笑容。

我不能控制他人，

但我可以掌握自己。

我不能预知未来，

但我可以利用今天。

我不能样样胜利，

但我可以事事尽力。

转个弯——

我的生活处处阳光！

（资料来源：田文《中小学心理健康教育活动设计与实施》，有改动）

五、生涯辅导篇

案例5-6　我的未来不是梦（适合高中生的职业生涯规划）

辅导理念

规划，就是将未来的生活状态摆放在面前，并分析为了达到未来那种生活状态，现在需要做什么。没有规划的人生，就像是没有目标和计划的航行。在一个人的一生当中，有三个时期对生涯的规划有着决定性的关键作用：少年求学期、进入社会期、中年转型期。职业生涯规划的意义就在于帮助人们看清自己到底想要什么，适合做什么工作。

通过调查发现，许多高中生不清楚自己为什么要上学，要学会哪些知识，掌握哪些技能和发展哪些能力，没有明确的奋斗目标。他们到高三选择大学和专业时要么随大流，要么听凭家长摆布，对大学各专业及今后发展缺乏必要的了解，致使进入高中后学习主动性不强，动力不足，甚至出现厌倦学业的情况。而课程改革的一个重要目标是要培养学生自主学习、自主探索、自主选择的能力，从而实现从"要我学"到"我要学"的转变。为此在高一年级开展人生规划课程，帮助学生了解自己、了解职业，从而明确自己今后发展、努力的方向，进而提高学习的动力。

辅导目标

1. 通过开展社会职业调查，了解职业发展趋势，寻找自己未来的职业发展方向，增强对未来职业的追求意识，更好地去认识社会，了解社会需要，根据社会发展的需要进行自我设计

2. 通过自我探索，使学生认识到自身对今后发展方向的期待，并能主动为自己设立目标，为达成目标而做出努力

活动准备

1. 职业访谈：前期准备工作

事先将同学分成四个人一组，在黑板上写出各种职业名称，接着要求同学以组为单位，选一种职业，找各种职业人做访谈（每个学生至少采访3个人，每组至少采访12个人）。如果不想找黑板上的职业作为采访对象，也可以自行去找其他职业作为访谈对象，但要让教师知道，且各组采访对象不得重复。访谈内容见附件（一）。在本次活动课之前的上课时间，各组报告采访的内容并说说自己在采访时的心情如何。报告完后，同学可以向该组组员询问相关问题，各组组员要给予回馈。

附件（一）职业访谈内容

（1）职业名称。

（2）它的主要工作内容是什么？

（3）主要工作场所是在室内或是户外？

（4）计薪方式是固定薪资，还是论件计酬？

（5）工作时间是固定，还是自行调配？

（6）做这一行需要经过哪些训练？

（7）从业者需要具备哪些特殊能力或个人特质？

（8）从业者的就业市场为何？

(9)从业者在其职业上曾经面临过哪些压力或困境?

(10)从业者对其职业的成就感主要来自于哪一方面?

(11)从业者为何当初想要选择这一行职业?

(12)从业者对目前生活的满意程度?(由1到5,1最小,5最大)。

(13)从业者认为这份职业未来的发展机会为何?

2. 预先制作几种职业小卡片,如附件(二)

附件(二)职业小卡片

机械工人	音乐家	建筑师	教师	刑警、侦探
体育选手	新闻记者	服装设计师	飞行员	法官
医生	公务员	外交人员	作家	司机
美容师	画家	计算机工程师	商人	农民

3. 歌曲《我的未来不是梦》

4. 生涯规划表

辅导方法

讲解法、讨论法、角色扮演法、纸笔练习法等。

活动过程

1. 暖身游戏——"你演我猜"

教师拿出预先制作的职业小卡片,再从班级上选出几位同学上来抽选,并表演该卡片上的职业(不出声,仅由肢体动作),让其他同学猜是何种职业。(约6分钟)

2. 转换阶段——"同学会"

要求同学幻想十年后,各自已从事自己向往的职业,而今日聚在一起开同学会,让同学自由发表演说,向其他人说说自己当初为何选择此职业、如何达到此目标及十年后自己所希望的生活状态。

(1)组内分享(充分参与、体验、互动)

(2)选出一两个代表全班分享

3. 工作阶段——"生涯规划"

(1)填写"生涯规划"表

请你设想一下,在未来的日子里,你将拥有什么?和什么人在一起?在每个年龄阶段,什么对你来说是最重要的?什么又是你最排斥的?(家庭、事业、财富、地位、特长等)

每个人都能在一定程度上把握自己的命运，因此，有必要对自己的人生做出规划。请你思考并填写下表（每人发给一张表格纸）。

表5-2 "生涯规划"表

年龄阶段	我的人生目标
15～20 岁	
20～25 岁	
年龄阶段	我的人生目标
25～40 岁	
40～60 岁	
60 岁以后	

(2)判断现状

此时你正处于哪个阶段？这个阶段有什么特别之处？这个阶段最重要的事情是什么？结合自身情况，制订此阶段的具体行动计划，写在"生涯规划"表的下面。

(3)全班分享

4. 总结阶段"谈感受"

(1)学生自由发表感想，说说通过今天的活动自己有什么收获和感悟

(2)教师总结

有人说："没有规划的人生，就像是没有目标和计划的航行，多数会陷入困境的沼泽。"规划，就是将未来的生活状态摆放在面前，并分析为了达到未来那种生活状态，现在需要做什么。今天都规划了我们美好的未来，使我们有了前进的方向和动力，但还有最重要的一个环节没有做——那就是行动。

展示课件，师生共同朗诵：我的幻想毫无价值，我的计划如尘埃，我的目标不可能达到。一切的一切毫无意义——除非我付诸行动。我现在就付诸行动！

同学们，让我们行动起来，努力加油，我们美好的理想一定会实现！

(3)在同唱歌曲《我的未来不是梦》中结束

延伸阅读

[1]钟志农. 心理辅导活动课操作实务[M]. 宁波：宁波出版社，2007.

[2]吴增强，蒋薇美. 心理健康教育课程设计[M]. 北京：中国轻工业出版社，2007.

[3]田文. 中小学心理健康教育活动设计与实施[M]. 北京：清华大学出版社，2013.

[4]常小青. 直击新课程学科教学疑难[M]. 北京：教育科学出版社，2014.

第六章　中小学心理咨询与心理辅导

本章导读

1. 心理咨询的含义。

2. 心理咨询与心理辅导、心理治疗几个相关概念的内涵。

3. 心理正常与心理不正常、心理健康与不健康的区分。

4. 中小学心理咨询的形式及一般过程。

5. 中小学心理咨询的方法和原则。

6. 心理健康与咨询教师应具备的素质。

7. 心理咨询室设置要求。

案例6-1　孩子"偷"拿了家里的钱该咋办

　　某七年级男生小峰，5岁时父母离异，跟随母亲一起生活，母亲靠打零工维持生计，没有时间和精力照顾小峰。一天中午他放学回家后看到家里的抽屉里放有500元，喜爱上网的他看妈妈不在，就拿了100元。妈妈发现后，非常愤怒，对他进行了严厉的训斥和抽打，并指出这是偷盗行为，表示对小峰已经失望，对自己的生活也失去了信心。小峰感到事态严重，死活不承认钱是自己拿的。可妈妈并没有就此罢休，之后总趁小峰不在的时候翻看他的书包。终于有一天，妈妈翻书包的行为被小峰看到了，他对自己和妈妈都失去了信任和信心，开始吸烟、酗酒，和社会上不三不四的人混到了一起，打架斗殴、离家出走，成了问题学生。

第一节　心理咨询概述

一、心理咨询的内涵

　　咨询（Counseling）一词来源于拉丁语 Consultation，基本含义为商讨或协商，也有考虑、反省、深思、忠告、交谈等意思。咨询一词在中国，最早载于古籍《书舜典》，"咨"表示商量，"询"则为询问的意思。由此可见，"咨询"的基本含义就是"通过商谈寻求帮助"。

心理咨询英文为 psychological counseling，也有人译作"心理辅导"，它是一个涵盖非常广的概念，涉及职业指导、教育辅导、心理健康咨询、婚姻家庭咨询等诸多方面。从它的本意来看，它既代表着心理学的一个分支学科——咨询心理学，也代表一种工作——心理咨询服务。心理咨询的发展历史虽有近百年，但至今有关心理咨询的内涵与外延仍旧众说纷纭。没有哪一种已知定义得到专业研究者的认可，也没有哪一种定义能简洁、明了地反映出心理咨询工作的丰富内涵，各种解释往往随着咨询理论流派及职业特点等的不同而有很大差异。

美国人本主义心理学家罗杰斯认为，心理咨询是通过与个体持续的、直接的接触，向其提供心理帮助并力图促使其行为态度发生变化的过程。心理咨询是一个过程，其间咨询师与来访者的关系能给予后者一种安全感，使其可以从容地开放自己，甚至可以正视自己过去曾被否定的经验，然后把那些经验融入已经转变的自己，做出统合。他特别强调人际关系在咨询过程中的重要性，相信人可以通过对自己的重新认识达到自我改变。

当代美国心理学家帕特森（C. H. Patterson，1967）认为，咨询是一种人际关系，在这种关系中咨询人员提供一定的心理氛围和条件，使咨询对象发生变化，做出选择，解决自己的问题，并且形成一个有责任感的独立的个体，从而成为一个更好的人和更好的社会成员。

美国《哲学百科全书》提出心理咨询有六个方面的重要特征：①着重于正常人；②为人的一生提供有效的帮助；③强调个人的力量与价值；④强调认知因素，尤其是理性在选择和决定中的作用；⑤研究个人在制订总目标、计划以及扮演社会角色方面的个性差异；⑥充分考虑情境和环境的因素，强调人对于环境资源的利用以及必要时改变环境的能力。

1984 年国际心理科学联合会编辑出版的《心理学百科全书》肯定了心理咨询的两种定义模式——教育模式和发展模式，认为"咨询心理学始终遵循着教育的模式，而不是临床的、治疗的或医学的模式。咨询对象（而不是患者）被认为是在应付日常生活中的压力和任务方面需要帮助的正常人。咨询心理学家的任务就是教会他们模仿某些策略和新的行为，从而能够最大限度地发挥其已经存在的能力，或者形成更为适当的应变能力。"该书还指出："咨询心理学强调发展的模式，它试图帮助咨询对象得到充分的发展，扫除其成长过程中的障碍。"

《中国大百科全书·心理学》对心理咨询是这样定义的："一种以语言、文字或其他信息为沟通形式，对求助者予以启发、支持和再教育的心理治疗方式。其对象不是典型的精神病患者，而是有教育、婚姻、职业等心理或行为问题的人。"

《心理学大词典》对心理咨询的定义是："对心理失常的人，通过心理商谈的程序和方法，使其对自己与环境有一个正确的认识，以改变其态度与行为，并对社会生活有良好的适应。心理失常有轻度的，有重度的，有属于机能性的，有属于机体性的。心理咨询以轻度的、属于机能性的心理失常为范围……心理咨询的目的，就是要纠正心理上的不平衡，使个人对自己与环境重新有一个清楚的认识，改变态度和行为，以达到对社会生活有良好的适应。"

综上所述，我们尝试给心理咨询如下定义：心理咨询是指运用心理学的理论和方法，通过适当的方式，给咨询对象以帮助、启发、指导的过程。其目的是帮助咨询对象避免和消除不良心理因素的影响，并在认识、情感和态度上产生积极的变化，从而有效地解决学习、工作和生活等方面出现的各种问题，更好地适应环境，发展自我，增进心理健康。

对于中小学心理健康工作者来说，要正确理解心理咨询的涵义，应着重把握以下三点。

第一，心理咨询遵循的是教育模式，而不是医学模式。心理咨询的对象是有心理困惑和心理问题的正常人，而非神经症、人格障碍、行为障碍的病人；心理咨询是在意识层面进行的，更重视其教育性、支持性、指导性，重点帮助来访者找出问题症结所在，改变认识的行为方式，充分利用现有条件达到其所追求的目标。

第二，心理咨询过程是助人成长、助人发展的过程。通过咨询师和来访者之间建立良好的关系，帮助来访者摆脱消极情绪的困扰，以促进自身的成长和改变，达到最佳的发展水平，体现心理咨询"助人自助"的特点。

第三，咨询工作的主要方式是谈话，咨询师的基本技能之一是倾听。虽然在咨询过程中，咨询师可以有选择地采用一些其他方法，如沙盘游戏、心理测验、小组讨论等，但这些都是辅助性方法，其最基本、最主要的方法还是咨询师与来访者双方的交谈。

二、心理咨询与心理辅导、心理治疗之间的关系

心理咨询、心理辅导与心理治疗都是由国外介绍到中国并翻译成中文的。

（一）区别

1. 内涵不同

心理咨询一词，既表示一门学科，是近些年发展起来的心理学分支学科，即咨询心理学，也可以表示一种心理技术工作，即心理咨询服务。作为一种技术与服务的心理咨询，其含义是：运用心理学的理论和技术，借助语言、文字等媒介，与咨询对象建立一定的人际关系，进行信息交流，帮助咨询对象消除心理问题与障碍，增进心理健康，发挥自身潜能，有效适应社会生活环境的过程。

心理辅导（psychological guidance）是学校教育工作中，根据学生心理发展的特征与规律，在一种新型的建设性的人际关系中，由相关专业人员，运用心理学等专业知识技能，设计与组织各种教育性活动，以帮助学生形成良好的心理素质，充分发挥个人潜能，进一步提高心理健康水平的过程。心理辅导一词是中国香港和台湾地区学校心理健康教育活动中常用的概念，中国大陆过去使用的不是很普遍。近年来，有些学者才开始使用这一词，但是其含义具有广泛性，多数情况下是指心理健康教育，有时还可发现这两个概念互用。

心理治疗在英语中有时被称为"心理治疗"（psychotherapy），有时直接被称为"治疗"（therapy）。心理治疗的含义是指在良好治疗关系的基础上，由经过专业训练的治疗者运用心理学的有关理论和技术，对当事人进行帮助，以消除和缓解当事人较严重的心理问题和障碍，促进其人格向健康协调方面发展，恢复其心理健康的过程。

2. 三者在工作对象、工作性质、工作目的、手段方法等方面存在不同

心理咨询面对的工作对象范围比较广，主要为普通人群，工作性质主要是解决一个人发展中遇到的问题，即来访者经临床诊断不具有心理疾病。咨询的目的是帮助来访者走出人生的低谷，改变认知，重新树立生活的信心，回到正常的生活工作中来。

心理辅导主要指在学校中针对发展中的学生在发展的不同阶段出现的共性或个性的问题，通过课堂教学、团体或个别辅导等形式帮助正在成长中的青少年，使他们顺利健康发展，为将来发展奠定良好的心理发展的基础。

心理治疗面对的工作对象则是经临床心理诊断有心理疾病的人群，工作性质属于医学领域，主要是通过专业心理治疗手段、药物治疗等方法帮助心理疾病患者摆脱疾病困扰，回到正常生活的轨道。

3. 对工作人员的要求、工作地点不同

心理咨询从业者要求受过专业培训，并且有一定的资质，工作地点可以是

学校，也可以是社会上有资质的从业者开设的心理咨询机构，现在一些医院也开设心理咨询门诊，多数挂靠在神经内科，工作人员由医院神经内科的医生担任。

心理辅导工作地点主要是在学校，由受过心理学专业培训的教师担任。现在普遍的观点是每一个教师都是心理辅导工作者，每个教师都承担着学生心理健康教育的任务，课堂教学是学校进行心理健康的主渠道，学校中的心理健康教育要全体教师共同参与、面向全体学生。

心理治疗主要在医院中，由受过心理学、医学专业培训的医生来进行，在我国目前很多地方不仅有专门的心理治疗门诊，还有专门的心理治疗医院，并且已经积累了一定的心理治疗的临床经验，治疗方法已经开始从起步逐渐走向成熟。

（二）联系

心理咨询、心理辅导与心理治疗三者虽然有区别，但是在具体操作过程中，三者经常需要共同发挥作用，很难把三者截然分开。三者都强调双方要建立一种民主、平等、和谐的关系，而心理辅导就是在心理咨询范围下的一个具体操作过程，心理治疗也需要心理咨询和心理辅导的技术，所以对于从事心理咨询、心理治疗和心理辅导的工作者来说，要掌握从事此项工作的主要技术与技巧，同时也要懂得其他相关的技术操作。确切地说，心理咨询与心理辅导偏重于心理问题的预防、发现与干预，心理治疗偏重于心理疾病的诊断、治疗与矫正。对于在中小学开展的心理健康教育，更多的是侧重心理咨询与心理辅导，帮助学生解决发展中遇到的问题。

为了更清楚地理解心理咨询、心理辅导、心理治疗之间的关系，我们可以用下面的表格来显示。

表6-1　心理咨询、心理辅导与心理治疗的关系

内容＼概念	工作对象	工作方式	工作地点	工作目标
心理咨询	遇到心理问题的正常人	个别咨询为主	学校、社会心理咨询机构	预防与发展
心理辅导	以正常学生为主	以团体辅导为主	以学校为主	促进发展
心理治疗	心理异常患者	个别	心理治疗机构	矫正与治疗

第二节 中小学心理咨询的形式及一般过程

一、中小学心理咨询的分类

(一)根据心理咨询的性质可以分为发展咨询和健康咨询

发展咨询是中小学心理咨询中最常见的咨询种类,解决的是中小学生在成长过程中遇到的困惑和障碍,如入学适应、青春期常见的心理困惑及应对、学习困难、同学关系处理等,都属于学生发展中遇到的问题,这些问题有的学生通过自我成长能够解决,但有的就需要借助心理咨询的力量帮助学生解决发展中遇到的困扰和障碍。

学生在发展过程中遇到的挫折与打击,使自己正常的心态遭到破坏,出现愤怒、压抑、焦虑、抑郁、自卑、孤僻,甚至悲观厌世等不良情绪困扰,影响正常的学习生活,有的不良情绪会时过境迁自行消除,有的可以通过学生自我调节主动解决,但有的学生通过自身力量无法排解时,就需要通过心理咨询的外力帮助其走出情绪的低谷,回到正常的健康学习生活的轨道。健康心理咨询关注的就是这些方面的问题。

(二)根据咨询的人数可以分为个别咨询和团体咨询

个别咨询是咨询师针对中小学生出现的个别问题建立一对一的咨询关系,解决学生发展中出现的个别问题。个别咨询在中小学教师日常工作中随时出现,这就要求中小学教师了解和掌握心理健康的知识与心理咨询的技能技巧,做学生心理健康的引路人。

团体咨询是通过团体内人际交互作用,促使个体在交往中通过观察、学习、体验、认识自我、探讨自我、接纳自我、调整和改善与他人的关系,学习新的态度和行为方式,以发展良好的适应能力的助人过程。团体心理咨询有感染力强、效率高、影响广泛等特点,适用于解决团体中的人际关系问题。但它的局限性也显而易见,一是在团体情境中,个人深层次的问题不容易暴露;二是难以照顾个人差异,处理不当容易在无意中伤害到个人;三是涉及个人隐私问题,不容易保密。所以团体咨询对咨询指导者要求更高。

（三）根据咨询次数或时间长短可以分为短程咨询、中程咨询和长期咨询

短程咨询可以是一次或 1～3 周完成咨询，解决的往往是学生中临时出现的一般心理问题，需要由专业的心理咨询师或者受过心理咨询专业培训的有经验的教师来完成。

中程咨询一般咨询在 4～8 次或 1～3 个月范围内，解决的往往是学生中出现的个别比较严重的心理问题，这种心理问题一般持续的时间比较长，已经明显地影响到学生正常的学习生活，对咨询师的要求更高更专业，咨询过程要求更加完整，方法更加规范。

长期咨询一般需要咨询 9 次以上或 3 个月以上，解决的是学生出现的严重的心理问题，这些问题已经严重影响到学生正常的生活学习，需要受过严格专业训练的有经验的咨询师来完成，并要有完整的心理咨询过程分析记录，在必要的情况下需要转介。

二、中小学心理咨询的主要形式

（一）面谈

这是中小学心理咨询常用的一种形式，通常是由心理咨询师或受过心理咨询专业训练的教师来完成。面谈可以是一对一的咨询，也可以是同时面对多个学生进行的咨询。但由于目前很多中小学心理健康工作存在很多实际问题：一是很多学校没有心理咨询室，即便有条件设置也很有限，难以发挥其真正的作用。二是中小学生在校期间有严格的作息时间，求助心理咨询帮助的时间受到限制。三是中小学生面对心理问题时还缺乏积极主动寻求咨询帮助的意识，所以中小学心理咨询的面谈更多的是。中小学教师在日常工作中随时遇到问题随时提供心理咨询帮助。这就对中小学教师心理咨询的能力提出了相应的要求。针对这种情况，需要对中小学教师进行全员心理健康知识与咨询技术培训，以解决实际工作中遇到的各种心理问题。

（二）网络咨询

随着互联网的迅速发展，越来越多的学生喜欢利用网络，如 QQ、微信、微博、电子邮件等与教师等人员进行心理交流，网络咨询由于方便快捷、经济实惠、可以匿名、可以保存等优势，在心理咨询中发挥着越来越重要的作用。

（三）电话咨询

由于通信设备的普通使用，更由于电话、手机等通信手段独有的优势，现在很多学生遇到心理问题可以通过打电话、发短信等方式进行求助，而且这种

求助不仅仅局限在师生之间，教师与家长之间也可以针对学生存在的心理问题进行沟通交流，这种咨询形式方便灵活，可以在遇到问题时及时沟通、解决。

（四）书信咨询

在过去通信不发达的年代，书信是人们进行交流的主要形式。随着社会的快速发展，这种传统的交流形式已经逐渐被各种通信手段和互联网等取代。但是由于纸质的书信有其特有的优势，如可以长期保存、通过笔迹可以更真挚地表达感情，特别是对于文笔好、字迹好的学生来说更能体现其优势，所以书信也是心理咨询的形式之一。

三、心理咨询的一般过程

这里所说的心理咨询过程是指在心理咨询室进行的面对面的咨询形式。一般情况下，心理咨询的基本过程包括建立咨询关系、收集资料、分析诊断、进行咨询、结束咨询几个环节。

（一）建立良好而有效的咨询关系

所谓良好而有效的咨询关系，是指咨询师与来访者之间存在一种相互信赖、充分理解、彼此坦诚相待的特定的人际关系。良好的咨询关系不仅能提供给当事人一种安全舒适感，同时也能促进来访者对咨询师的信任，进而提高自尊心和自信心，这是心理咨询能否顺利进行的前提。美国心理咨询专家拉斯（S. W. Russ）认为"咨询师和来访者之间建立一种坦率、信任的关系，是咨询过程中头等重要的事情，是有效咨询的前提条件。"美国咨询心理学家沃斯（J. W. Worth）说道："不好的开始会阻碍有效的互相影响，的确，如果开始实在不佳，也就意味着咨询双方关系的终结。"怎样才能建立良好而有效的咨询关系呢？最主要的是要自始至终体现人本主义思想。

人本主义思想虽然源远流长，但作为一种系统的心理学理论却是在20世纪五六十年代在美国兴起的，它是在以华生为代表的行为主义学派和以弗洛伊德为代表的精神分析学派之后发展起来的心理学的"第三势力"，其主要发起人是马斯洛，主要代表人物是罗杰斯。罗杰斯在心理咨询和心理治疗的实践中发现，华生的行为主义和弗洛伊德的精神分析理论和方法在心理咨询和治疗中都有其不可避免的局限性，而在一种开放的、鼓励的、真诚的咨询关系中会取得意想不到的效果，之后他在实践中进一步印证了他的理论，完善了人本主义的思想。人本主义思想的主要观点是：人的本质是积极的、向上的、建设性的、现实的和真诚的，有机体具有一种先天的自我实现的动机，它表现在人有最大限度发挥自己潜能的倾向，只要环境适当他们就会努力去实现积极的社会目标。人的本性是善良的或中性的，恶不是人性固有的，它是由人的基本需要受挫引起的，或是由不良文化环境造成的。因此，人本主义强调个人的尊严与价值，将人看成是理性的、可信任的，可以促进自我成长和潜能的开发，并能在社会生活中与人和谐地交往。

具体到心理咨询过程中，运用人本主义思想建立良好有效的咨询关系应该注意以下几个方面的问题。

首先，在心理咨询场所的设置和环境的布置上要考虑来访者的心理需求，体现人本主义思想。心理咨询场所的设置和环境的布置对来访者起着不可忽视的微妙的暗示作用，因为心理咨询过程是来访者心灵探索的过程，旨在使来访者毫无保留地袒露自我，宣泄自己的情感，反思自己的思想，所以心理咨询场所的设置和坏境布置是心理咨询中不可忽视的一部分。它首先应该给人一种安全、踏实、放松、舒适、温馨及充满生机的心理感受。例如，房间的大小要适中，光线要柔和，色彩要温馨，东西的摆放要别致高雅。另外，咨询时间的安排也是需要考虑的因素，时间不同给人的心理感受也不相同，哪个时段更方便进行心理咨询，效果会更好，这里既有共性也会因人因事而异。咨询师和来访者谈话的角度、距离、姿势等细节也是影响咨询效果的因素。在咨询期间应排除一切外部干扰，如嘈杂的环境、电话的打入、他人随意进入咨询室等，以此来保证来访者处于舒适、安静、放松的环境中，真正体现"以人为本"的宗旨，达到最佳咨询效果。

其次，咨询师本身要给来访者良好的第一印象，给来访者亲切、安全、可信任的感觉。比如，咨询中的态度，应该是自然大方、面带微笑、和蔼可亲、热情关切的，让来访者一见面就能产生亲切感和安全感，有想倾诉的愿望。另外在穿着打扮上，也要保持服饰整洁，不能太古板，但也不能太花哨，因为太古板会让人产生距离感，太花哨会让人产生不信任感。在举止上，要热情有度、大方得体。

最后，在咨询过程中要自始至终体现出三种重要态度，即共情、无条件尊重、真诚。第一是共情。也就是咨询师必须站在来访者的立场上感同身受，并将这种感受传递给来访者，达到情感上的交流和共鸣，而不是把自己认为正确的主观的看法强加给来访者，要防止走入把心理咨询等同于思想品德教育思想的误区。例如，某学生因家庭贫困产生退学的念头，带着这个问题来到心理咨询室，作为咨询师应首先给来访者充分的时间表达自己的感受，然后站到对方的角度去体验他的感受，对他的处境和想法表示同情和理解，然后帮助他从现实和长远的角度分析退学的利弊，帮助他找到切实可行的解决问题的途径和办法，而不应轻易表现出不理解、不支持。第二是无条件尊重，通常情况下，来访者会带着郁闷的心情前来咨询，在咨询过程中可能会产生不冷静、不合作的态度，无论来访者处于什么样的心境，表现出什么样的态度，咨询师都要表现出热情、积极和不做判断的态度，允许他们拥有自己的情感，哪怕是消极的情感，但咨询者的态度应让来访者感受到，帮助他们自己发现问题，了解自己，发生积极的改变。例如，一名学生垂头丧气地来到咨询室，说觉得活着没意思，认为活着不如死了好，甚至想皈依佛门，如果咨询师不接纳他的人生态度，说"真想不明白你年纪轻轻怎么会有如此可怕的想法"。这样不尊重、不接纳的态度很难建立起良好的咨询关系，达到好的咨询效果。因此，咨询师应采取宽容和接纳的态度，对来访者的着眼点放在"人"上，而非"他是怎样的人"上，同时通过关注聆听和非批评性语言来表达对来访者的尊重。第三是真诚，真诚不仅意味着诚实，而且还应让来访者找到支持性的、安全的感觉，这就要求咨询师无论在言行上还是情感认识上都要让来访者感觉到双方在共同体验某种感受，很开放、很自然、很真诚地投入咨询过程中，自由坦诚地表达自我，但并不能简单地把真诚理解为实话实说，面对来访者，自己的言行必须有助于来访者解决问题。

应当指出，良好而有效的咨询关系的建立是一个贯穿于咨询全过程的任务，在咨询的各个阶段都应十分重视这一点，而且在咨询过程的开始阶段，这项工作尤为重要。

（二）收集来访者资料信息

作为咨询师，在接待来访者时，要想对他们有所帮助，要想明确他们的问题所在，就要对来访者的各种情况有所了解，收集有关来访者的各种信息资料。虽然在最初的咨询中很难获得全面具体的资料，但至少要对来访者的个人情况有大致的了解。了解来访者的资料信息多在咨询开始时进行，可以让来访者填写个人基本信息，需要注意的是有的来访者不愿意透漏更多的个人信息，不愿意让咨询师知道他们的真实身份，那样的话也不要勉强，但这就要在咨询过程中根据情况随时了解和掌握与咨询对象直接相关的信息。收集资料信息的目的是为了弄清来访者心理问题产生的根源，因为来访者的心理问题往往都与他的经历，特别是经历的挫折或创伤有关。只有找到心理问题产生的根源，才能把握从何入手去深入分析他们的问题，并帮助他们解决问题。

1. 收集来访者资料信息

通常情况下，咨询师收集来访者的资料信息包括以下几方面。

（1）来访者的基本情况

基本情况包括姓名、性别、民族、年龄、籍贯、家庭地址、所在学校与班级等。

（2）来访者前来咨询的主要问题

主要问题包括出现了哪些心理问题或行为问题，这些问题产生与持续的时间、诱因，对学习和生活产生了什么影响等。

（3）来访者的家庭背景

如家在农村还是城镇、家庭成员的组成、父母的职业、文化程度、对子女的教育方式、宗教信仰、个性特征、健康状况等，特别要了解家庭氛围与亲子关系的状况。

（4）来访者的个人成长经历

了解来访者从出生到现在的整个成长过程，如从小是否在父母身边、在什么样的家庭环境下长大、父母对自己的关爱程度、是否是独生子女等。特别注意，要了解来访者有没有特殊的成长经历，如是否曾经遇到过较大的挫折或刺激、是否遭遇过性骚扰等。这些经历对有智力障碍、性格障碍与行为问题的来访者尤为重要，因为这些经历往往是形成来访者心理问题或行为障碍的根源。

（5）来访者在校情况

在校情况包括在校的学习情况、兴趣与爱好、与教师同学的关系、是否担任班干部、是否积极参加集体活动等。

（6）身体健康状况

如身体是否有残疾、是否得过大病、是否容易疲劳、是否容易生病、饮食与睡眠情况等。

2. 收集来访者资料信息的途径

收集资料是咨询过程中十分重要的环节。一般来说，咨询师收集到的资料越多，对问题的把握和分析越有利。通常情况下，咨询师可以通过以下方式收集资料信息。

（1）填表

表格通常包含以下信息：姓名、性别、年级（年龄）、家庭住址、联系电话；家庭成员、父母职业、家庭出身等。一般情况下，在开始咨询前，要求来访者对表格进行填写，但需要咨询师灵活掌握，因为有的来访者不愿意透漏个人的具体信息，那就不要勉强，可以写化名、模糊的信息，但这些信息可以在咨询过程中通过交谈巧妙地掌握。

（2）观察

心理咨询上的观察法不是科学研究上的严格的观察法，而是我们日常生活中的观察，指的是咨询师在咨询过程中对来访者的动作行为、眼神、面部表情、身体姿势、语速语调等进行有目的的观察，以准确把握来访者的性格特点与情绪变化。使用观察法收集资料时要注意以下几点：①来访者来求助的心情是否迫切、态度是否真诚、内心是否紧张、情感动向及其表现方式；②来访者陈述的内容是否与他的内心感受一致，是否在谈话中故意回避要害的话题；③来访者是否充分地相信咨询师，是否与咨询师逐渐建立了良好有效的关系。通过观察，一方面可以了解到来访者真实心态与受情绪困扰的程度，另一方面可以通过观察及时调整咨询关系，把握咨询内容与节奏，便于建立良好的咨询关系。

（3）谈话

谈话是心理咨询中咨询师和来访者之间最主要的交流方式，也是咨询师了解来访者的主要方法。全神贯注的倾听是咨询师最基本的咨询技巧，要记住倾听本身也是对来访者的帮助。这就要求咨询师不仅要注意听来访者谈话的内容，更要恰到好处地运用面部表情、肢体语言、适当的提问和插话等情感反应来协助来访者讲清问题，让来访者在谈话中感受到咨询师的共情、尊重和真诚，引导他们自己发现问题，找到解决问题的好办法。通过关注、理解达到自我开放、自我认识，使自我的潜能得到发展。同时要注意谈话的技巧，避免过多的提问，因为过多的提问会使来访者产生依赖性，也可能对来访者产生暗示，影响咨询效果。此外，在谈话中要善于将封闭式谈话变为开放式谈话。所谓封闭式谈话就是事先对来访者的情况有个固定假设，而期望得到的回答只是印证这种假设正确与否。比如，"你与同学的关系相处得好吗？"提这一问题时咨询师可能心里有这样的假设：和同学相处得不好。同时也似乎向来访者传递着这种暗示，而回答只是肯定和否定两种，之后便很难继续下去。而开放式谈话就是给双方很大的谈话空间。比如，"具体说一下你与同学相处得怎么样。"这时来访者如果不拒绝，肯定会说得很坦诚，表达的内容也会很细致，咨询师就可以从中得到更多的信息。

（4）调查

使用调查法搜集资料信息一般在咨询后进行，运用这种方法的目的也是收集来访者的资料信息，以便更全面、更深入地了解其心理问题、行为问题与不良情绪产生的原因，达到更好的心理咨询的效果。比如，要想了解一个少年行为问题产生的原因，就有必要对该少年的双亲及教师进行调查，以了解该少年在什么时候、什么场合发生问题行为，以及当时双亲或周围的人是怎样对待和处理的。尽管从双亲和教师处得到的资料不一定都是客观的，但只要在这点上充分注意，这些资料就可能对该少年问题行为的了解提供重要线索。

（三）分析判断

这一阶段主要是通过收集信息，对来访者进行初步的了解，判断来访者的心理问题是什么性质以及心理问题产生的原因。在这一阶段需要注意的是以下几个方面的问题。

1. 确定来访者是否适宜做心理咨询

中小学心理咨询的主要对象是心理正常和有轻微心理问题的学生，当他们遇到适应、学习、人际交往等方面的发展性问题时，通过咨询师的帮助能够使他们从问题中走出来，回到正常的生活学习当中去。但也可能遇到比较严重的心理疾病、人格障碍或精神异常的学生，这就要求心理咨询工作者清楚地把握心理咨询服务的范围，哪些属于心理咨询的范畴，对于不属于心理咨询范畴的比较严重的心理障碍和精神异常的来访者，应及时与学校相关人员及家长取得联系，或建议去专门的心理治疗机构进行治疗。

2. 恰当使用心理测验

心理测验是根据心理学原理，使用一定的操作程序对人的认知、行为、情感的心理活动予以量化。心理测验是心理测量的工具，心理测量在心理咨询中能帮助当事人了解自己的情绪、行为模式和人格特点。心理测验能比较客观地分析来访者的心理特征或问题，它既可以检验咨询师的初步判断是否正确，还可以帮助进一步诊断分析来访者的问题。但在使用心理测验时要注意以下几点。

（1）要谨慎恰当地使用测验量表

很多学生对心理测验感兴趣，甚至有些教师也喜欢用心理测验量表对学生进行所谓的心理测试，但事实上在真正的心理咨询过程中，心理测验并不是咨询师常用的手段，只是在必要的时候才选择用测验量表对来访者加以测量，以便更准确地把握来访者的情况，更好地进行心理咨询与心理帮助，而心理测验的使用者必须经过严格的专业培训。心理测验的两个重要的指标就是信度（reliability）和效度（validity）。所谓信度，是指测量的一致性程度。一个好的测量工具必须稳定可靠，即多次测量的结果要保持一致，否则便不可信。效度是指一个测验有效地测量出所需要的心理品质，即测量工具能测出其所要测量特质的程度。在选择心理测验量表的时候一定要重视这两点，咨询师不要选用信度和效度都很低的量表对学生进行心理问题的判断，因为那样只会使咨询工作陷入被动，甚至对学生身心发展产生负面影响。同时要知道任何心理测验量表都有一定的适用范围，超出一定的范围，测验的效度和信度就不可靠了。

（2）测验目的要明确

给被测验者的任务要清楚，以便使被测验者能按标准的要求进行作业。

（3）要注意对测试者的隐私加以保护

在未征得测试者同意之前，不能公布测试者的心理测试结果，即使由于教学科研等方面需要公布，也要对测试者具体真实身份予以保护。

（4）要有严格的程序

从心理测试准备，到心理测试实施，再到心理测试结果的分析评判，都要遵循严格的程序。

（5）心理测试的结果不能作为唯一评定的依据

应结合多种方法，做出客观评价，不能将心理测试作为唯一的评定依据。

3. 确定来访者问题的类型、形成的原因及深层心理机制

确定来访者问题的类型首先要区分其心理活动是属于正常还是异常，可以从前面所述心理正常与异常的标准来加以分析判断，即看其心理表现是否与客观现实一致并反映客观现实，心理表现是否完整协调，个性心理表现是否完整协调和稳定。

另外，可参考精神疾病的分类方法，将来访者的问题纳入相应的类别中去，以缩小处理方法的选择范围。按照中华医学会精神疾病分类标准（1984），儿童的心理障碍可分为儿童多动综合征、品行障碍、特殊功能发育迟缓、特殊症状或综合征等类型。在临床咨询中也可以根据问题现象对来访者的问题进行归类，一般来说有如下几方面问题：情绪困扰问题、人际关系问题、学习问题、智能发展问题、个性发展问题、青春期问题、问题行为、升学或职业选择问题等。

明确了问题的类型，有必要进一步弄清问题形成的原因及深层心理机制。问题形成的原因多种多样，可能与来访者看问题的方法、性格特点、家庭、学校的环境背景有关，也可能与其身体发育、健康状况有关。因为可能的原因非常多，咨询师需要边提问边分析，一个个地排除或证实某些可能性。有时一个问题在某个人身上发生往往是几种原因同时作用的结果，这就要求咨询师通过对掌握资料的系统分析，形成整体性的认识，在此基础上找出问题的症结所在，弄清问题的来龙去脉。

有时在来访者的问题和症状背后除了表层原因以外，还有某种更深层的心理机制。这时咨询师要能通过表面的问题和症状挖掘出来访者的深层心理机制。例如，一个课上爱出怪声怪调的小学生，表面上看来是不遵守课堂纪律，而其深层的心理原因是该学生想用怪声怪调来吸引教师和同学的注意，以满足自己对归属及爱的需要。一个不敢与异性交往的学生，甚至见到异性就害怕、紧张、哆嗦，很可能家庭教育存在问题或者曾经遇到过异性的伤害。但来访者

往往并没有意识到问题的根源，或者极力回避曾经的伤害或者兜圈子，顾左右而言他，这就需要咨询师向来访者说明心理咨询的基本原则是保密，让来访者放下包袱，敞开心扉，准确找到问题的症结，以便帮助来访者解决问题。

在分析阶段，明确了来访者问题的类型，形成的原因和深层机制，就为下一步制订咨询目标和采取有效的咨询与治疗措施做好了准备。

（四）确定咨询目标

一般来说，针对中小学生的心理咨询目标有以下几种。

1. 帮助来访者获得积极的自知，激发来访者的自尊与自信

由于目前社会上一些人对心理咨询、心理问题、心理疾病还存在着认识上的误区，以至于一些人还不敢大大方方地寻求心理咨询帮助，导致问题更加严重。所以应该让来访者知道，在一个人的学习、生活、工作中，都会遇到这样或那样的心理问题，就像每个人都难免生病一样，是很正常的事情，不要夸大问题的严重性，更不应该背上心理包袱。

2. 协助来访者调整不良情绪，变消极情绪为积极情绪

一般情况下，来寻求心理咨询帮助的学生处在情绪的低谷，心理咨询很重要的一项功能就是咨询师耐心地倾听来访者的倾诉，倾诉之后，来访者的消极情绪就会大大地得到释放，这也是心理健康很重要的一个途径，实际上来寻求心理咨询帮助的来访者很大一部分并不一定要从咨询师那里得到什么指点和帮助，只是心中的消极情绪无处释放，通过在咨询师面前释放之后，问题基本上就得到了缓解，这种情况更多地在成年人的咨询中出现。至于中小学生，虽然不像成年人那么明显，但一个人的消极情绪释放之后，就会逐渐从低谷中走出来，回到正常的生活轨道上来。

3. 协助来访者调整认知方式，重建认知结构

因为青少年学生还处在人生重要的发展上升阶段，他们认识问题解决问题的能力还很有限，人生观、世界观还处在形成阶段，毕竟知识经验和社会阅历还不足以让他们能解决实际生活学习中遇到的各种问题，所以帮助学生成长，调整他们认知中存在的偏差，找到新的认识问题的角度，是中小学心理健康教育的主要任务。

4. 协助来访者采取建设性的行动，获得健康的行为方式和生活方式

通过消极情绪的释放，调整认知，咨询师要协助来访者对遇到的问题进行分析，找到应对问题的办法，以积极的方式面对生活中遇到的心理问题。

5. 协助来访者进行心理训练

心理问题的解决有其独有的方法，针对来访者遇到的心理问题和来访者的

具体情况，咨询者可以帮助来访者进行相应的心理训练，通过有针对性的心理训练，逐渐解决心理问题。

6. 必要时通过适当的方式与来访者的家庭或有关方面取得联系，帮助来访者调整外部环境

对于中小学生来说，心理问题的出现更多与家庭、老师有关，所以在必要时要与来访者的家庭、老师进行沟通，取得他们的理解和配合，本着对学生负责的态度共同解决学生发展中遇到的问题，为学生发展提供健康的外部环境。

（五）选择咨询的方式方法

中小学心理咨询常用的方法有以下几种。

1. 支持

咨询师通过提供一种对来访者有利的外在环境和良好的人际关系，真诚地对对方好的行为予以表扬、鼓励和支持等方式可以减轻对方的焦虑，促进其积极行为的增长。

2. 了解与领悟

咨询师通过帮助来访者进行内心的探索或帮助，让其父母、教师了解其心理问题的深层心理机制，就会减轻来访者及其父母过重的心理负担，明确解决问题的基本方向。

3. 训练与学习

可以适当地利用奖赏、处罚，消除不适合的旧行为，增强合适的新行为，同时用适当的程序来训练新的适应行为方式。同时还要注意，不仅要训练来访者行为的改善，还包括观念与态度的转变，帮助其建立一种比较积极、有效的基本态度。

4. 促进成长

咨询的作用，旨在帮助排除可能的阻碍，让他们有机会成长，从过去的经验里学习新经验，从新知识里学到克服困难的本领。

（六）结束咨询

在来访者问题基本解决的情况下，就可以考虑结束咨询。结束应逐渐进行，以免由于咨询这种特别的人际关系的突然中断而造成来访者新的心理不适。这一阶段，咨询师要向来访者指出他在咨询中已取得的成绩和进步，并指出还有哪些应注意的问题。结束咨询一般可以分三个步骤进行。首先，综合所有资料做结论性解释，使来访者得到对自己更清楚的认识，以便应付将来的心理生活。这种综合性的评语、建议，容易使来访者铭记在脑子里可以诱导他掌握处世待人的方法，帮助他继续成长。其次，帮助来访者举一反三，学习应用

咨询获得的认识、经验。心理咨询的最高目的是来访者能把在咨询过程当中学到的新知识、新经验应用到生活中，达到发展、成长，更重要的是来访者以后不需要他人帮助，自己也能帮助自己继续学习、发展成为更成熟的人。最后，帮助来访者愉快自然地结束咨询。

由于心理咨询是一种特殊的人际关系，在咨询过程中有的来访者可能对咨询师形成依赖或出现移情，这时可采用以下三种办法结束咨询：一是告诉来访者你充分相信他已经能够依靠自己的力量解决自己的问题，并准备给他一段时间去考验和锻炼自己；二是采取渐次结束的办法，即逐渐减少会谈的次数，在不知不觉中停止咨询；三是明确决定停止日期，可以再过一段时间让来访者来反馈结果，追踪咨询后的情况。

总之，青少年心理咨询过程就是建立一种情境，在坦诚积极的气氛中，通过双方有效的相互作用，协助来访者探明问题与解决方法，实现建设性行为改变的目的。

四、中小学心理咨询的原则

(一)主动自愿原则

主动自愿原则指的是每一次咨询都是以来访者主动前来寻求帮助为前提，咨询师不能以任何形式强迫来访者接受或维持心理咨询。这一原则是由心理咨询的自助目标决定的，也是由咨询过程中双方关系决定的。来访者必须意识到自己的困惑和问题，有自我改变的愿望和动机，并积极主动寻求帮助，这才有可能达到咨询的效果。如果违背来访者的意愿，或者来访者是由家长或者教师强迫来接受心理咨询，就背离了心理咨询的本意，咨询师也难以与来访者建立良好的人际关系，也就谈不上心理咨询的效果了。

(二)信任信赖原则

人本主义认为，人有自由意志，有自我实现的需要，只要环境适当，他们就会努力去做，因此，强调人的尊严和价值。人性是中性的或善良的，恶不是人固有的，是由人的基本需要受挫引起的，或由不良文化环境造成的。人本质上有理解自己、解决自己问题的潜能，人在一种尊重信任的气氛中将会有发展积极态度的倾向，中小学生心理上出现的很多问题往往是由于不良的人际关系或不良文化环境等外在因素造成的，一旦消除了不良的人际环境就会减轻乃至消除其心理困扰，咨询人员信任的态度会使他们有信心解决自身的心理问题。

(三)理解支持原则

一个人成长过程中存在着多种需要，在不同的年龄阶段不同的时间段又会产生不同的需要。当一个人的合理需要长期得不到满足时，就会出现心理问题。中小学生有学习的需要，也有玩耍娱乐的需要；有与同性朋友交往的要求，也有与异性朋友交往的要求；有对物质的需要，也有精神层面的需要。作为家长、教师、学校要充分考虑中小学成长过程中的各种需要，并在一定程度上满足他们的合理需要。但实际情况是，一些父母或教师往往过分重视学习而忽略其他正当需要，如学生的交往需要、被尊重的需要、玩耍的需要等，这是导致青少年产生心理问题的重要原因之一，也是他们产生行为问题的重要原因，因此咨询师的理解支持显得尤为重要。不仅如此还要进一步与家长、教师进行沟通交流，让他们对孩子多一分理解与支持，站在孩子发展的角度思考问题，家长要与孩子一起成长，教师要对孩子多一些尊重，学校和社会要为学生的健康成长提供更宽松的环境和更完善的设施。

（四）非指导性原则

非指导性原则也叫成长性原则，即咨询师对来访者的思想和行为表现不予任何是非判断，而是鼓励对方自己去判断。这一原则的理论基础是美国心理咨询家罗杰斯的"以人为中心"的心理咨询理论，这一理论认为每个人都有成长的潜能，都有自我实现的需要，只要条件允许，他就会努力去实现。心理咨询的任务，就是启发和鼓励来访学生发挥潜能，并促进其成熟或成长，而不是告诉他应该怎么做和不应该怎么做，是帮助来访者自己去判断自己的行为表现，与他共同分析探讨解决问题的途径，以及哪个途径最有利于问题的解决，最终由来访者自己得出结论。但值得指出的是，由于中小学心理咨询面对的是正在成长中的青少年，他们的人生观、世界观还没有形成，缺乏分析问题解决问题的能力，甚至还缺乏判断是非对错的能力，所以对咨询师的启发分析很可能还不能很好地理解，不能做出恰当的选择，或者即使理解了也很难在具体操作过程中很好地把握，缺乏自我调整与调控的能力，所以非指导性原则在中小学生中需要灵活运用，还需要教育发展原则来补充。

（五）教育发展原则

中小学生的心理问题有些是不良环境造成的，有些是由于其缺乏判断是非对错的能力、心理发展不成熟、自控能力较差或缺乏社会经验等内在因素造成的。对于后者，咨询师有必要对其进行教育和指导，使其向着更成熟、更社会化的方面发展。对这样的学生，咨询者在态度上应友善温和，但同时应适当地给予严格的限制。同时咨询师要清楚地把握心理咨询与思想品德教育的区别，不要从对与错，道德与不道德来对学生的思想和行为进行评判，要对学生的思想和行为进行分析指导，帮助其成长。例如，学生打架、骂人、旷课等行为，从思想品德教育的角度来讲是错误的，应该受到批评和惩罚，但从心理咨询的角度来看，没有对错之分，他之所以打架骂人旷课是有原因的，咨询师站到学生的角度帮助其分析，提高其自我分析、自我教育、自我提高的能力。

（六）保密性原则

通常情况下，来访者前来心理咨询是需要很大勇气的，他们一方面怕别人知道自己来寻求心理帮助，另一方面怕自己的隐私被咨询师知道后无法保密。因为来访者心理问题的根源往往是从没向任何人说起的隐私，咨询师要严格遵守心理咨询的保密性原则，这是心理咨询的基本原则，也是心理咨询的通用原则，是咨询人员最基本的职业道德，是取得咨询良好效果的保证。如果心理咨询师违背了保密性原则，后果的严重性将不堪设想。心理咨询中的保密性原则应包括以下内容：

①除非征得来访者同意，不得向其父母、教师、朋友谈及其隐私；

②不能在报刊上报道来访者隐私，典型案例分析须注意文字技巧；

③除有关心理咨询人员外，不允许任何人查阅心理档案；

④除来访者触犯刑律，并经公检法机关认定证明外，任何机构和个人不得借用心理档案；

⑤有的心理疾病是不适合告知来访者的，一旦告知反而会增加来访者的心理负担，引发来访者焦虑，有可能使问题更加严重。

为了保证来访者和其他人的生命和人身安全，属于下面两种情况可以与相关人员取得联系，但也不要扩大范围：一是来访者有明显的自杀倾向或是比较严重的心理疾病，二是典型的伤害性人格障碍或精神分裂症倾向。

（七）助人自助原则

每个来访者都有独立的人格，有自己的尊严和价值，咨询师不能替代来访者解决问题，而要促使来访者自觉、自知和自助。初次进行心理咨询的人，最常犯的通病就是给人以劝告，或者急于告诉来访者你得的是什么心理疾病，似乎还有一种成就感，或者告诉来访者遇到了什么问题应当怎样去做，甚至有时打断来访者的谈话，按自己预定的模式去归类，然后告诉其解决问题的办法，这就把来访者放在一个被动的地位，不利于来访者成长，也与心理咨询目标相违背。

（八）践行性原则

中小学心理咨询的重要目标之一就是帮助来访者矫治不良行为习惯，这不仅需要来访者调整认知，还需要一定的训练和不断的实践。可以通过自知—自学—自制—自抉这样一个过程不断向前推进，要求"步步高升"来贯彻践行性原则。自知，即恰如其分的自我认知；自学，主要是来访者在咨询中自己学习；自制，在咨询中鼓励来访者主动运用理智克服情感，成为能够控制自己与环境的主体；自抉，指来访者消除逃避与依赖他人的心理，减轻犹豫不决的程度，自行做出明智的选择与决定。

（九）成功感原则

心理咨询最终目标的实现，与来访者不断获得成功有直接的联系。咨询师可以采取以下办法使来访者获得成就感。

第一，客观实事求是地帮助来访者分析问题，让他们放下包袱，因为事情往往没有他们想得那么糟糕。一些人遇到心理问题只是一时找不到解决问题的办法，或者人为地夸大问题的严重性但自己并没有认识到，甚至有时是作茧自缚，他们只需咨询者稍加点拨就能云开雾散，放下包袱，轻装上阵。

第二，引导来访者自己找到解决问题的途径与办法，让他们感到自己有能力解决问题。

第三，培养来访者积极争取成功的心理品质，也就是培养积极、乐观向上的人生态度。

第四，及时应用鼓励性评价使来访者看到进步，当他们感到自己已经逐渐摆脱困扰了才能感受心理咨询的重要性，同时有助于提升其解决问题的能力。

第三节　中小学心理咨询的工作模式

一、中小学心理健康咨询教师的职业要求

心理咨询与心理辅导兴起于欧美国家，并走过了百余年的职业化发展道路，积累了比较丰富的经验。从世界上来看，对于中小学心理咨询教师工作的从业要求，早在1956年，联合国教育科学及文化组织就提出中小学心理学教师的最低条件：具有教学资格或作为教师的其他职业资格，至少有五年教学经验，且具有大学水平的心理学专业资格。许多发达国家都在此基础上提出了更高要求，美国规定从事中小学心理辅导的人员必须达到由美国心理学会（APA）和全美中小学心理学家学会（NASP）制定的专业标准，参加这两个机构审批认可的培训计划的培训并取得硕士或博士学位，同时持有州政府颁发的资格证书。得到学位一般不能直接上岗，必须先去医院或诊所做助理1~2年，接受专业督导，才可能受聘成为正式的心理咨询人员。在德国，中小学心理健

康教育专业人员除了要获得教师资格证书外，还必须通过三次国家级考试。日本不仅要求从业者要通过心理咨询行业协会的考试，对于刚刚取得证书的心理咨询师，行业协会还会指定高级咨询师对他们进行为期两年的督导。

我国中小学心理健康教育工作起步于 20 世纪 80 年代，经过了 30 年的探索与实践，逐步形成了"以班主任和专兼职心理健康教育教师为骨干，全体教师共同参与，以发展性心理辅导为主导"的中小学心理健康教育工作的基本模式。2012 年教育部修订颁布的《指导纲要 2012》指出："心理健康教育是一项专业性很强的工作，必须大力加强专业教师队伍建设。各地各校要制订计划，逐步配齐心理健康教育专职教师，专职教师原则上须具备心理学或相关专业本科学历。每所学校至少配备一名专职或兼职心理健康教育教师，并逐步增大专职人员配比，其编制从学校总编制中统筹解决。地方教育行政部门要健全中小学心理健康教育教师职务（职称）评聘办法，制定相应的专业技术职务（职称）评价标准，落实好心理健康教育教师职务（职称）评聘工作。心理健康教育教师享受班主任同等待遇。"然而，由于各地中小学的心理健康教育工作发展极不均衡，教育理念以及师资的来源、数量、水平差异很大。虽然从 2002 年开始，我国启动了心理咨询师认证工作，也有一部分从事中小学心理健康工作的教师获得了心理咨询师证书，但与中小学心理健康教育具体工作结合还有很大差距。而随着社会的进步与发展，随着学校心理健康教育工作的逐步开展，对学校心理健康教育教师的职业从业要求逐渐规范化是历史发展的必然。通常情况下，中小学心理健康辅导教师应具备以下条件。

（一）教师基本职业道德

这是中小学心理健康教师从业的前提。教师基本职业道德的主要内容包括以下几个方面。

1. 爱国守法——这是对每个公民的基本要求

爱祖国是每个公民的神圣职责和义务。建设社会主义法作国家，是我国现代化建设的重要目标，要实现这一目标，需要每个社会成员知法懂法守法，用法律来规范自己的行为。

2. 爱岗敬业——这是对教师职业的本质要求

教师工作需要具有高度的责任感和使命感，没有责任就办不好教育，没有感情就做不好教育工作。教师应始终牢记自己的神圣职责，志存高远，把自己的工作同祖国的命运联系在一起，并在深刻的社会变革和丰富的教育实践中履行自己的光荣职责。

3. 热爱学生——这是师德的灵魂

没有爱，就没有教育。教师必须关心爱护每一个学生，尊重学生的人格，对待学生要一视同仁，严慈相济，做学生的良师益友。保护学生安全，关心学生健康，维护学生权益。

4. 教书育人——这是教师的根本任务

"师者，所以传道授业解惑也。"教书育人是对教师的基本要求。

5. 为人师表——这是教师职业的内在要求

"师者，人之模范也"，教师职业特点之一就是示范性，因此要求教师要坚守高尚情操、知荣明耻、严于律己、以身作则、作风正派、关心集体、团结协作，在各个方面率先垂范，做学生的榜样，以自己的人格魅力和学识魅力教育影响学生。

6. 终身学习——这是教师专业能力发展的不竭动力

终身学习是时代发展的要求，也是由教师职业特点决定的。教师必须树立终身学习理念，拓宽知识视野，更新知识结构，潜心钻研业务，勇于探索创新，不断提高专业素养和教育教学水平。

（二）心理健康与咨询的专业知识

这是对中小学心理健康教师的必然要求。要具备系统的心理健康与咨询的专业知识，就需要进行专业系统的培训。系统的专业培训应该包括四个方面的内容。

1. 专业理论知识学习

包括教育学、心理学、社会学等理论知识，特别是心理学及相关学科知识的掌握和学习，其中包括基础心理学、社会心理学、发展心理学、变态心理学、健康心理学、心理测量学、咨询心理学等理论知识系统的学习，这也是心理咨询师必备的理论知识。

2. 心理健康教师的从业要求和素养

因为心理咨询与心理健康工作有其特殊性，对从业者的要求有别于一般文化课教师，心理健康教师必须明确心理咨询工作需遵循的职业道德和咨询原则。

3. 心理咨询方法和技巧训练

包括如何开始咨询，针对不同的咨询对象怎样达到咨询目的，如何倾听，如何提问，如何在咨询中体现共情、尊重、无条件关注，如何实现助人自助，如何结束咨询，如何反移情，甚至包括一些细节训练，如表情、坐姿、语气等。除此之外，还要进行心理治疗方法的简单培训，如放松训练、心理暗示治疗、系统脱敏、森田疗法等。心理咨询工作是实践性、技术性很强的工作，只有理论远远不够，对心理健康教师本人的素质也有很高的要求，更需要其在实际咨询工作中逐渐积累经验，解决问题，提高自己的从业能力。

（三）良好的从业素质

首先，要身心健康。除了身体健康之外，心理咨询健康教师要能很好地对自己的情绪进行控制和调节，具备良好的自我心理平衡能力，情绪稳定、生活态度乐观、具有爱心、耐心、诚心，特别是在心理咨询过程中，心理咨询教师经常接受负面信息，教师要学会进行自我督导，或者主动接受上一级心理咨询师的督导，防止把自己变成不良信息的垃圾桶，影响自己的工作和生活。

其次，应具有一定生活阅历。因为经过，所以懂得，生活阅历可以成为一个人处理生活工作中出现各种问题的财富和经验，相对于心理咨询对象来说，心理健康教师和心理咨询从业者应该在年龄和阅历上占优势，如没有恋爱经历的人很难为别人提供恋爱心理问题辅导和咨询。

最后，要明确自己的职责范围。在咨询过程中遇到的很多问题不是仅仅通过爱心、耐心、诚心就能解决的，如果咨询的问题超出了教师本人的能力或心理咨询范围，要懂得与相关人员或相关部门进行沟通，及时进行转介或转诊。还有的问题虽然属于心理咨询的范畴，但心理健康咨询教师也不是万能的，很多问题的出现或行为的形成不是一朝一夕的事，更何况家长的教育、学生的成长经历和环境是心理健康教师无法左右的，所以在从业之前，首先要有法律意识，同时要明确自己的责任。

二、心理咨询辅导室的技术指标

（一）名称的选择

心理咨询辅导室除了常规的名称，如心理咨询室、心理辅导室之外，还可以选择中小学生更容易接受、更喜欢的名称，如舒心室、心灵港湾、心灵驿站、心语小屋、心灵休息室、心海导航、生活指导室等。

（二）位置的选择

学校心理咨询辅导室由于其功能的特殊性，又由于很多人还对心理咨询存在着一定的误解和偏见，所以学校心理咨询室的位置选择应该选择安静隔音的地方，最好避开宿舍、教室、老师办公室、校长室、运动场、音乐室等场所，但又要方便学生出入。此外，心理咨询辅导室最好阳光充足、通风良好、冬暖夏凉，如果能通过窗户看到外面美丽的风景，如蓝天、远山、绿树、鲜花等更好。

（三）房间的大小

由于心理咨询室的特殊功能，房间大小会直接对人的心理产生不同影响，因此心理咨询室不宜太大，太大显得空旷，没有安全感，也不能太小，太小显得拥挤，让人产生压抑感。一般情况下10～15平方米为宜，如果条件允许，最好有里外套间，里面是咨询辅导室，外面是等待室，但里外一定要隔音，而且咨询室和等待室物品的摆放和房间的布置要有所不同。

（四）环境的布置

弗洛伊德说，心理辅导室里的任何一样东西都具有象征意义。心理咨询辅导室内的任何物品摆设都在向来访者传递着无声的信息，都会对来访者产生不同的心理暗示，从而引起不同的心理感受。咨询室的布置要让来访者能产生安全、放松、温馨、舒适、乐观、积极、向上的心理感受。

1. 整体色调

不同的颜色会让人产生不同的联想，也最容易让人产生不同的心理感受，所以咨询室的整体颜色，从窗帘、墙壁到装饰应以温暖、明快的颜色为主，目的就是让人产生安全、舒适、放松的感觉。红色、橙色、黄色为暖色，绿色、蓝色、黑色为冷色，灰色、紫色、白色为中间色；冷色调的亮度越高越偏暖，暖色调的亮度越高越偏冷，所以咨询室主调颜色可以选择浅粉、淡黄、淡蓝、淡绿等颜色，避开深暗、跳跃、夸张的颜色，如深蓝、黑色、褐色等颜色。

2. 光线

房间的光线应柔和，不要太刺眼，也不要太昏暗。

3. 物品的摆放

最简单的咨询辅导室至少应该具备的物品是：两组以上舒适的沙发（最好是布艺沙发）、茶几、饮水机、面巾纸、电话、资料柜等。沙发要摆成90度，或大于90度，但不能并排，资料柜里要备齐各种心理量表、咨询记录表、心理档案等。如果条件允许，还可以使咨询辅导室设施更完备，如可以增添电脑、打印机、按摩椅、音乐放松椅、沙盘、宣泄产品等。此外，墙上还应该悬挂一些让人感觉视野开阔、心情舒畅、有生命力的挂画、钟表（最好是卡通或艺术性的钟表，而且是静音的），还可以在室内放置一些鲜花、绿色植物等。

总体要求就是从室内的主色调到物品摆放、环境布置要协调统一，形成一个整体，给人舒适、和谐、安全的心理感觉。（见图6-1、图6-2）

图 6-1　心理咨询室 1

图 6-2　心理咨询室 2

4. 座位的摆放

咨询师与来访者不宜面对面坐，距离不要太远，也不要太近，最好在 1～2 米。双方不要坐在一个水平线上，应有一定的角度，角度以 90 度或者稍大于 90 度为佳，这样有利于双方的交流。来访者的位置应避开门窗，如果没有等待室，应在门内放置一个屏风，窗户应有窗帘，目的就是让来访者产生安全踏实的感觉。如果条件允许还可以增设团体辅导室（见图 6-3）、情绪宣泄室（见图 6-4）、心理放松室（见图 6-5）、心理沙盘室（见图 6-6）等。

图 6-3 团体辅导室

图 6-4 情绪宣泄室

图 6-5 心理放松室

图 6-6 心理沙盘室

（五）时间的安排

由于学校的作息时间有明确的规定和要求，心理咨询辅导室开放的时间应由各个学校根据本校的具体情况来安排，原则就是方便学生有问题能及时到心理咨询辅导室求助。学校要有专人负责此项工作，不仅负责接待学生进行心理咨询，也可以通过电话、网络等形式对学生进行心理辅导与咨询。

以上所述仅适用于个别心理咨询辅导室，至于团体咨询辅导室应根据需要，在房间的大小、位置的选择、物品的摆放等方面进行相应的调整。

延伸阅读

[1]岳晓东.登天的感觉：我在哈佛大学做心理咨询[M].合肥：安徽人民出版社，2011.

[2]杨凤池.分析体验式心理咨询技术[M].北京：人民卫生出版社，2015.

[3]杨凤池.杨凤池焦点咨询对话录[M].北京：人民卫生出版社，2006.

[4]武志红.每一种孤独都有陪伴[M].北京：中国华侨出版社，2015.

[5]毕淑敏.毕淑敏心理咨询手记[M].北京：中国青年出版社，2011.

[6]毕淑敏.女心理师[M].重庆：重庆出版社，2007.

第七章　中小学教师心理健康

本章导读

1. 教师心理健康的标准。
2. 教师心理健康问题产生的原因、表现及维护。

案例 7-1　老师心理亮起了红灯

七年级男生小伟，性格孤僻，平时经常独来独往，因在数学课上"交头接耳"被任课老师抓了个正着，老师就罚他蹲着听课，以示惩戒。此后，每逢数学课小伟就蹲到教室的后面，直到学期末放假才得以"解放"。遭任课老师体罚，被逼蹲着上课达一学期之久。新学期开学仅三天，又因答不出数学定义遭到同样体罚，小伟继续蹲着听数学课。因为蹲着视线太低，无法看到老师的板书，小伟只能"听"课。而这位老师则解释，他的做法仅仅是为了学生学习。

小伟说，他基础较差，数学成绩本来就不好，自从蹲着听课以来成绩更差。现在考试他的数学成绩仅是个位数，一想到数学课就紧张。他说，他想努力做个好学生，只是不想再蹲着上课了，在同学面前抬不起头，同学也瞧不起他，他受不了。

第一节　中小学教师心理健康概述

教师心理健康状况如何不仅直接关系到教师队伍素质的高低，关系到教育改革的成败，更关系到他们的教学对象——中小学生的心理健康。因此，关注、关心中小学教师心理健康是中小学心理健康教育不可忽视的一个重要组成部分。

一、中小学教师心理健康的意义

（一）教师心理健康是教师自身生存与发展的需要

从其自身来看，教师首先是自然人，既然是自然人，就要生存与发展。在生存与发展过程中，人要适应环境，改变环境，也难免会受到来自自身与外界的挑战，面临着各种压力，为了更好地生存与发展，就要努力面对挑战，不断调整自己，达到顺应与平衡。

(二)教师心理健康是教师职业发展的需要

教师是实现学校教育目的的具体执行者，担负着为社会培养一代新人的光荣使命。教师职业的特殊性就在于其工作对象是正在成长中的青少年，这就决定了教师职业具有复杂性、示范性、长期性、创造性的特点，也对教师职业，特别是教师心理健康提出了更高的要求。因为只有教师身心健康，具有良好的教育适应能力，才能承担起教师工作的重任，否则就无法完成基本的教育教学工作，甚至会对教育工作产生负面影响，特别是对正在成长中的中小学生来说，教师心理健康水平显得尤为重要。

(三)教师心理健康是社会发展与教育改革的需要

教师从事的是教育工作，教育工作存在着两大规律，一是教育要适应并促进社会的发展，二是教育要适应并促进学生的发展。教育作为社会发展的一个重要组成部分，一直以来备受各国的重视。"教育乃立国之本""百年大计，教育为本"，一个国家、一个民族要想在国际舞台上立于不败之地，必须依靠教育为本国的发展培养大批各行各业的人才。时代在发展，社会在前进，教育必须不断进行改革。对于从事教育工作的教师而言，更要适应教育改革与发展的要求，与时俱进。就目前我国基础教育来说，正在进行的是新中国成立以来第八次课程改革，就是通常我们所说的"新课改"。此次课程改革从 2001 年至今已经 10 多年的时间，与以往的课程改革相比，无论在课程功能、结构、内容、实施、评价、管理等方面都比以前有了重大的突破。课程改革的全面进行，对教师的教育观念、教学行为、教育方法都产生了重大影响，一部分教师面对这一重大改革承受着巨大的心理压力，特别是一些已经习惯了传统教学理念、教学方法的教师，很难从根本上适应教育改革的需要。"生本教育""走班制""合作学习""实践教学""自主学习"等纷繁复杂的教改项目，让很多教师难以招架，力不从心；但不进则退，这就必然造成部分教师的心理健康状况出现问题，所以关注教师心理健康是社会发展与教育改革提出的要求。

(四)教师心理健康是学生健康发展的需要

教学活动是师生双边活动过程，教师的心理健康水平直接影响着学生的心理健康状况，对学生的学习态度和生活态度将产生很大的影响。心理素质良好的教师，会凭借自己的语言、行为和情感，潜移默化地影响学生，在教学中创造出一种和谐、民主、平等的教学环境和课堂氛围，促使学生积极主动投入到学生生活中去，并产生乐学、愿学的氛围。教师只有具备良好的心理素质、健全的人格，才能更好地发挥自己的心理教育潜能，更好地完成教学任务，才能对学生的心理发展施加积极的影响，促进学生个体的健康发展。事实上，中小学生出现心理问题甚至心理疾病的根源在一定程度上来自于教师不正确的教育态度和做法。比如，体罚或变相体罚学生，也就造成了师源性心理问题。心理不健康的教师对学生身心造成的伤害，某种意义上远远超过其教学能力低下对学生产生的影响。

二、中小学教师心理健康的标准

从一个职业的角度分析心理健康的标准，既要从心理健康的一般标准出发，又要与其职业特点相结合，具体到教师这一职业，由于教师职业的特殊性，中小学教师心理健康的标准应该从以下几个方面进行界定。

(一)热爱教育事业，热爱学生

这是教师最基本的职业要求，也是教育事业成功的基础和保障。教师职业的特殊性要求教师以满腔的热情投入到教育事业中来，真正把职业当成事业，从每个学生身上看到成长的力量，不放弃每一个学生，并能从爱的教育中获得自我安慰与自我实现，从有成效的教育教学中得到成就感、幸福感。事实也证明，当一个教师真正从内心深处喜欢自己的职业，而且喜欢学生，把自己与职业、学生融为一体，才能从工作中找到乐趣，并享受工作带来的快乐，更为自身的心理健康提供了一份重要的保障。

(二)有良好的教育认知水平，与时俱进

教育是随着社会发展不断变革的事业，作为教师要不断调整自己的教育观念和教育行为，与时俱进，正确地面对现实，接受现实，并积极地适应社会发展对教育工作的新要求，具有敏锐的观察力及客观了解学生的能力，具有获取信息、传递信息和有效运用信息的能力，具有创造性的教育教学活动的能力。

(三)悦纳自我

由于教师工作的特点，很多教师容易形成过于认真、不甘落后的职业特点，有意无意中要在教学科研等各个方面与同事比上下、比高低，不甘心在某些方面比别人差。但人的能力是有限的，愿望与能力未必成正比，作为教师要认清这一点，要学会真正了解、正确评价、乐于接受自己，承认人是有个体差异的，允许自己在某些方面不如别人，学会扬长避短。

(四)具有积极稳定的教育心境

教师积极稳定的教育心境主要表现在以下四个方面。

1. 心理状态的相对稳定性

教师是普通人，有普通人的喜怒哀乐，难免在工作生活中遇到这样或那样的不愉快。但作为教师，职业的要求就是要在教育工作中保持积极稳定的情绪，不要把自己的不良情绪带到课堂上，更不能把学生当作"出气筒"和"替罪羊"。

2. 心理状态的均衡性

教师的教学对象是正在成长中的中小学生，问题伴着学生成长，中小学教师的工作就是每天在教授知识的同时不断处理学生中出现的各种各样的问题，在处理问题过程中教会学生辨别是非美丑。每个学生都是一个独立的个体，这就要求教师对所有学生一视同仁，避免晕轮效应、刻板印象给教育工作带来的负面影响，用全面、发展、积极的眼光去看待学生。

3. 较强的心理承受能力

因为中小学教师工作的对象是正在成长中的青少年，他们可塑性很强，思维活跃、自制力较差，教师要给学生犯错误和改正错误的机会，用正确的方法处理学生中出现的各种问题，用严格的要求规范学生，用爱心感染学生，用耐心帮助学生，用诚心伴随学生成长。

4. 心理素质完善的长期性

从一个教师的职业生涯来看，一般情况下，刚走上工作岗位的年轻教师，有朝气、有干劲，接受新鲜事物能力强、反应快，但急于求成，缺乏教育经验和方法，应虚心向有经验的教师学习教育教学经验；而中年教师是教育事业的骨干和中坚力量，处在事业的巅峰期，有一定的教育经验，但容易骄傲自满，或者出现职业倦怠现象；年老的教师有丰富的教育实践经验，但容易出现因循守旧、不容易接受新事物、不思进取等问题。作为教师应该意识到学生受到的教育具有不可逆性，要有高度的使命感和责任感，年轻教师要脚踏实地、虚心学习、不要急功近利、急于求成；中年教师要发挥自己的中坚作用，承上启下；年老的教师要常学常新，与时俱进。

（五）具有和谐的教育人际关系

教师职业既需要有独立工作的能力，更需要与其他人协调配合，恰当地处理好上下级之间、同事之间、师生之间、学校与家长之间、学校与社会之间等各种错综复杂的关系。教师在这些关系中要能与他人和谐相处，积极处理好与上下级之间的关系，与同行积极合作交流，做学生的良师益友，协调好学生家长以及社会等各种关系，在这些错综复杂的社会关系中能游刃有余，处于积极的有利地位，以便有一个良好的教育工作环境，也为自身的心理健康提供一分有力的保障。

第二节　中小学教师心理健康存在的问题及维护

一、中小学教师心理问题产生的原因

（一）教师职业原因

1. 教师职业性质

教师职业的特殊性表现在五个方面。一是教师工作的复杂性。教师的工作对象是正在成长中的青少年，不同年龄阶段的学生，他们的身体、心理、知识、能力等方面发展具有共性，但由于每个学生都是独立的个体，每个学生的知识、人格、能力等方面的差异又需要教师因材施教，这就使教师工作具有复杂性的特点。二是教师工作的示范性。中小学生的心理特点主要是好奇心强，模仿能力强，可塑性大，他们的知识、品格、人生观、世界观正在形成，中小学教师的一言一行都可能对学生产生影响。正如苏联教育家加里宁所说："教师每天仿佛蹲在一面镜子里，外面有无数双精细、审视的孩子的眼睛时刻盯视着你"，这是对教师工作的精辟论述，形象地强调了教师在学校教育过程中的重要地位。教师工作的示范性和学生特有的向师性，使教师在学生心目中占有非常重要的位置。"其身正，不令而行；其身不正，虽令不从。""师者，人之模范也。"学生总是把教师看作学习、模仿的对象，这就对教师工作提出了更高的要求。三是教师工作的创造性。教育是随着社会发展不断改革创新的事业，教育内容、教育方法、教学手段等也要随着社会的发展而改革创新。教师的劳动对象是人，学生之间有一定的个别差异，而这种差异主要是社会环境影响的产物，是随着社会的发展而不断变化的，这就增加了教师工作的难度，压力也随之增加。四是教师工作的长期性。"十年树木，百年树人"说明了教师工作的长期性。五是教师职业的艰巨性。从表面看，教师是脑力劳动者，实际上教师工作不仅需要付出很大的脑力劳动，更要付出很大的体力劳动，除了正常的备课、上课、批改作业外，教师还要参加各种进修培训、课程改革活动、承担科研任务、开设校本课程、举办公开课、指导学生各种活动等，教师工作的辛苦可想而知。教师职业本身的特点是教师容易出现心理问题的一个主要原因。

2. 教师职业角色

在社会大舞台上，我们每个人都扮演着多种角色。就教师而言，在学校，教师是人类灵魂的工程师，"师者，人之模范"，教师的一言一行都受到来自自律

和他律的约束，要为学生和他人做出榜样；而在实际生活中，教师也是普通人，有普通人的喜怒哀乐，也需要适当地放纵自己，也有本我和超我的冲突，也是既有优点又有缺点的普通人。这就需要教师在榜样和普通人之间寻找平衡，因为两者经常出现角色的冲突，由此会产生纠结、焦虑、压抑等心理问题。

3. 社会期望值与教师能力之间的冲突

随着社会的发展，方方面面都对教育提出了越来越高的要求，这种高要求具体会落实到教师身上。从国家大的方面来讲，随着国家经济社会的全面进步与发展，首先对教育提出更高的适应社会发展的新要求，自然也对从事教育工作的教师提出了新要求，从教师资格、从教能力、知识结构、教学方法等方面都不断提出更高的要求。从家长学生的层面来讲，现在很多学生都是独生子女，家长对子女都抱有很高的期望值，从社会上的早教班、各种辅导班、特长班等就可见一斑，家长对教师也抱有非常高的期望值，择校、择师已经成为社会的一种普遍现象。而实际上，教师的能力和知识都是有限的，很难满足家长学生过高的要求，更难达到每位学生家长不同的期望值，由此给教师带来的压力可想而知。

（二）教育改革的要求

教育规律之一就是适应并促进社会的发展，要适应并促进社会的发展，教育必须不断进行调整与改革，改革教育理念、教育内容、教育方法、教育体制等方面。而教育改革的最终实践者就是教师。我国2001年开始的基础教育领域的课程改革基本理念是，以提高民族素质为宗旨，以人为本，一切为了学生的发展，将社会发展需要与学生发展需要有机统一起来，变"选拔适合教育的儿童"为"创造适合儿童的教育"。以人为本的教育理念要求突出对学生的人文关怀，要把学生看作有情感、有需要的"人"，而不是知识的"容器"和考试的"机器"，教师关注的重点应该是学生的发展而不是学科知识的传承，知识的传承最终也是为了学生的发展。让学生形成积极主动的学习态度，使学生获得基础知识与基础技能的过程，同时也成为学会学习和形成正确价值观的过程。新课程改革特别强调促进学生身心健康发展，培养良好品行及终身学习的愿望和能力，强调人的科学素养与人文修养的辩证统一，致力于科学知识、科学态度和人文精神的沟通与融合，力求把"学会生存""学会尊重、理解、宽容""学会共同生活""学会创造"等教育理念贯穿到课程发展的各个方面。新课程改革要求教师要改变教学行为，改善学生的学习方式，关注学生的学习过程和方法，关注学生是用什么方法、手段，通过什么途径获取知识，关注学生是否"会学""愿学"，而不是只关注学生是否"学会"。教师应尽可能创造一种能让学生主动参与，乐于探究，勤于动手，主动获取知识的氛围，应引导学生学会收集、分析、处理、运用信息，培养学生分析、解决问题的能力、动手操作能力、创新精神和能力。

新课程改革提出的一系列新的理念对教师的思想观念和教学实践提出了挑战，给从事多年基础教育工作的中小学教师带来了新的压力，很多中小学一线教师无论从思想上还是行动上都出现了很多不适应。"生本教育""合作学习""自主学习""探究学习""建构主义学习"等一系列新的改革理念、改革方法的实施，更让广大的一线中小学教师无所适从、无从下手、不知所措，特别是年龄偏大的老师更难改变自己多年形成的教育理念与方法，可是又不得不跟随改革的步伐，紧张、焦虑、失眠等负面情绪困扰着许多中小学教师。因此，探讨中小学教师在新课程改革中产生的心理应激的根本原因，寻求最佳应对策略，对课程改革的顺利推进和教师的身心健康都显得非常重要。

（三）教师自身的原因

有的教师由于性格等方面原因，不愿意接受新事物，不善于面对教育改革的新要求，因循守旧，对自己的教育能力和知识缺乏自信，或者由于能力等方面的原因，在教育教学工作中难以胜任本职工作，教学业绩与同行比有差距，当面对教育改革等诸多问题时，更显得无所适从，力不从心，产生焦虑、逃避等心理问题。甚至有的教师自身心理就不健康，性格怪异，情感变态，人格扭曲，从一些中小学教师体罚或变相体罚学生导致学生出现心理问题或生命安全问题的现象就足以说明问题。

案例7-2　教师该负什么责任

近日，在一所中学，一位女学生因为上课迟到，被教师要求在午休时到操场跑圈，她因感身体疲惫没有跑。下午上课的时候，教师向全班通报批评，对这位女生进行了辱骂。下课后，该女生气愤不过，说了一句脏话。这位教师得知后，把她带到教学楼后面的胡同里，揪着她的衣领，对她进行殴打。晚上，该女生住进了医院。

请问：学校在这起事件中有没有责任？这位教师又应承担什么责任？

二、中小学教师心理问题的主要表现

（一）职业倦怠

职业倦怠是近些年研究比较多的一个课题，指的是个体在工作压力大的情况下产生的身心疲劳与耗竭的状态。一般认为，职业倦怠是个体不能顺利应对工作压力时的一种极端反应，是个体在长时间压力体验下而产生的情感、态度和行为的衰竭状态。研究表明，职业倦怠由情绪衰竭、去人性化、个人成就感降低三个维度构成。值得关注的是职业倦怠在教师中比较普遍，甚至比较严重，这也成为目前很多专家学者关注的一个热点，教师职业倦怠极大地危害了教师的身心健康及教育事业的发展。教师职业倦怠主要表现在三个方面：一是情绪上，工作没热情激情，没干劲，总感觉到累，性子急，易发怒，容忍度低，有一种衰竭无助感；二是人格上，人际关系紧张，与同事疏离、退缩、急躁，摩擦增多，反感学生，体罚或变相体罚学生；三是没有成就感，工作没目标，工作效率低，工作能力下降，最终导致教学质量降低，想退休，出现"学者型无力感"。

（二）自卑

由于教师职业的要求和来自国家、社会、家长、学生的高期望值，再加上教师本身不甘落后，自加压力，一些教师虽然很努力工作但仍达不到预期的愿望，自己的付出与工作业绩不成正比，或者受到了来自学校领导、同行、学生家长及学生的不认同，于是对自己的从教能力产生了怀疑，工作中自我效能感较差，自信心不足，甚至对自己选择的职业产生了动摇，出现了自卑心态。

（三）焦虑

教师工作繁重、压力大，特别是当自己的努力没有达到预期的效果时，许多教师就会出现情绪上的不稳定，容易发脾气，焦虑不安。表现在新教师身上，由于教育教学工作经验的不足，达不到自己的理想状态，得不到家长、学生和学校领导的认可，自己又找不到解决问题的办法，容易出现焦虑心态；在中年教师身上，随着教学时间的延长，已经没有了最初工作时的新鲜感和努力工作的劲头，出现了心理学上的"高原现象"，即达到一定高度后，出现了停滞不前、迷茫困惑的状态，从工作中找不到更多的乐趣，对前途看不到希望，特别是一些职称已经无法晋升、提职无望的中小学教师更容易产生焦虑现象；对于年老的教师，工作业绩已经告一段落，失去了工作奋斗的目标，从事了一辈子教育工作，习惯了传统的教学方式方法，但现在的教学需要教师掌握新技术、新方法，特别是电脑、多媒体等现代操作制作技术，又要适应教育改革的新要求，他们同样会出现焦虑不安、无所适从。

（四）抑郁

抑郁是一个人在生活工作的某个阶段，在一段时间内由于挫折打击等引起的心理问题。与抑郁症的不同在于抑郁只是心理问题，很多正常健康人在某个阶段都容易出现，经过自身的努力或外界的帮助能够很快回到正常的工作学习中来；而抑郁症是抑郁问题长期得不到解决而导致的神经症。中小学教师出现抑郁主要是因为工作上没有成就感，遇到挫折打击，看不到解决问题的希望，自己又无法排解，找不到解决问题的办法，就容易出现情绪低落、不想说话、大脑反应迟钝，或者记忆力、注意力减退，学习或者工作能力下降或者犹豫不决，缺乏动力，什么也不想干，以往可以胜任的工作、生活现在感到无法应付；不仅自我评价开始降低，有时还会将所有的过错归咎于自己，常产生无用感、无希望感、无助感和无价值感，甚至开始自责自罪。

（五）嫉妒

嫉妒，可以说是人类最普遍的、最根深蒂固的一种情感，是指人们为竞争一定的权益，对相应的幸运者或潜在的幸运者怀有的一种冷漠、贬低、排斥、甚至是敌视的心理状态。中小学教师的嫉妒心理表现为不支持领导工作，不服从领导，认为领导不如自己，与同事不能协作共事，容易发生矛盾、拆台，尤其是对进步比自己快的、取得成功的同行心存嫉妒，而且人的嫉妒心理往往针对与自己年龄、学历、能力等相当的人。嫉妒是一种消极的心理状态，但从积极的角度看，嫉妒也是一种需要，是一种自我提高的动力，关键是如何把嫉妒心转化为前进的动力，变消极为积极，促进工作的开展和个人的成长与进步。

（六）亚健康状态

亚健康状态已经成为现代社会十分突出的问题，一些中小学教师也出现了类似"心理感冒"的亚健康状态中，对工作生活缺乏激情，没有成就感，几乎没有高峰体验，不思进取，对学生漠不关心，人际关系紧张，工作效率低下，身体健康出现问题等。

专栏 7-1 亚健康自测

1."将军肚"早现。30～50岁的人，大腹便便，是成熟的标志，也是高血脂、脂肪肝、高血压、冠心病的伴侣。

2.脱发、斑秃、早秃。每次洗发都有一大堆头发脱落，这是工作压力大、精神紧张所致。

3.频频去洗手间。如果你的年龄在30～40岁之间，排泄次数超过正常人，说明消化系统和泌尿系统开始衰退。

4.性能力下降。中年人过早地出现腰酸腿痛，性欲减退或男子阳痿，女子过早闭经，都是身体整体衰退的第一信号。

5.记忆力减退，开始忘记熟人的名字。

6.心算能力越来越差。

7. 做事经常后悔、易怒、烦躁、悲观，难以控制自己的情绪。

8. 注意力不集中，集中精力的能力越来越差。

9. 睡觉时间越来越短，醒来也不解乏。

10. 想做事时，不明原因地走神，脑子里想东想西，精神难以集中。

11. 看什么都不顺眼，烦躁，动辄发火。

12. 处于敏感紧张状态，惧怕并回避某人、某地、某物或某事。

13. 为自己的生命常规被扰乱而不高兴，总想恢复原状。对已做完的事，已想明白的问题，反复思考和检查，而自己又为这种反复而苦恼。

14. 身上有某种不适或疼痛，但医生查不出问题，而仍不放心，总想着这件事。

15. 很烦恼，但不一定知道为何烦恼；做其他事常常不能分散对烦恼的注意，也就是说烦恼好像摆脱不了。

16. 情绪低落、心情沉重，整天不快乐，工作、学习、娱乐、生活都提不起精神和兴趣。

17. 易于疲乏，或无明显原因感到精力不足，体力不支。

18. 怕与人交往，厌恶人多，在他人面前无自信心，感到紧张或不自在。

19. 心情不好时就晕倒，控制不住情绪和行为，甚至突然说不出话、看不见东西、憋气、肌肉抽搐等。

20. 觉得别人都不好，别人都不理解你，都在嘲笑你或和你作对。事过之后能有所察觉，似乎自己太多事了，钻了牛角尖。

我们可以对照以上"信号"自我检查，具有上述两项或两项以下者，则为"黄灯"警告期，目前尚无须担心；具有上述3～5项者，则为一次"红灯"预报期，说明已经具备"亚健康"的征兆；6项以上者，为二次"红灯"危险期，可定为"亚健康"，已靠近患病边缘，需要及时的调理；10项以上者应及时就医并做身体的检查，您可能已经生病了。

(七)心理危机

教师的劳动虽然具有复杂性、艰巨性，但教师的付出与得到往往不成正比。虽然近些年来，国家也在努力提高教师的待遇和社会地位，但与很多行业相比，还有一定差距，远远不能达到令人满意的程度，特别是中小学教师与自己周围的同学、朋友相比，会出现心理上的不平衡，加重教师的心理冲突。

此外，在中小学教师队伍中还出现一些神经症患者，如神经衰弱、强迫症、恐惧症等。近些年，我国很多地方对中小学教师心理健康状况进行了调查，都明显地反映出相对于其他很多行业来讲我国中小学教师队伍成为心理问题及心理疾病的高发人群。中小学教师的心理健康状况必须引起有关部门的高度重视，并采取有效的措施，缓解中小学教师的压力，保证我国教育改革的顺利推进，也为学生的健康成长提供保障。

三、中小学教师心理健康的维护

对教师心理健康进行维护，除了靠教师自身的努力之外，还需要教育行政部门、学校管理者、家庭、社会等各方面共同努力，为中小学教师心理健康共同营造支持系统。

（一）教育主管部门和社会支持系统

1. 国家要加大力度，加快教师专业化发展进程

教师专业化是指教师在整个职业生涯中，通过专门训练和终身学习，逐步习得教育专业的知识与技能并在教育专业实践中不断提高自身的从教素质，从而成为一名合格的专业教育工作者的过程。它包含两层意义：既指教师个体通过职前培养，从一名新手逐渐成长为具备专业知识、专业技能和专业态度的成熟教师及其可持续的专业发展过程，也指教师职业整体从非专业职业、准专业职业向专业性质进步的过程。确认教师职业的专业性，推进教师职业专业化进程，一直以来是有关国际社会和组织努力的方向。第二次世界大战以后，特别是 20 世纪 60 年代以后，教师专业化开始成为许多国家推动教师教育新理念和新制度的强劲动力。20 世纪 80 年代以后，很多国家都加快教师专业化的建设步伐，提出了不同的建设标准和目标，这些标准和目标目前还没有统一表述，强调的重点也有不同，归纳起来主要包含两个方面：首先是专业自身的成熟程度、分化程度，这包括专业知识、技能成熟程度，专业组织、制度成熟程度和专业精神水平；其次是专业的经济待遇、社会地位和专业声望以及由此形成的职业吸引力。

近些年，为了推进教师专业化的进程，我国政府和相关部门采取了一系列措施，出台了一系列法律、法规、文件等，从各个方面为教师专业化发展提供了保障，这大大提高了教师的社会地位和工作保障，保证了教育事业健康稳定发展，为国家社会的发展做出了积极的贡献。但随着社会的进步与国家的发展，在教师专业化方面还应该从各个方面加大力度，促进这项工作积极推进与发展。教师专业化的发展在保障教师合法权益，提高教师社会地位的同时，也

为教师心理健康发展提供了政策和法律上的支持。

2. 建立科学合理的考核评价机制，激发教师工作积极性

传统的教师评价常常以学生学业成绩评定教师的工作业绩，或仅以公开课或几次常规听课判定教师的教学能力，而且评价者只限于检查者，教师本身完全处于被动挨查的状态。这种评价的偶然性和主观性因素较多，难以对教师做出全面、系统和客观的真实评价，不仅难以发挥教育评价的导向、诊断、鉴定、激励和改进的功能，反而还常常造成学校教师之间关系紧张、嫉妒猜疑、互不服气，部分教师失去了工作的热情和进取心，由此产生各种心理问题也就在所难免。

基础教育领域的第八次课程改革对教育评价赋予了新的理念，既要发挥评价对教师的甄别功能，更要发挥对教师的教育、激励与改进的功能，使每一位教师自身素质的各个方面，不仅仅是教学能力，都获得最大的发展。评价不是为了排队，而是为了促进发展。教育不仅仅是捧上一张张高一级学校的录取通知书，而是捧出一个个有鲜明个性的活生生的人；教育不仅仅是追求百分之多少的升学率，而是追求每个学生的生动、活泼、主动的发展；教育不仅仅是汇报时的总结、评比时的数据，而是教师和学生共度的生命历程、共创的人生体验。为此，教师评价制度至少应该体现以下三个方面。

（1）评价主体的多元化

教师评价的主体应建立以教师自我评价为主，学校领导、学生、教师、家长共同参与的多元评价主体，即把自我评价、同行评价、学生评价、家长评价、领导评价结合起来，使教师能从多渠道、多角度获得信息，不断提高自身素质和教学水平。

（2）评价标准的多维化

传统的教师评价标准往往只局限于对教师的教学评价，忽略了对教师的素质评价。而教学评价的依据和手段又往往只是学生的学业成绩或公开课后听课者的主观印象。司空见惯的做法是：谁教的班级学生成绩好，谁就是优秀教师，并以班级学生分数总评的名次决定对教师的奖惩。新课程改革对教师的评价标准应涉及教师从教素质的多方面内容，不仅评价其教学方面，还应评价其公民基本素质、职业道德、心理品质、团队精神等方面。以教学而论，不仅要考查学生的学业成绩，检查其课堂上的活动，还应评价其对教学环境和教学资源的合理开发和积极利用，评价其对课外工作的开展和对学生需求的满足等。

（3）评价方法的多样化

结果评价与过程评价、形成性评价与总结性评价、定性评价与定量评价、

自评和他评等形式相结合。

科学合理的教师考核评价制度会极大促进教育教学工作，使广大教师的基本素质得到不断提高，并焕发出更大的工作热情，也能促使教师和教师之间、教师和领导之间的人际关系更加团结，其最终效果必然体现在学校整体质量的进一步上升和学校整体形象的进一步提高上。

3. 建立科学合理有效的教师培训机制

社会的发展需要教育不断改革，教育改革需要教师在教育理念、知识结构、教学内容、教学方法、教学手段等方面不断更新提高，仅凭教师自身的努力无法完成社会发展和教育改革的新要求。从国家到各级教育培训主管部门必须建立科学合理有效的教师培训提高机制和体系。近些年，国家教育主管部门以前所未有的力度，建立了中小学教师培训机构和实施规范，并投入了大量的人力、物力、财力，取得了显著的培训效果。例如，对中小学各科骨干教师培训已经进行了很多年，积累了丰富的经验，也取得了非常好的效果。"国培计划"(中小学教师国家级培训计划)是教育部、财政部于2010年开始实施的旨在提高中小学教师特别是农村教师队伍整体素质的重要举措，包括"中小学教师示范性培训项目"和"中西部农村骨干教师培训项目"两项内容，其中"中小学教师示范培训项目"主要包括中小学骨干教师培训、中小学教师远程培训、班主任教师培训、中小学紧缺薄弱学科教师培训等示范性项目，并强调各省级教育、财政部门要高度重视，认真做好"国培计划"的组织实施工作，要将"国培计划"纳入教师队伍建设和教师培训总体规划，加强领导，统筹规划，精心实施，并以实施"国培计划"为契机，以农村教师为重点，分类、分层、分岗、分科大规模组织教师培训，全面提高中小学教师队伍整体素质，为促进教育改革发展提供师资保障。

各项培训进修提高措施的制定和落实，使广大中小学教师能够有机会有条件提高自己，适应教育教学发展的新要求，这不仅是国家教育发展的需要，也是中小学教师心理健康发展的需要。国家教育主管部门和各级教师培训机构还应在此基础上，进一步总结经验，完善管理，讲求实效，创新工作方法，使各种培训真正让广大中小学教师受益，真正提升教师的从教能力，增加教师从教的自信心，做到培训部分带动全员的良好效果。

4. 通过人文关怀激发教师的工作热情

作为教育领导者、教育行政部门不仅要关注让广大一线教师努力工作，提高教学质量，提高学生学习成绩，更要从人性出发，尊重教师的劳动，理解教师的疾苦，关心教师的工作和生活。也就是说，不要只把教师看作"经济人"，更要从"社会人"的角度去理解关心教师，在尽可能保证教师物质生活的前提下，去关心他们的精神生活。教育行政部门要转变职能，变控制和管理为服务、指导和帮助，要为教师创设更为宽松的环境，尊重教师的权利、主体性和个体价值。例如，创造条件，在可能的情况下降低学生和教师的比例，缩短工作时间，减少不必要的会议、检查、评比，给教师更多的工作灵活度和自主权，把教师从升学率、分数的重重包围中解放出来，为教师的娱乐休闲提供可能的服务和帮助。有张有弛的工作氛围才能保证广大一线教师精神饱满地投入到教育教学工作中去。

5. 建立学校、家庭、社会"三位一体"心理健康体系

教师工作能否成功，除了教师本人的努力外，还需要有良好的社会外在支持系统，其中就包括学生及学生家长的认可和支持。任何一项教育改革都是对以往传统做法的改革与创新，有的学生及学生家长已经习惯接受了原有的教学方法，对新事物的出现，尤其是反差比较大的做法需要有一个认识和接受的过程，这就很容易造成一些家长对学校和教师的工作不理解、不支持。他们只关注孩子的学习成绩，而不了解国家的教育方针政策，再加上家长素质参差不齐，教师和学校的工作很难取得众多家长和社会的认可，这就需要通过各种渠道实现学校、教师与家长、社会的有效沟通，使各种教育力量形成共同的合力，保证教育改革的顺利进行，也为教师的工作提供良好的社会支持。

(二)学校管理系统

1. 科学的管理

学校各级领导首先要懂教育，这是实现科学管理的前提。为防止出现外行管理内行的被动局面，教育管理者要懂教育，不仅要具有教育管理的理念、教育理论知识体系，还要有丰富的教育教学实践经验。学校领导还要会管理，这是领导艺术与领导能力的集中体现，一个学校办得好坏、教学质量的高低在很大程度上取决于学校领导者的领导水平和领导能力，而会管理是在有丰富的教育管理理念和教育实践经验的基础上，使人员的选拔与聘任、学校各项工作的安排、学校的奖惩制度、校园文化建设等诸多方面体现科学性、有效性。同时学校管理者要站在学校发展的全局去谋划学校长远发展，有智慧、有胆识、有责任、敢担当，建立健全科学管理体系，使学校管理走上健康科学的发展轨道。

2. 民主的管理

教师的工作场所是学校，学校领导要深入了解教师的实际需要，不仅要在硬件设施和物质条件上给教师创造好的工作环境，激发教师的工作热情和主人翁意识，还要努力营造宽松民主的校园氛围与和谐的人际关系，避免随意延长教师

工作时间，尽可能减少或杜绝节假日加班加点补课现象，严格控制考试和竞赛次数等，让教师心情舒畅地工作。学校要为教师提供学习进修的机会，鼓励支持教师提高学历层次，帮助教师提高适应新形势的能力。帮助教师提高业务水平，改进教学方法，提高工作效率，提供成功机会，建立自信心与自豪感。

在可能的情况下，学校要创造条件为教师提供休息室、娱乐室、图书室、文体场所，在保证完成正常教学工作的前提下，组织教师参加各种丰富多彩、健康文明、喜闻乐见的文体娱乐活动，丰富教师课余文化生活，让教师之间有情感交流的机会，同时也为教师缓解紧张工作情绪提供一个健康的释放渠道。

3. 尊重的管理

宽松和谐的心理环境是教师心理健康的重要保证。许多教师能够承受生活的清贫和工作的艰辛，却希望自己的辛勤劳动得到领导的理解和尊重，有时领导的一句温暖鼓励的话语就可以使教师受到极大的安慰和鼓舞。因此，学校领导要改进教师管理模式，变程序化、事务化的管理为人性化的管理，以教师为本，努力为教师创设一种宽松和谐的心理环境，使管理更贴近教师的心理需要，更贴近教师的职业心态。同时，要努力创造条件，为教师提供扬名和扬长的各种机会，不断满足他们的成就需要，使他们时时体验到被尊重、被关心的情感，从而保持舒畅平和的心情，轻松愉快地投入工作。

4. 发现的管理

在"以人为本"的学校管理中，学校领导不仅要善于发现在工作中表现出色的实践者和好的经验做法，并把先进的经验和做法在一定范围内加以推广，还要及时发现教师队伍中出现的新情况、新问题，特别是在教学中教师遇到的困难和畏难情绪，及时帮助教师解决问题，对教师出现的心理问题及时疏导，对教师中容易出现的共性问题，如职业倦怠问题、教师心理健康问题等，可以请专家对教师进行集体心理辅导与讲座，让教师认识到心理健康的重要性，教会教师面对压力和挫折时进行有效心理疏导与调控的方法，保证教师以良好的精神状态投入到教育教学工作中去。

5. 激励的管理

教育改革既给教师提出了挑战，也为教师提供了发展的机遇。学校管理者要借用教育改革和学校的发展不断唤起教师适度的工作危机感。通过制订教育改革目标不断为教师提供发挥作用的舞台，制定科学合理的激励机制，激发教师们参与改革的积极性和主动性，调动教师们的改革热情，在教师中创造改革创新的氛围，让教师体验到改革的乐趣，使教师们的积极性和创造性得到最大限度的发挥。

(三)教师自身的支持系统

1. 提高认识，增强改革的主动性和自觉性

一些教师出现心理问题的根本原因在于没有认清教育是一项随社会发展而不断变革的事业，选择了教师这一职业，也就选择了变革。或者虽然也认识到改革的必然性和必要性，但因循守旧或者存在着惰性。而教学行为、教育方法、教育内容的改变，首先就是自身观念的改变，因为观念指导行为，只有认识到改革的重要性和迫切性，变被动为主动，变消极为积极，才能从源头上很大程度地减轻心理压力，从而减少心理问题发生的概率。

2. 及时调整角色定位，以适应改革的新要求

由于教育改革各种理念方法对教师角色的新定位、新要求，每一位处在改革一线的中小学教师都要重新解读自己的新角色，树立新的角色意识，塑造良好的角色行为。在教育教学活动中，教师不仅是教育活动的组织者、引导者、参与者，更是多方面教育人际关系的协调者、合作者，而且还是教育活动的研究者、教育实践的反思者，学生心理健康的保健者。因此，要想顺利进入新的角色，教师需要确立一种新的教育理念，不断优化自身的知识结构，重新认识和确立自己扮演的角色。

3. 及时调整教育行为，重新塑造教育人际关系

教育改革的新要求就是要在教育活动中体现"以人为本"，不仅体现在关注教师的尊严和价值，也体现在教师对待学生也要"以人为本"，相信成长的力量，强调尊重和赞赏，相信每个学生都有自我实现的愿望，只要条件允许，他们就会努力去做。特别要关注容易被教师忽略和成绩不良的学生，因为他们更需要关注、理解和尊重，在每一个学生身上都蕴藏着成长的力量，教师要善于帮助他们把这种潜藏的力量变为实际的行为。除此之外，教师还要处理好与各任课教师之间的关系，与学生家长的关系，与社会上各种教育力量之间的关系，把这些关系理顺以形成一股合力，共同促进学生的健康成长。

专栏 7-2 罗森塔尔效应

罗森塔尔效应也叫皮格马利翁效应。古希腊神话中，相传古塞浦路斯岛上有个年轻貌美的国王皮格马利翁。他善雕刻，孤寂中用象牙雕刻了一座表现他理想中的女性的美女像，久久依伴，竟对自己的作品产生了爱慕之情，他祈求爱神阿佛洛狄忒赋予雕像以生命，阿佛洛狄忒为他的真诚爱情所感动，就使这座美女雕像活了起来，皮格马利翁遂称她为伽拉忒亚，娶她为妻，两人走进了婚姻的殿堂。

1963 年，美国心理学家罗森塔尔和福德告诉学生实验者，用来进行迷津实验的老鼠来自不同的种系：聪明鼠和笨拙鼠。实际上，老鼠来自同一种群。但是，实验结果却得出了聪明鼠比笨拙鼠犯的错误更少的结论，而且这种差异具有统计显著性。对学生实验者测试老鼠时的行为进行观察，并没发现欺骗或做了其他使结果歪曲的事情。似乎可以推断，拿到聪明鼠的学生比那些拿到笨拙鼠的不幸学生更能鼓励老鼠去通过迷宫。也许这影响了实验的结果，因为实验者对待两组老鼠的方式不同。

1968 年，罗森塔尔和助手雅各布森来到一所小学，声称要进行一个"未来发展趋势测验"，并煞有介事地以赞赏的口吻，将一份"最有发展前途者"的名单交给了校长和相关教师，叮嘱他们务必要保密，以免影响实验的正确性。其实他撒了一个"权威性谎言"，因为名单上的学生根本就是随机挑选出来的。8 个月后，奇迹出现了，凡是上了名单的学生，个个成绩都有了较大的进步，且各方面都很优秀。

显然，罗森塔尔的"权威性谎言"发生了作用，因为这个谎言对教师产生了暗示，左右了教师对名单上学生的能力评价；而教师又将自己的这一心理活动通过情绪、语言和行为传染给了学生，使他们强烈地感受到来自教师的热爱和期望，变得更加自尊、自信和自强，从而使各方面得到了异乎寻常的进步。

在这里，教师对这部分学生的期待是真诚的、发自内心的，因为他们受到了权威者的影响，坚信这部分学生就是最有发展潜力的。也正因如此，教师的一言一行都难以隐藏对这些学生的信任与期待，而这种"真诚的期待"是学生能够感受到的。

4. 正确看待改革中遇到的压力与问题，学会调节自己的心态与行为

当新事物出现的时候，每个人都有一个适应接受的过程，特别是作为变革的直接参与者，都有一个不断调整学习提高的过程。出现压力、问题、困惑和焦虑也是在所难免的，困扰是成长的起点，在改革中提高，在提高中前进，这个过程不仅是整个教育改革的发展过程，也是教师个体职业成长的过程。当压力过大、出现心理问题的时候，要学会调节自己的不良情绪，用科学正确的方法，学会为自己减压，以使自己的心态保持正常健康的状态。

专栏 7-3 态度决定高度

美国西点军校有一句名言：态度决定一切。

三个工人在砌一面墙。有一个好管闲事的人过来问："你们在干什么？"

第一个工人爱理不理地说："没看见吗？我在砌墙。"

第二个工人抬头看了一眼好管闲事的人，说："我们在盖一幢楼房。"

第三个工人真诚而又自信地说："我们在建一座城市。"

十年后，第一个人在另一个工地上砌墙；第二个人坐在办公室中画图纸，他成了工程师；第三个人成了一家房地产公司的总裁，是前两个人的老板。

态度决定高度，仅仅十年的时间，三个人的命运就发生了截然不同的变化，是什么原因导致这样的结果？是态度！

一个人有什么样的心态，就会有什么样的追求和目标。具有积极、乐观心态的人，其人生目标必然高远；有了高远的目标，必然会为之努力。有努力必有回报。第一个工人总在抱怨生活的不公，心情是郁闷的，想的都是一些令自己不愉快的事，回答别人的问题时都是满肚子怨气。第二个工人要比第一个工人心态好，尽管也是在砌墙，但他却把这堵墙当作一栋楼房来建，心里想的是如何将楼房建设得更好。第三个工人心态最好，工作那么辛苦，他还那么自信那么专注。人最可贵的就是"认真"二字，第三个工人把砌墙这样的小事当作一项伟大的事业来看待，十年后成为老板也就不足为奇了。

再看看我们身边，有多少人能真正对待自己从事的工作？浮躁、抱怨、这山望着那山高，导致一些人一辈子碌碌无为，一事无成。而那些在本行业、本领域做出了杰出贡献的人，无一不是兢兢业业、一丝不苟、乐观向上。

心态影响着人们对事物的看法。比如，两个口渴的人面对半杯水，悲观的人会说："真不幸，只有半杯水了。"而乐观的人会说："真好，还有半杯水呢！"引发快乐的原因，并不是因为水量的多少，而是因为看待问题的态度。态度可以决定一个人成长的高度，干任何工作，干任何事情，都是如此。一个人的态度决定了能否把这份工作、这件事情做得更完善、更完美。同时，也决定着一个人能否走上更高的职位。

延伸阅读

[1]马志国. 做一个心理健康的老师——教师心理咨询的 48 个典型案例[M]. 北京：教育科学出版社，2013.

[2]林甲针工作室. 中小学心理辅导 N 个典型案例[M]. 福州：福建教育出版社，2014.

[3]郭道胜，宫克文. 中小学心理健康教育实战指南[M]. 济南：山东大学出版社，2014.

第八章　家庭教育与儿童心理健康

本章导读

1. 家庭教育的内涵。
2. 家庭对儿童心理健康的影响。
3. 家庭心理健康教育的具体实施。
4. 当代家庭心理健康教育的误区。
5. 家庭心理健康教育的案例。

案例8-1　迷路的青春

小何，男，母亲常年在外地打工，平时和父亲生活在一起，父亲在本地打工。他学习不好，经常逃课，父亲很生气，天天打他。14岁时他就辍学打工，由于好吃懒做，还有小偷小摸的毛病，经常被辞退。后来迷上了网络，与父亲的关系更是雪上加霜，平时二人互不搭理。18岁时，因一次在网吧偷了别人的手机，被人打成重伤。令人奇怪的是，他的亲生父亲却几次三番拒绝去医院看望儿子，连儿子的医药费也是亲戚们垫付的。当记者问何父"为何几次拒绝去医院"时，回答为"不相信这个事情"。但儿子的朋友有证据证实，出事当天这个朋友曾给何父发出过求救信息，但得到的回复是："谢谢你打报警电话。你做得好，死了更好。"当记者又问及父子二人的关系时，何父坦言："小时候打是很正常的。但现在已有三年没打了。"记者说："没打不等于就没有问题。"何父反问记者："那你说我的问题出在哪儿了？我也不明白！"……

请你分析：导致小何过早辍学，不务正业的主要原因是什么？何父的问题到底出在哪里？如果你是小何的家长，你应该怎样教育和帮助他？

第一节　家庭教育概述

随着社会和教育的发展，心理健康教育逐渐在学校得到重视和开展，并且取得了许多有价值的成果和宝贵的经验。但我们同时也注意到，学校心理健康教育工作中存在着一个盲区，那就是家庭的参与缺失。家庭作为学生生活的第一环境，父母作为学生的第一任老师，几乎是不可替代的重要教育途径。家庭中的父母关系、父母对子女的期望值、父母的榜样作用、家庭教养方式，乃至于一些家庭的重大生活事件都会对青少年心理发展产生重要的影响。但通过调查发现，由于家长自身对心理健康教育常识缺乏了解，即使孩子出现了不良心理和异常行为的征兆，家长也不能及时发现，更谈不上给予重视和指导。许多家长由于自身心理健康水平欠佳，对孩子采取了不当的教养态度和教育方式，致使孩子产生了这样那样的心理行为问题。无数事实也证明，孩子心理问题很多都源于家庭教育不当。

《指导纲要 2002》明确提出：心理健康教育工作要"积极开通学校与家庭同步实施心理教育的渠道。学校要指导家长转变教子观念，了解和掌握心理健康教育的方法，注重自身良好心理素质的形成，营造家庭心理教育的环境，以家长的理想、追求、品格和行为影响孩子。"这无疑为学校与家庭合作开展心理健康教育工作指明了方向，提供了发展的思路和方法。

一、家庭教育的内涵

家庭教育是大教育的组成部分之一，是学校教育与社会教育的基础。家庭教育是终身教育，它开始于孩子出生之日，甚至可上溯到胎儿期。婴幼儿时期的家庭教育是"人之初"的教育，在人的一生中起着奠基的作用，孩子上了小学、中学后，家庭教育既是学校教育的基础，又是学校教育的补充和延伸。

《辞海》对家庭教育的解释是：父母或其他年长者在家庭中对儿童和青少年进行的教育。在美国通常称为家庭生活教育，夸美纽斯称之为"母亲膝前的教育"。

一般认为，家庭教育是在家庭生活中，由家长（其中首先是父母）有目的、有计划地对其子女实施的教育和影响，即家长有意识地通过自己的言传身教和家庭生活实践，对子女施以一定教育影响的社会活动。

现代家庭教育观念认为，家庭教育是指生活中的家庭成员（包括父母和子女等）之间相互的影响和教育，是家长根据自己的期望通过多种方式（包括家庭环境、心理氛围、长辈语言等）影响孩子，孩子根据自己的表现反作用于家长的双向的互动过程。

二、家庭教育的重要性

家庭教育、学校教育和社会教育并称为教育的三大支柱。人的教育是一项系统工程，家庭教育、社会教育、学校教育三者有机地结合在一起，它们相互影响、相互作用、相互制约，离开哪一项都不行。但在这项系统的教育工程中，家庭教育是一切教育的基础。苏联著名教育学家苏霍姆林斯基曾把儿童比作一块大理石，他说，把这块大理石塑造成一座雕像需要六位雕塑家：家庭、学校、儿童所在的集体、儿童本人、书籍、偶然出现的因素，从排列顺序上看，家庭被列在首位。德国教育家福禄培尔也曾说过："国家的命运与其说是掌握在当权者的手中，倒不如说是掌握在母亲的手中。"

（一）家庭教育直接关系着子女的健康成长和前途命运

家长对儿童施加的教育是基础教育的基础，是教育的起点。儿女从出生第一天起就开始接受家庭教育。第一次学说话，第一次学走路，懂得第一个道理，都是从家庭开始的。子女在父母身边接受的最初教育，好比在纸上画画，第一笔怎么画，涂什么颜色，对今后能否画出美丽的人生画卷，都会产生深远的影响。我国古谚有："染于苍则苍，染于黄则黄。"婴幼儿期是人生熏染的开始，人的许多基本能力是在这个年龄阶段形成的，如语言表达能力、基本生活技能、最初的生活习惯、最初的性格特征等。许多事实证明，儿童早年的生活环境、生活经历、接受的家庭教育，对儿童的身心健康成长有着非常重要的影响，甚至在一定程度上对儿童将来的前途命运起着决定性作用。

古往今来，许多卓有成效的名人在幼年时期都受到良好的家庭教育。例如，德国大诗人、剧作家歌德的成才，就得力于家庭的早期教育。歌德2～3岁时，父亲就常抱着他到野外郊游，观察大自然，培养歌德的观察能力。3～4岁时，父亲教他唱歌、背歌谣、讲童话故事，并有意让他在众人面前讲演，培养他的口语表达能力。这些有意识的教育，使歌德从小乐观向上、勤于思考、见多识广、善于学习。歌德8岁时能用法、德、英、意大利、拉丁、希腊语阅读各种书籍，14岁写剧本，25岁出版了《少年维特之烦恼》。再如，古代以"父子书法家"著称的王羲之、王献之，有过1350多项发明的大发明家爱迪生，一代文学巨星郭沫若、茅盾等名人的成长过程，也都说明了家庭教育对一个人的成长是十分重要的。

良好的家庭教育不仅有利于儿童成才，更有利于儿童情感意志的发展和人格的完善。据研究者对100名三好学生的调查结果显示，他们的父母都很重视家庭教育。其中70名说自己受父亲影响大，26名说受母亲的影响大，4名说受爷爷奶奶的影响大。他们反映，自己的父母信任和尊重自己，具有民主作风。据统计，家长信任孩子，作风民主，孩子意志坚强的占74%，情绪稳定的占60%，自发努力的占37%，而且没有敌对心理产生。相反，从一些违法犯罪的青少年身上，则看到了不良家庭教育的影响。研究者从对100名工读学生的调查中了解到，受父母溺爱的有 26 人，父母经常粗暴地打骂孩子的有 11 人，父母放任不管的有 23 人，父母对孩子教育不一致的有 7 人，父母作风不正派的有 15 人，生活在不完整家庭（有父无母或有母无父）的有 18 人。

犯罪心理学专家李玫瑾在对大量犯人进行的 20 多年的研究中，总结出了一个共性的问题，那就是这些人都缺乏良好的早期家庭教育。孩子走上犯罪的道路，一是因为缺乏爱，父母无暇顾及，孩子就会铤而走险；二是因为过度的爱，滋长了孩子的狂妄、跋扈、任意妄为的性格，个性膨胀到极限就很容易走上违法犯罪的道路。

由此可见，家庭对子女的成长影响巨大，家庭教育是子女健康成长的摇篮。

（二）家庭教育直接关系着家庭的幸福和谐

有人曾以奉化市 479 名高中生为样本进行"幸福感与父母教养方式"的抽样问卷调查研究。结果显示：幸福感高体验的学生其父母教养方式多表现出情感温暖与理解；而幸福感低体验的学生其父母教养方式多表现出严厉、惩罚、拒绝与否认。学生感受幸福的来源有三个：家庭、同伴和学校。而家庭则是他们最早、最直接的生活环境，家庭环境对子女的身心健康具有极其重要的影响。可以这样说，家庭环境是否和谐影响了孩子的幸福体验。其中，父母养育方式是家庭环境中对青少年幸福感体验影响最大且最直接的一个因素。

中国的有些家长对孩子要求高且单一，只希望孩子能够出人头地、光宗耀祖，考上好大学，找到好工作。在家庭教育中缺少了生命教育、体验教育、感恩教育、快乐教育，孩子心中缺少情与爱这条主线，在学习、工作、生活中感受不到幸福、快乐和满足，他们往往缺乏亲情，对待父母冷漠叛逆。

所以一个幸福美满的家庭，不仅夫妻之间和睦相爱，而且父母子女之间也关系融洽。父母需尽心尽责、有目的、有计划地对子女实施爱的教育，使子女健康快乐地成长，这样的家庭才会幸福和谐，才会有真正的天伦之乐。

（三）家庭教育直接关系着国家的未来和社会的进步

家庭是以婚姻和血缘关系为基础组织起来的最小社会单位，是构成社会的细胞。法国作家巴尔扎克说：家庭是社会的永恒基础。的确，有了幸福美满的家庭，才有和谐的社会、健康的民族、强盛的国家。

家庭教育是人类教育活动的重要组成部分，是其他教育不可替代的。孟子说："天下之本在国，国之本在家，家之本在身。"所以治国应从治家、治家应从教子开始。西方哲人说："母亲摇动摇篮的手，就是推动世界进步的手。"形象地说明了父母、家庭对孩子成长的意义和孩子的成长对于社会进步的意义。

家庭教育的好坏，直接关系到全民族素质的优劣，全民族素质的优劣直接关系到国家的前途和社会的进步。

《九十年代中国儿童发展规划纲要》中指明："今天的儿童是二十一世纪的主人，儿童的生存、保护和发展是提高人口素质的基础，是人类未来发展的先决条件。儿童的健康成长关系到祖国的前途命运。提高全民族素质，从儿童抓起。"家长首先要明确教育方向与国家利益、人民要求相一致的原则，不能把孩子视为私有财产，要树立为国教子的思想，端正教育目的。21世纪的人应该是具有良好的思想意识、高尚的道德情操、健全的心理品质、积极与他人合作的精神、较强的应变能力、吃苦耐劳的全面发展的一代新人。21世纪没有这样高素质的建设者是很难担当社会大任的，而具备这样的素质不是一朝一夕所能办得到的，良好的家庭教育正是培养高素质人才的必备条件。

总之，作为家长要充分认识家庭教育的重要性，自觉做好孩子的教育工作，尽好家长的责任与义务，为国家培养出合格的建设人才。

三、家庭教育的特点

(一)早期性

一个人从诞生之日起就开始接受家庭教育，家庭是儿童最原初也是最重要的教育环境，家庭给予儿童的早期教育是不可逆转的，儿童时期的教育基本决定了人的一生。

一般而言，孩子出现行为问题或心理问题，如逃学、撒谎、网瘾、顶撞父母、离家出走、打架伤害等多在12岁。但是，这一年龄段的行为问题和相关的心理问题都源于12岁之前，并且源于父母早年对孩子的抚养方式。人在青少年时期，甚至在成年时期出现的情感问题，原因可能要追溯到幼年，要从他早年的生活背景中找出解释。

人初生的前三年，是最无助的三年，需要父母为他完成所有生存的事情，除了吃喝拉撒等基本生存需要外，孩子还需要经常看到"人脸"，听到"人声"，尤其需要和父母建立爱的依恋关系。此时家长给予孩子的精心呵护，喜爱、疼爱的表情言语，亲子之间的交流互动，对孩子认知和品行上的引导，父母对孩子不离不弃的陪伴，父母之间的相亲相爱等，都是对孩子最好的早期教育。

如果在孩子成长的早期，父母没有守在孩子的身边，没有日复一日地付出抚养艰辛，没有让孩子形成对他们的声音、相貌和气味的记忆，没有形成对他们的心理依恋，那父母也就失去了对孩子真正的、永久的心理影响力与控制力。这种孩子进入青春期(独立、逆反、自我意识增强的成长期)，父母就会难以对他进行管教和控制，这时，父母若想弥补亲情就需要付出成倍的努力。

（二）连续性

同学校教育和社会教育相比较，家庭教育更具有连续性。人从出生到长大成人，离开父母走上独立的生活道路，在这样一个漫长的过程中，一般都是连续生活在家庭这个比较稳定的环境中。父母是比较固定的教育者，可以说，孩子从小到大，绝大多数时间都生活在家庭之中，都在接受着家长的教育。这种教育是在有意和无意、自觉和不自觉之中进行的，对孩子的生活习惯、道德品行、谈吐举止、人格特征、人生观、价值观等都有着相当大的影响，几乎伴随着人的一生，所以有些教育家又把家长称为终身教师。学校教育和社会教育无论时间长短，都只是一种阶段性和间断性的教育。家庭教育则不然，它不仅使人在未成年时获益匪浅，而且在他长大成人、成家立业以后，由于父母与子女之间的血缘关系，家庭教育依然在发生作用，父母永远是子女的"老师"。家庭教育的这种终身性特点，有利于家长对孩子进行长期的、连续的观察和教育，有利于孩子形成比较稳定的人格特征。

（三）权威性

家庭教育的权威性是指父母长辈在孩子身上体现出的权力和威力。家庭的存在是以父母子女间的血缘关系、抚养关系、情感关系为基础的。子女在安全需求、物质生活需求和情感依恋需求方面对父母长辈有很大的依赖性，这就决定了父母对子女有较大的权力和威力，父母的教育易于被孩子接受和服从。家长合理地使用这一权利，对孩子良好品德和行为习惯的形成是很有益处的，对于幼儿来说，尤其如此。幼儿在与其他小朋友们玩耍的游戏中，出现争执情况时，往往引用父母的话来证实自己的言语行为是对的。例如，他们喜欢说："我爸爸是这样说的"或"我妈妈是那样做的"等。

家庭教育的效果如何，取决于父母权威树立的程度。明智的家长懂得树立权威的重要性，更懂得权威的树立不是靠压制和强求，而是在尊重孩子的基础上，以温暖、理解、民主的方式，刚柔相济，宽严适当。父母双方在教育子女的态度上首先协调一致，并相互配合，在孩子面前树立起一个慈祥而威严的形象，使孩子由于对父母的爱戴崇敬而愿意接受父母的教育。

（四）感染性

父母与孩子之间的血缘关系和情感关系的天然性和密切性，使父母的喜怒哀乐对孩子有强烈的感染作用。孩子对父母的言行举止往往能心领神会，情意相通。在处理发生在身边的人与事的关系或问题时，孩子对家长所持的态度很容易产生共鸣。家长高兴时，孩子也会快乐；家长表现出烦躁不安和闷闷不乐时，孩子的情绪也容易受影响。如果父母亲缺乏理智而感情用事，脾气暴躁，或家长在处理一些突发事件时表现出惊恐不安、措手不及，都会使孩子盲目地模仿这些弱点。而如果家长积极乐观、温和友好，子女也会愉快自信、谦让合作，家长处惊不变、沉稳坚定，子女也会遇事沉着冷静，这对孩子良好心理品质的培养起到积极的作用。

（五）及时性

家庭教育的过程，是父母长辈在家庭中对孩子进行个别教育的过程，比幼儿园、学校教育要及时。常言道：知子莫若父，知女莫若母。家长与孩子朝夕相处，对他们的情况可以说是了如指掌，孩子身上稍有什么变化，即使是一个眼神、一个微笑父母都能有所察觉。故此作为父母通过孩子的一举一动、一言一行能及时掌握此时此刻他们的心理状态，发现孩子身上存在的问题，及时教育，及时纠偏，不让问题过夜，将不良行为习惯消灭在萌芽状态。而在幼儿园、学校中，教师面对着几十个孩子，只能针对这个年龄阶段的孩子进行共性教育，也就是群体教育，因时间及精力所限，不可能照顾到每个孩子的特点，容易出现顾此失彼的现象，甚至因此使孩子对教师的照顾不周而产生不信任感，而家长可以及时引导孩子端正认识。因此，家长对孩子进行正确的家庭教育既可以使孩子在进入幼儿园之前形成了良好的行为习惯，为接受集体教育奠定很好的基础，又可以弥补集体教育的不足。

四、家庭教育的主要内容

2008 年，我国青年教育专家赵雨林提出了三道教育模型，是目前我国家庭教育中比较流行的内容，"三道"即"为生之道，为人之道，为学之道"。

"为生之道"：以生命健康为核心，由生理卫生(身)、营养保健(康)、安全防护(安)、运动能力(体)四方面组成。

"为人之道"：以生命价值为核心，由人格人生(志)、心理卫生(心)、道德礼仪(灵)、人际交往(交)四方面组成。

"为学之道"：以生命智慧为核心，由学习策略(学)、思维能力(思)、科学素养(理)、人文修养(文)四方面组成。

三道教育模型的建构，使家长可以清晰、有条理地按照三道的内容和标准来开展家庭教育，为家庭教育缺乏可操作性标准的现状提供了良好的解决依据。

综合各方面研究与我国家庭教育的实际，目前我国家庭教育的具体内容应包括以下几个方面。

（一）重视对孩子的早期智力开发

以适当的方式训练孩子的观察力、记忆力、想象力、思维能力、创造力，越早越好。美国心理学家布鲁姆认为：一个人的智力发展如果把他本人 17 岁达到的水平算作 100%，那么 4 岁时就达到了 50%，4～8 岁又增加了 30%，9～17 岁又获得了 20%。可见儿童在 5 岁以前是智力发展最迅速的时期，也是进行早期智力开发的最佳时期，如果家长在这个时期实施的家庭教育恰当有效，将为孩子今后的发展打下良好的基础。

（二）加强对孩子生活能力的培养

在适当的年龄段，让孩子学会自己管理自己的生活，学习必要的生活知识和技能，如自己穿衣、洗漱、整理物品、保持个人和环境卫生、会做简单家务、按时上学和回家、按要求完成作业等。家长有病或需要帮助时，有能力给予主动帮助，如买药、做饭、倒水、洗衣等。

（三）重视对孩子进行道德品质教育

培养孩子爱祖国、爱人民、爱科学、爱劳动、爱社会主义的美好情操，教育孩子从小要有责任感和义务感，有远大理想、懂文明讲礼貌、勤劳俭朴、尊老爱幼、诚实守信。

（四）培养孩子养成良好的学习习惯

例如，培养孩子正确的学习姿势、按时作息、主动复习、总结当天所学、独立完成作业、不懂不会及时请教、有错题本（及时整理错题）、提前预习功课、"今日事今日毕"等良好学习习惯。

（五）加强体育锻炼，增强孩子的体质

身体健康是孩子生活学习等活动的前提，体育锻炼不仅能增进人的体质，促进孩子身体的生长发育，还能调剂人的精神，有利于开发孩子的智力。家长要教育引导孩子从小坚持锻炼身体，增强体质，可将游戏与体育锻炼结合起来，激发孩子参加体育锻炼的积极性。同时要注意孩子的休息、睡眠时间，充分的营养补充。特别要注意孩子用脑卫生，如果用脑时间过长、智力活动负担过重、精神刺激过大，都可能影响大脑神经活动，危害孩子的身心健康。

（六）培养孩子良好的心理素质

一个心理素质良好的孩子应具备的标准是：①乐观进取，朝气蓬勃，努力学习；②乐于交往，能和他人建立正常的友谊；③了解自己的优缺点，尽力发挥自己的优点、克服缺点，不怨天尤人；④思维合乎逻辑，做事有条理；⑤具有良好的意志品质，能主动克服生活学习中遇到的困难；⑥能适应环境的变化，并能采取相应的措施对待各种问题。

（七）培养孩子多种兴趣和爱好

有没有广泛而正当的兴趣爱好，也是一个人精神文明的重要标志之一。家长应当细心地了解孩子，认真发现孩子的潜在能力，引导他们发展适合本身特点的兴趣爱好，并把它巩固起来，发展下去，形成自己的特长。如果家长置孩子个人的兴趣、爱好、才能于不顾，就势必影响孩子的正常发展，贻误人才的成长。

（八）加强安全教育，提高孩子的防范意识和能力

专家认为，意外伤害实际上已成为青少年儿童的"第一杀手"。有关资料表明，我国0～14岁儿童死亡的原因中，意外伤害已占第一位。在全部死亡儿童中，有1/3是由意外伤害引起的。意外伤害主要是意外窒息、溺水、中毒以及交通事故等，当然也包括那些被歹徒绑架、拐骗等给儿童带来的身体和精神的伤害。为了使儿童免遭意外伤害，家长应从小做孩子的"守护神"，在家庭中树立"安全第一"的意识，设法营造安全的家庭环境，对孩子进行安全教育和安全训练，培养孩子的防范意识，提高孩子的自我保护能力。

第二节　家庭心理健康教育

一、家庭对儿童心理健康的影响

（一）家庭结构的完整性对儿童心理健康的影响

家庭结构主要指家庭的人口结构。在家庭人口结构中，一个十分重要的因素就是家庭结构的健全完整性。不完整家庭，是指家庭中或因父母双方感情破裂而离婚，或因死亡、服刑等其他原因失去了其中一方或双方，致使家庭结构的完整性和稳定性遭到破坏的一种家庭状况。不完整家庭包括三种情况：父母离婚后，孩子只跟母亲或父亲一方生活的家庭——单亲家庭；母亲改嫁或父亲再婚，一方是"继父"或"继母"的家庭；父母双方都不要孩子，孩子寄养在其他人家，无亲生父母的家庭。

家庭结构不完整对儿童心理健康的影响主要表现在以下几个方面。首先，家庭结构不完整会导致家庭心理气氛受到破坏，家庭中缺少欢乐和睦的气氛，进而影响儿童的心理状态。其次，由于骨肉分离，孩子渴望得到父爱或母爱的基本需求得不到满足，进而产生压抑、思念、无助等不良情绪；由于没有亲生父母的一方或双方在身边，孩子内心安全感和归属感受损，生活在紧张焦虑之

中。再次，由于想念亲生父母，内心对继父母产生本能的抵触情绪，因此难以与继父母相处，非常敏感和叛逆。最后，由于家庭的不完整，儿童会感觉自己的家庭不光彩，进而产生自卑、抑郁等心理问题。因此，给孩子一个安全可靠的家，让孩子拥有一个健康的心理，是我们做父母的责任。

残缺家庭的孩子在心理上会受到不良影响，但只要培养得当一样可以成才；他们往往独立生活能力较强，意志力较强，这也是逆境对人生磨炼的结果。

（二）家长的心理健康水平对儿童心理健康的影响

上海市家庭教育研究会对 1326 名中小学生家长及其子女的研究表明，家长的心理健康与其子女的心理健康相关度很高。家长心理健康，其子女有心理行为问题的仅占 11.67%，而家长有心理行为问题，其子女也有心理行为问题的高达 60%。

儿童具有很强的模仿性，尤其在孩子小时候，他们知识经验少，许多是非对错模糊不清。他们主要依靠自己的模仿力，从养育者那里学习和认识事物，建立价值标准和生活方式。所以，家庭成员的一言一行、一举一动，无论是有意还是无意，正确还是错误，文明还是粗野，都将成为孩子学习和模仿的榜样，时刻影响着孩子的心理和行为。如果家长有明显的认知偏见，或经常情绪失控、乱发脾气，或胆怯、退缩、意志薄弱，或有自私、懒惰、冷漠等不良的个性品质，都会渗透在其日常的言谈举止中，对孩子的思想行为产生"污染"。因此，要避免家庭中的各种"心理污染"，父母首先要有健康的心理状态。

（三）家庭成员之间的关系对儿童心理健康的影响

家庭成员之间的关系主要指家庭中各成员之间的亲密程度及交往方式。对于孩子来说，最有利于其心理健康的就是家庭成员之间的和睦融洽、互敬互爱，这种家庭关系和氛围易于形成儿童乐观、安全和开放的个性。与此相反，家庭成员如果关系不好，彼此间充满矛盾、争斗和敌对，则会直接损害儿童的心理健康，使儿童产生无助、孤独、猜疑、退缩、脆弱或攻击、敌对等心理。例如，有的家庭父母之间经常吵架，使儿童幼小的心灵过早蒙上了生活的阴影，承受着巨大的痛苦，最终的结果往往是这类家庭的儿童在内心深处积淀过多的各种消极的东西，使其形成封闭、冷漠、逃避现实、悲观厌世等不良个性。所以，即使仅仅为了孩子，家长也有责任协调好家庭关系，给孩子提供一个温暖和美的家庭环境。

同时，还应注意家庭成员之间的交往方式，应更多地选择那些带有感情色彩的、富有情趣的交往方式。每个成员在交往中都应积极主动，家人之间要多交流、多沟通，善于表达对其他成员的关爱，这样不仅促进了儿童心理健康，而且也会使儿童学会如何更好地与他人交往。

（四）父母的生活态度和生活方式对儿童心理健康的影响

父母的生活态度和生活方式也反映出了他们的心理健康水平。许多父母因生活中的波折或工作问题而变得消极，他们看问题往往只看到其不好的一面，在孩子面前或闷声不响，或牢骚满腹，不求上进，生活单调，工作拖沓、敷衍，甚至经常喝酒、赌博等。家长这样的生活方式与生活态度对儿童的心理健康是非常不利的。因此，如果希望孩子积极上进，家长必须先选择积极的生活方式，改变不良的生活态度。

（五）家长的教养方式对儿童心理健康的影响

父母的教养方式是指父母在抚养、教育儿童的活动中通常使用的方式。许多研究都证实了父母的教养方式是影响子女成就和心理健康的重要家庭因素。父母的教养方式对孩子的生活适应、学习行为、各项能力的发展有直接影响。一般认为，父母的教养方式大致可分为专制型、放任型、溺爱型和民主型。

专制型父母对孩子的教育很严厉，对孩子的言行包括学习过分干涉，而且要求孩子必须按照父母的指令去做。在这样的家庭中，孩子没有发言权和自由选择权。父母不顺心或孩子的行为不符合父母的愿望时，就对孩子进行严厉的惩罚。这种教养方式会使孩子产生行为上的两面性，一方面是焦虑、抑郁、恐惧、自卑、压抑、缺乏主见；另一方面又容易表现出暴躁、说谎、骂人、不讲理等较强的攻击性。这种孩子由于心理不平衡，经常处于不良情绪之中，既容易影响智力水平的发挥，也容易导致人格缺陷。

放任型父母对孩子的行为与学习不感兴趣，漠不关心，任孩子自由发展。这种家长往往把对子女的希望全部寄托于学校教师的教育和孩子自身的努力，轻易放弃了对子女学习的督促和品行的指导。这样的家庭缺乏亲密感。在这种家庭环境下成长起来的儿童往往对学习与做其他事情缺乏责任心，他们在情感上孤独冷漠，在行为上我行我素，难以听进他人的劝导。研究显示，行为越轨的儿童多数其父母属于这种类型。

溺爱型父母过于保护和迁就孩子，满足孩子一切合理或不合理的要求，不让孩子遭受任何挫折。这样的孩子一般自理能力差，事事依赖别人，缺乏自主、自立和自强的精神，意志力薄弱，难以承受生活或学习上的挫折与失败，容易产生自私、任性、冷漠的个性特点，不会适度关心和迁就他人，不利于建立良好的人际关系，难以适应社会生活，影响竞争意识的发展。

民主型父母采取温暖、理解、民主的教养方式，温暖来自于父母对子女的爱和亲密感，理解的关键在于能站在孩子的角度考虑问题，民主的表达主要是对孩子的尊重和平等的态度，给孩子以充分的发言权和自由选择权。这样的父母从不任意打骂孩子，对孩子的行为更多的是加以分析与引导，他们善于听取孩子的意见，对于孩子在成长或学习中发生的问题更多地采用帮助与鼓励的方法，并合理地应用奖励与处罚的手段，使孩子从父母的行为与教育中获得知识，明白道理。民主型的教养方式容易使孩子乐观、自信、积极进取，对人友好、富有同情心，善于思考、有主见、富有想象力和创造力，能心平气和地听取他人的意见，主动发展自己，完善自己。这样的孩子在学习中既刻苦又灵活，善于和同学们互相帮助、互相交流。

调查发现，学习困难儿童的父母中更多地使用专制及放任的教育方式，而正常儿童，特别是优秀学生的父母，更多地用民主型的教育方式。

二、家庭心理健康教育的具体实施

（一）提高家长自身的心理健康水平

有学者在研究家长心理健康对子女健康成长的影响时，提出了家长心理健康 11 条标准：

①能积极地悦纳自我；

②具有稳定而积极的心境，注重自身修养；

③有健全的人格素质，和谐的人际关系；

④能自我控制各种情绪与情感，使用积极的家教语言；

⑤能保持和谐的夫妻关系，营造良好的家庭氛围；

⑥在夫妻教育观念和方法一致的基础上有良好的教育认知水平；

⑦亲子和谐，能与孩子进行平等基础上的良好沟通；

⑧能包容孩子的错误并能施以正确的引导与鼓励，让孩子树立自我向上的精神；

⑨能正确看待孩子的"性觉醒"，适时对孩子进行性教育；

⑩尊重孩子的优缺点，理解孩子的感受与体验，尊重孩子的选择，积极对孩子进行正向引导；

⑪能顺应时代需求和孩子个性特长，对孩子进行顺势教育。

（二）构建和谐的家庭关系

和谐的家庭成员关系的内涵是什么？家庭中的主要成员为丈夫、妻子、孩子。如果把每个家庭成员看作家庭中的一个点，相互连接起来，而构成家庭的"金三角"，那么丈夫与妻子是"金三角"中的二个"边角"，孩子便是这个"金三角"的"顶角"。不管是"边角"，还是"顶角"，三个"角"都是等角。家庭中的每个人，不管是大人还是小孩，是男人还是女人，都是平等的、民主的、相互尊重、相互关爱的。孩子既不是父母的私有财产，也不应该是家庭中的"小太阳"。父母与子女之间沟通的渠道是否顺畅，是否和谐，决定了家庭是否快乐和幸福，孩子成长是否健康，家庭教育是否成功。做到以上几点，才能称为是和谐的家庭成员关系。

家庭成员之间应如何表达关爱？解答："关爱＝了解＋尊重＋自由＋帮助"。夫妻之间、父母与子女之间要进行相互了解和沟通，要尊重对方人格、需求、爱好，给予对方自由的发展空间。

(三)学习科学的家庭教育理论和方法

许多家长虽有强烈的教育意识和愿望，但缺乏科学的教育理论和方法指导，容易导致教育理念偏差、教育方法失当及教育结果不良。因此，所有家长都必须要学习科学的家庭教育理论和方法，做一个合格的家长。

家长学习科学的心理健康教育知识和方法的途径主要有：

①自学，自己购买相关书籍、影像资料，或利用网络等手段学习了解科学的家庭教育理念和方法；

②参加相关的家庭教育培训班，接受正规的"家长职业"的岗前训练或在职培训；

③学校要经常主动开展与家长的联系工作，可采用多种形式向家长介绍科学的家庭教育知识，如发放《家教知识手册》、开展家长课堂、组织"家长沙龙"等；

④家长之间要多交流，相互学习，相互探讨。

(四)科学有效地对儿童进行心理健康教育

"爱是最好的教育。"爱孩子是教育孩子的前提和基础，没有父母之爱的孩子，往往会有人格缺陷。爱孩子是一种情感、一种天性，但也是一门学问、一门艺术。

1. 家长要给孩子无条件的、充足的爱和信任，让孩子感受到安全、自由、愉快和自信

不论孩子学习好坏、进步大小、有无犯错，家长都应给予孩子关心爱护，孩子体验到的是永恒的爱、温暖和安全，这样的孩子充满自信和幸福感。当然对孩子的不足或错误并非视而不见，而是给予充分的理解和宽容，给予必要的帮助和指导。对孩子的努力，不论进步大小，都要给予鼓励和信任，激发孩子积极向上的内在动力。

2. 家长要多陪伴孩子一起学习、一起玩耍

家长要首先保证与孩子一起学习，一起活动的时间。没有共同活动的时间，也就无法倾听孩子的心声，无法了解孩子的心理需求，更看不清孩子成长的脚步，当然也无法引领孩子前进的方向。可以这么说，没有共同时间的家庭是虚拟的家庭。

3. 家长要从子女的长远利益出发爱孩子

每个家长都希望自己的孩子有美好的前途和幸福的生活，那就要从小培养孩子创造美好生活的能力和素质。家长要教孩子学会做自己力所能及的事，不要依赖别人；也要帮助家长做适当的家务，培养孩子的生存能力和生活能力，培养孩子的家庭观念和家庭责任感，增强爱的凝聚力。

4. 家长对孩子的生活与学习要给予适当的帮助、指导和建议

青少年由于年龄小，知识能力有限，在成长过程中会遇到这样那样的困难，需要家长给予适当的帮助，而非包办代替；青少年心理发展还不成熟，在认知判断、情绪表达和行为方式上都需要家长给予正确的指导和建议，而非强制命令。

5. 家长对孩子的言行应给予合理的规范和约束

一个孩子如果缺乏明确的是非观念和道德标准，对自己的言行没有合理的约束，任性放纵，为所欲为，就会导致人格的偏离，严重的还会导致违法犯罪，危害他人，危害社会。所以家长应该帮助孩子建立是非、对错、善恶、美丑的基本标准，通过对生活中一些具体事例的分析和判断，让孩子知道什么是好，什么是坏；什么该做，什么不应该做；什么是美，什么是丑。教育孩子学会遵守社会的基本规范，这样的孩子长大后才会有社会道德感和社会责任感。

专栏 8-1　犹太家长的"篝火之爱"

犹太家长以"培养孩子的开拓精神，使孩子能够成为自食其力的人"为出发点，点燃孩子生命深处的技能和素质。他们从爱孩子就要为孩子深谋远虑出发，把学会独立生存作为最重要的礼物送给孩子。

犹太家长从小培养孩子独立生存能力的法则——不劳无获的"有偿生活机制"。其家庭教育的口号是"要花钱，自己挣！"当孩子想要父母满足他们的愿望时，犹太父母会告诉他们的孩子，你必须通过自己的努力，才能换得你想要的东西。富有的犹太父母更重视孩子的生存教育。我做工的那个家庭有一个读小学的男孩子，虽然家里有很多名车，但是基本不用来送这个孩子上下学。无论刮风下雨，男孩子都是自己坐公交车回家。如果他想要一双向往

已久的球鞋，他的父母会建议他每天晚上洗一次碗筷，用自己的劳动来换取。他的父母说，这样才能让孩子感受生活的酸甜苦辣。

不劳无获的"有偿生活机制"在犹太家庭教育中由来已久。犹太人数量少，为什么能人才辈出？这一直是人们渴望知道的问题。"有偿生活机制"就是其中的一个小秘诀。世界首富洛克菲勒，从小就给父亲做"雇工"挣零花钱。他清晨便到田里干农活，有时候帮母亲挤牛奶。他有一个专用于记账的小本子，把自己的工作量化后，按每小时0.37美元记入账本，而后与父亲结算。这件事他做得很认真，并感到神圣且趣味无穷。

中国现在还没有进入经济强国的行列，很多家庭还徘徊在中产阶级的门槛之外，但对于孩子，却表现出未富先娇、未贵先奢的教育理念。论富，犹太富人最多，论贵，欧洲贵族最多。可是，这些富贵的家族在教育子女上，最重视点燃孩子们的生存技能和素质。犹太父母爱孩子的画面犹如一幅篝火图，画面中，父母用篝火点燃孩子的人生和前程，遥遥望见，他们就像一轮新生的太阳从地平线升起。

（资料来源：沙拉，《特别狠心特别爱》）

第三节　当代家庭心理健康教育的误区

家庭教育是一门科学，有它自身的规律，不是光凭热情和决心就能做好的。要想教育好自己的孩子，家长首先要走出家庭教育的误区。

一、过分溺爱

爱孩子是人的天性。但爱得没有原则，爱得失去理智，就是溺爱了。"溺"的基本含义就是"淹没，沉迷不误，过分"。溺爱的表现有两种：一是过分保护，一是过分迁就。

过分保护是指许多需要子女做的事父母都代劳了，父母就像保姆一样，帮助孩子解决一切问题，不让孩子遭受任何挫折。这类家长常说的话是，"孩子还小，做不了，等大了再让他做。""我就这么一个宝贝，说什么也不能让他吃苦。"现在不少家长怕孩子干家务活耽误学习，家长承担了全部的家务劳动，不让孩子做任何一项，结果孩子除了学习什么都不会。家长的过度保护会使孩子失去正常的、积极的、自由发展的个性，这样培养出的孩子往往懒惰、懦弱、依赖与无能。这种个性特征阻碍了孩子的创造欲望，处处需要别人的指点与帮助，智力发展也会受到限制。

过分迁就的表现是全家人以孩子为中心，孩子的要求一概满足，不论是合理的还是不合理的，对孩子百依百顺、有求必应。孩子得到太容易，也就不懂得珍惜。法国教育家卢梭曾说过："你们知道造成你们儿童的不幸的最可靠的方法是什么吗？那就是他要什么便给他什么。"家长对孩子过分娇宠，舍不得磨炼孩子的意志，不给孩子锻炼克制自己欲望的机会，对孩子犯的错误也一味迁就，唯恐孩子不顺心，这样的孩子极易形成任性、冲动、不能体谅别人、唯我独尊、贪图享受、为所欲为等不良的人格品质。他们只习惯于被爱，不懂得感恩，稍不满意就嫉恨在心，人的私欲是满足不了的。所以，古人说，"骄儿无孝子"。他们往往在家里胆大包天，在外面胆小如鼠，产生畸形心理，最后自食恶果的是孩子和孩子的家长。

犹太母亲沙拉说："谁溺爱孩子，谁总有一天会为孩子包扎伤口！"过分溺爱最容易培养出"啃老族"。最近有个调查显示，中国有 65％以上的家庭存在"老养小"的现象，三成成年人基本靠父母供养。

走出此误区的原则是：理智施爱，爱而不溺，即爱子女的动机和效果要统一，要从子女的长远利益出发去施爱。每个家长都希望自己的孩子有美好的前途和幸福的生活，那就要从小培养孩子创造美好生活的能力和素质。

首先，生活自理能力培养。家长要教孩子学会做自己力所能及的事，不要依赖别人；也要让孩子帮助家长做适当的家务，提高孩子的生存能力和生活能力，培养孩子的责任感和义务感。

其次，挫折教育。应从小对孩子进行适当的挫折教育，让孩子不时地面对一些小挫折，学会自己去应付；对孩子的不合理要求，拒绝的态度要坚决，但拒绝的方法要温柔，让孩子学会自我克制，自我约束，培养孩子坚强自制的意志品质。

最后，感恩教育。家长不仅要给孩子充分的爱，同时也要教育孩子学会爱父母、爱亲人、爱朋友。孩子要理解父母的艰辛，为父母分忧，在生活中关心父母和亲人。例如，记住父母和亲人的生日，为父母和亲人的生日准备小礼物，父母亲人有病时，学会关心照顾等，培养孩子的浓浓亲情。

上述三方面，就是从小培养影响孩子一生的三大习惯：

自己的事自己做——正确对待事业；

自我克制和约束——正确对待自己；

敬爱父母和亲人——正确对待他人。

二、过分专制

"专制"的基本含义是"独自掌握或享有"，即"独裁"。其具体表现为对孩子言行的过分干涉和惩罚。

专制型家长往往居高临下，监督控制孩子的一言一行，孩子无权决定自己的事，一切由家长说了算。从每天的时间安排，参加什么兴趣班，交什么朋友等都由父母决定，孩子没有自由支配自己的时间和自主选择自己兴趣爱好的权利。而一旦孩子没有按着家长的要求去做，或没有达到家长的满意，家长就会给予严厉的惩罚，轻则责备，重则打骂。

有人研究过，中国有30％的家庭都存在着过分干涉孩子言谈举止的现象。对孩子"过分干涉"的家长会不分青红皂白地批判和禁止孩子正常的自我主张和感情表现。例如，禁止在青春期与异性的正常交往，禁止发展孩子自己的兴趣爱好，否定孩子想要读的学校和想要从事的职业，否定孩子自己的思考，强硬地向孩子灌输自己的价值观。结果，孩子的交往能力、自主学习和自主选择能力都受到限制，往往表现出消极被动，听任"安排"，做事没主见，人云亦云，思维缺乏独立性、批判性、灵活性和创造性。

过度惩罚给孩子造成的不良影响向两个方向发展。一方面可能使孩子的性格压抑，焦虑恐惧，心理自卑，遇事唯唯诺诺，缺乏独立的能力，影响孩子健康人格的发展。特别是生性懦弱的孩子，就更加胆小怕事，他们心理脆弱，极度缺乏安全感。打骂不仅摧残肉体，而且摧残心灵，天长日久，孩子会失去自尊自信。而另一方面对于生性倔强的孩子，批评惩罚更是糟糕的办法，会使孩子更加顽劣、倔强、敌对和逆反，孩子不仅改正不了错误，反而会觉得家中没有温暖，一旦遇到坏人引诱教唆，很容易堕入泥潭，即便没有坏人引诱，他们在充满暴力的环境中长大，对他人更具攻击性，长大后，容易对他人实施暴力，成为社会的危险人物。

走出此误区的原则是：尊重信任、民主平等，践行该原则时家长应注意以下几点。

第一，爱孩子是以尊重为前提的。家长虽然是孩子的监护人，需要无条件地关心照顾养育自己的未成年子女，但家长和孩子在人格上依然是平等的，家长没有剥夺孩子体验自己想要的人生的权利。在不违反原则的情况下，家长应尊重孩子的意愿，尊重孩子的选择，不要把家长的意愿强加在孩子身上，让孩子过他自己的人生，而不是替家长过家长的人生。

第二，信任是最大的尊重。家长的过分干涉往往是由于不信任孩子有自我管理的能力，但忽视了能力是在实践锻炼中培养起来的。家长要大胆放手，给孩子一定自由支配的时间和空间，相信孩子有积极向上、自我完善和健康成长的欲望和潜力，信任孩子的努力。在信任中增强自信，在独立中培养自立。

第三，鼓励和帮助是爱的精髓。家长给孩子的爱应是无条件的，不论孩子学习好坏、进步大小、有无犯错，家长都应给予孩子关心爱护，孩子体验到的是永恒的爱、温暖和安全，这样的孩子充满自信和幸福感。当然对孩子的不足或错误并非视而不见，而是给予充分的理解和宽容，给予必要的帮助和指导。对孩子的努力，不论进步大小，都要给予鼓励和信任，激发孩子积极向上的内在动力。

三、忽视放任

"放任"的基本含义是"任意，随便"，其主要表现为：只管养，不管教，对孩子的表现不闻不问，听之任之。

这类父母常常由于过度关注自己的事情而对孩子投入极少的时间和精力，他们不会对孩子提出什么要求和行为标准，对孩子缺少教育。在感情上也表现得比较冷漠，对孩子的需要不予理睬或者不敏感。他们常以没有时间来照顾孩子为借口。学校要求家长配合的工作基本完不成，把对孩子的抚养任务推给长辈，或把教育孩子的责任推给学校，这是最不成功的教养方式。

在这种教养类型下成长的孩子，自由散漫，组织纪律性差，集体观念差，是非观念不强，生活态度消极，对什么事都无所谓，不愿意约束自己，自控能力差，他们往往害怕困难，缺乏理想，做事拖拉，阻碍自己的进步与成长。有些孩子还容易表现出较高的攻击性，常发展为行为失调，这些孩子有可能成为充满敌意、自私、叛逆的青少年，易出现如酗酒、逃学、打架斗殴等反社会行为，甚至导致多种犯罪行为。

走出此误区的原则是：陪伴关注、交流沟通，践行该原则时家长应注意以下两点。

第一，提高自身的责任意识。父母要认识到自己是孩子的第一任教师，也是终生永不退休的教师；家庭是孩子的第一所学校，也是孩子终生不离不弃的学校。使你的孩子健康成长，成才成人，才是你作为家长的第一责任。你人生的任何成功都不能弥补家庭教育的失败！孩子的健康成长需要家庭、学校、社会三者的密切配合，而家长的作用是谁也代替不了的。所以父母双方都要负起家庭教育的责任，不要把自己的责任推给他人。

第二，陪伴孩子一起成长。家长要尽量多抽出时间陪伴孩子，关注孩子，了解孩子和帮助孩子，和孩子一起学习，一起游戏，共同分享快乐，共同解决困难。这样的家庭亲情浓厚、乐观向上、安全自信、幸福感强。

四、父爱缺失

父爱缺失又叫父亲教育缺位，指的是孩子在成长过程中很少得到父爱或父亲很少参与子女教育，甚至出现孩子没有得到父爱或父亲没有参与子女教育的状况。北京市海淀区曾针对"主要承担教育孩子的家庭成员是谁"进行了问卷调查，结果显示有一半以上的家庭教育存在"父爱缺失"现象。

中国青少年教育专家孙云晓指出："父亲对孩子成长的影响难以估量，父爱关系着孩子个性的形成，缺少父爱如同孩子缺钙，缺乏父爱的孩子容易焦躁孤独。"在家庭教育中，父母的相互配合是最重要的，任何一方的缺失都是教育的失败。心理学研究发现，如果父亲不参与到孩子的日常教育中，对孩子未来成熟的人格构建将造成很大问题。在孩子的成长过程中，父亲为孩子提供力量、支持和依靠，如果子女的教育完全由母亲"包办"，会使男孩女性化，也会使女孩的性格更加柔弱。此外，父爱缺失家庭的孩子还将面临情感孤独、缺乏安全感、自信心及责任心不足等诸多问题。美国哈佛大学 2003 年研究发现，女孩缺少父爱容易学不好数学，男孩缺少父爱容易产生情感障碍。在接受调查的 1000 个个例中，学不好数学的女孩中有 90% 是常年和母亲在一起生活的；有情感障碍的男孩中 86.7% 平时很少和父亲沟通。父亲通常具有独立、自信、宽容等刚性品质，每天与父亲接触不少于两小时的孩子，他们的人际关系融洽，具有进取精神、冒险精神。得到父爱越多的孩子，长大后忍耐力和社会责任感越强。

走出此误区的关键是："父爱归来"。呼唤那些以事业为重的父亲们多抽出时间来陪伴孩子，关注孩子的教育，让父爱成为孩子健康心智的养分。下面是给父亲们提出几点具体建议。

第一，做一个懂爱的父亲。爱是最好的教育。父亲要投入更多的时间和精力来陪伴妻子和孩子，经常在孩子面前称赞妻子，在妻子面前夸赞孩子，有时帮助妻子做家务，有时陪着孩子一起学习或玩耍，还要经常关心老人、孝敬老人。父亲要用爱创造一个温馨和谐的家庭氛围，使这个家庭充满亲情、快乐和幸福，这是爱孩子的最好方式。孩子的乐观情绪、友好态度、自尊自信、内心安全感主要来自父母的恩爱、家庭的和谐。同时，父亲的行为也给孩子树立了一个学习榜样，使孩子学会尊老爱幼、关心家人。

第二，做一个会玩的父亲。作为一个称职的父亲，应经常和孩子一起做游戏或户外活动，如跑步、爬山、游泳、打球、下棋等。通过这些互动，孩子不仅能够感受到父亲的关爱，还有利于从父亲的言行中获得心智营养。例如，父亲往往对新生事物比较感兴趣，因此也会激发孩子对新事物的兴趣。孩子一般都爱和父亲一起玩游戏机、玩电脑等，这些对培养孩子的探索精神很有好处。男性一般比较爱下棋，他们和孩子在一起下跳棋、军棋、象棋、围棋，这对培养孩子的逻辑思维能力很有好处。男性往往爱运动，还喜欢冒险，这无疑利于锻炼孩子的身体素质和勇敢顽强的意志品质。

第三，做一个学习型的父亲。父亲不能只是一味地要求孩子努力学习，而自己平时在孩子面前却从不看书学习，只是看电视、玩电脑或喝酒睡觉。身教重于言教，父亲在事业上的孜孜以求，正是孩子好学上进的榜样。父亲除了看和自己业务相关的书，还可以看看教育方面的书，学习科学的教育方法，最好多跟孩子一起看孩子学习的书，不仅可以培养孩子的学习兴趣，还助于增进亲子之情。

有人说，一个人在事业上取得再大的成功，也弥补不了教育孩子失败的缺憾。父爱如山，母爱如水，家庭是父母精心共筑的爱巢。让孩子感受到完整的父母之爱，孩子的人生就不再孤单。

五、偏重物质奖励

当孩子做出了良好的行为，如帮妈妈做家务、认真完成作业等，或取得了良好的成绩时，给予孩子适当的表扬和奖励，激励他继续努力，这是正确的教育方法。奖励可分为物质奖励和精神奖励。如果家长总是给予孩子物质上的奖励，忽略精神上的鼓励，就走入了偏重物质奖励的家庭教育误区。

"如果你考试得了第××名(或××分)，我就给你买……"这是家长们常说的一句最直接有效的激励孩子的话。我们知道，孩子在小的时候是比较贪吃贪玩的，在这种物质奖励的刺激下，孩子确实会为了得到自己想要的、想吃的东西而努力。但是，物质刺激产生的效力是短暂的，还会产生不良的影响。当儿童受到多次物质刺激后，就会变得越来越依赖物质刺激，甚至做一点普通的事也是如此。没有得到物质奖励的时候，孩子就会变得灰心丧气，他们甚至会认为没有物质奖励的事情不值得去做。也就是说，自身的成长和进步已经不再是孩子的需要，他们的努力只是为了得到某些物质奖励，这是很可怕的。很多家长都有这样的困惑：动不动就给孩子许愿和奖励，开始的确管用，但慢慢地就不灵了，还会惹出更多的麻烦，有些孩子甚至把学习作为交换物质奖赏的筹码。

为什么物质奖励会逐渐失灵甚至产生副作用呢？心理学家雷珀的实验解释

了这一问题。

雷珀挑选出一些喜欢绘画的孩子，把他们分成两个实验组。他对第一组的孩子许诺说："如果你们画得好，老师就给你们发奖品。"对第二组的孩子说："我很想看看你们的画，我喜欢你们画画。"两个组的孩子都高兴地画了起来。结果，第一组得到了奖品，第二组得到了具体的点评。三个星期后，雷珀发现，第一组的孩子绘画兴趣明显降低，大多不愿意再画；而第二组的孩子则和以前一样喜欢绘画。后来，心理学家又把这个实验在不同国度、不同兴趣组做过多次论证，结果是相同的。

这个实验告诉我们，在调动孩子的内在动机、自觉性和持久兴趣方面，物质奖励的功能是有限的。物质奖励固然能够强化孩子的某种良好行为，但有可能掩盖了孩子的关注点，即孩子做某件事有可能只是对物质奖励感兴趣，而对事情本身的兴趣并没有培养出来。

走出此误区的原则是：重视精神赏识与智力支持，激发孩子的内部成长动机。

雷珀的实验还说明了一个问题，即精神赏识与智力支持对孩子学习的激励作用是持久的。"我很想看看你们的画，我喜欢你们画画"，这让孩子感觉自己的行为得到了老师的肯定和欣赏，满足了孩子的心理需要；老师对绘画的具体指导，又激发了孩子想画得更好的愿望，这时孩子的自我成长的内部动机产生了，也只有内部动机才能长期激励孩子发奋学习，积极进取。

因此，家长不应该仅靠物质刺激来督促孩子努力上进，而应以精神奖励为主，侧重激发孩子的内部成长动机，即为自己的成长和进步，为自己的前途和命运而努力的动机。精神奖励的方式很多，如家长可直接言语表扬"你真棒""你真能干""你今天画的兔子真可爱"，或做出亲密的动作"亲吻、拥抱"等都会给孩子无限的动力和自信心，还能增强家长和孩子的亲情关系。当然物质奖励不是一点不能使用，只是要少用慎用，可起点缀作用，而不能滥用。

六、隔代养育

隔代养育是指祖辈对孙辈的抚养、照料和教育。造成隔代养育的原因主要有三种：一是父母在外地打工，无法照顾孩子；二是父母工作繁忙，无时间照顾孩子；三是越来越多的"独一代"开始为人父母，昔日被称作"小太阳""小皇帝"的他们，缺乏养育子女的耐心和责任心，将养育子女的责任推给老人。

隔代养育越来越成为一种普遍的社会现象。据中国老龄科学研究中心对中国城乡 20083 位老人的调查显示，照看孙辈的老人占了 66.47％，女性老人的比例在城乡中分别高达 71.95％和 73.45％。另一份调查报告显示，上海祖辈参与孙辈养育的比率高达 88.9％。

祖辈养育孙辈确实有时间和经验上的优势，而且还能使年轻的父母得到时间和精力上的解放，能全身心地投入工作，对老人自身的身心健康也有促进作用。但隔代养育也有许多弊端：①老人一般比较溺爱孩子，有求必应，容易使孩子任性、娇气；②老人思想观念比较陈旧，接受新事物比较慢，孩子的某些现代需要得不到满足，容易产生心理问题；③由于许多孩子不满一岁时就被送到祖辈那里，父母平日很少陪伴和照顾孩子，致使儿童对父母的早期依恋难以形成，或形成后又突然中断，早期主要依恋的破坏会造成儿童感情上的危险，在将来的生活中会表现出突然的抑郁或焦虑，缺乏安全感；④两代人在教育观念上的分歧会导致教育方式的矛盾，祖辈家长对孙辈的保护和迁就，使孩子很难接受年轻父母的严格要求和批评，造成孩子和父母的感情隔阂和对立情绪，严重影响亲子关系的正常发展。

走出此误区的原则是："在对待孩子的教育问题上，只允许有一种价值观，一种声音，一个权威，那就是孩子的父母"。

第一，父母要充分认识自己在孩子早期成长中的重要地位和作用，强化责任意识。祖辈对孙辈的教育不应该也不可能取代父辈的教育。父母与孩子是以血缘为纽带的亲子关系，承担着谁也无法替代的教育责任和义务；而孩子对父母的依恋感和从父母那里得到的安全感是一种天然的情感关系，也是谁都无法取代的。祖孙之间的过度依恋，会成为亲子之间沟通交流的障碍。如果把对孩子的教育、抚养双手推给老人，是对孩子成长的不负责任。

第二，祖辈在对孙辈教育中要合理定位，做好称职的配角。祖辈乐于参与孙辈养育，适当减轻年轻父母的负担是可以的，但并不意味着年轻父母可以不作为。孩子的父母永远是教育孩子的主角。所以父母不管多忙，都要抽出时间经常和孩子在一起，每天至少有两小时以上的亲子时间。而祖辈只是做好配角，不要越俎代庖。

第三，祖辈也要与时俱进，学习现代教育理念，提高教育的科学性和时代性，还要与自己儿女积极沟通，相互学习，跨越"代沟"，形成教育合力，营造一个两代人优势互补的家庭教育环境。

第四节　家庭心理健康教育案例

一、最初的性别认同教育

案例8-2　我是女孩儿

在女儿两岁之前，我就注意通过日常生活给她渗透性别的含义。

女儿最初认识"男、女"两个字是在公共厕所进行的。那时我们住平房，家里没有厕所。上厕所需要去公厕。每次去厕所，我都会指着墙上的"女"字念给她听，并告诉她："烨然是女孩儿，妈妈也是女孩儿，我们上女厕。"她会问："爸爸是女孩儿吗？"我就说："爸爸是男孩儿，爸爸上男厕。"我特意指着男厕的"男"字告诉她："这边是男厕，看，这个字就念男。男孩儿上男厕。"

多次之后，她就认识"男、女"这两个字了。有一次我俩去厕所，她先指着墙上的字念："男、女"，然后就说："妈妈是女厕，爸爸是男厕。"我听了哈哈大笑，忙给她纠正："妈妈是女孩儿，女孩儿上女厕；爸爸是男孩儿，男孩儿上男厕。"又给她补充讲解："李煜是女孩儿，夏姨是女孩儿，都上女厕。"她就问："李叔叔呢？"我说："李叔叔是男孩儿，上男厕。"接着她会问："李铮呢？""甄姨呢？""李大大呢？"我会引导她说："李铮是男孩儿，他要上……"她能接："男厕"，我说："甄姨是女孩儿，甄姨上……"她接："女厕"，以此类推。

此时的性别教育，是通过列举身边熟悉的人，告诉她哪些人是"男孩儿"（男性），哪些人是"女孩儿"（女性），使她对男女性别有了最初的感性认识，同时也认同了自己的真实性别"我是女孩儿"，接受自己的性别。

女儿两岁之后，我进一步引导她认识性别特征。一方面通过男孩儿、女孩儿外在特征的不同教她辨别。例如，女孩儿多数长头发，有的扎小辫子，男孩儿多数短头发，不扎小辫；女孩儿多数穿花色衣服，穿裙子，男孩子虽然也会穿花衣服，但基本不穿裙子。

最重要的性别认识是让孩子了解男孩儿和女孩儿的生理特征。幼儿时期是儿童性别意识形成的关键时期，这时家长应明确告诉孩子，生殖器官和我们的眼睛、鼻子、耳朵一样都是人体不可缺少的器官。儿童是天真无邪的，越早让他们了解性别的生理特点，他们越觉得自然而然，不会有任何的害羞和不好意思。我们当时住在一个四合院里，有四个小朋友，这几个孩子的年龄从1岁到3岁不等，他们从小就在一起玩。我会抓住一些有利时机让女儿认识男孩儿和女孩儿的生殖器官的不同，从根本上了解男性、女性的区别。

以前如问她："你是男孩儿还是女孩儿？"她答："女孩儿。"再问："为什么？"答："我穿花裙子。"现在若问她："你是男孩儿还是女孩儿？"她会答："我是女孩儿，我没有小鸡鸡。"

心理学研究表明，孩子从小认同自己的性别，对其身心健康成长都有重要意义。有的家长特别喜欢男孩儿，可自己却生个女孩儿，于是就从小给女儿穿男孩儿的衣服，留男孩儿的发型，在人前人后都叫她"儿子"，时间长了，她会认为自己就是男孩儿。当长大上学了，别人说她是女孩儿的时候，她会接受不了，甚至会讨厌自己的性别，容易出现"性别偏差"的心理障碍。有的家长把男孩儿当女孩儿养，也同样容易导致"性别偏差"的心理障碍。

（资料来源：孙淑荣，《宝贝成长日记》）

二、生存能力的训练

案例8-3 在"有偿生活机制"中爱孩子
——践行《特别狠心特别爱》之一

《特别狠心特别爱》作者沙拉说有偿生活机制是犹太人教育孩子的精华。同时，她也列举了很多犹太人运用该方法教育孩子的故事。在赞同她的方法的同时，我也把这种方法应用到教育儿子中，可以说收到了一定的效果。

在应用有偿生活机制之前，我先给儿子讲道理。我郑重地对儿子说："从今天起，你要参与咱们的家务劳动，你每做一项家务，我会付给你相应的工资。"当初我定的是每项1元钱。儿子一听说给他钱高兴坏了，当即表示愿意做家务。"在付给你工资之前我要说一下我的条件，第一，你先要准备一个工资本，标上日期，把所做的工作及挣到的钱数都写在上面，而且，这些钱你要妥善保存，不能做'月光族'一下把钱花完。你至少要用总额的20％作为定期保存下来。"儿子还是答应得很爽快。"第二，我每个月要检查一下你的工资本，你的收入和支出都要记得清晰明了，如果能按我们的要求做，我会给你总额10％的利息。如果记得不清楚或花钱没有节制我会扣除10％的工资作为惩罚。"儿子又响亮地说了声："我同意！""第三，你花钱买任何东西不超过 5 元的就自己做主，如果超过 5 元首先要经得妈妈同意。"总之，我说的所有条条框框，儿子都无条件地赞同，我们的家范就这样成立了。

回到家后，他主动把自己脱下的脏袜子拿到水盆里，仔细数了数，一共十双(呵呵，儿子七双，妈妈三双，最近工作较忙，没有及时给儿子洗，嘿嘿，今天终于有机会了)。他用稚嫩的小手一只一只地洗，每一只都打了超量的肥皂，然后再使劲地搓。他一会儿站着搓，一会蹲着搓，总之，在经过很长时间之后，这十双袜子终于洗完了，经过三次清水冲洗后，他端到阳台上晾了起来。后来，又帮我拖了一间屋子的地。刚开始时，我还真不敢想象，这么多的袜子，我洗着就嫌烦，结果他一点儿也没打退堂鼓，一直坚持做完，而且后来还有兴趣拖地，这可能是心态的问题吧，有偿生活机制在他身上见效了。

做完所有的活，我付给了儿子十一块钱(我说是一项任务一元，儿子误认为一双一元，十双十元，加上拖一间屋子一元，共计十一元，因为是第一次，为了保持他的劳动积极性，我也很爽快地给了他)。他很快乐地出去玩了。

第二天晚上放学回来，他坐在茶几前吃板栗，那个果皮剥的满桌子都是，过了一会儿，他站起来去写作业了。写完作业，他要起身下楼，我告诉他自己造成的垃圾要自己处理，不然的话，我去处理要扣除你的工资。他一听忙做手势说："妈妈，别！我来收拾。"只见他左手拿起垃圾筒，右手拿着毛巾，三下两下把茶几收拾干净，然后又拿起扫帚把地上掉的碎屑也扫了起来，而后，才急匆匆下楼。

在消费方面他也做了改变，可能是不当家不知道柴米贵吧，这几天我看他买玩具就挑便宜的买。以前从没见他买过五毛钱的玩具，前两天我见他上书法课回来，拿了三个塑料的小陀螺回来，问他哪儿来的，他说买的，总共五毛钱。我正纳闷这些玩具怎么这么便宜呢，他又告诉我是借了同学的钱买的。第二天，他从自己的钱包里拿五毛钱还给了同学。后来，他告诉我买玩具就要买便宜的，一旦弄坏了或是丢了也不心疼，而且玩具玩儿着都一样。

一天下午送儿子上学时，走到路上他说想借我两元钱买东西，还说放学后还我钱。我没问他买什么，就从随手带的钱包里掏出两块钱给了他，他没有食言，晚上放学回来第一件事就把钱还给我。我也遵守了我的诺言：他花钱没有超过五块钱，我也没问他买了什么。

在接下来的几天里，孩子总是主动地做些力所能及的家务，扫扫地，收拾一下桌子，早上帮大家盛饭。总之，他好像比以前勤快了许多。再一看孩子脸上的表情，显然他是很乐意做的，很开心。他每做一样事情我总是不失时机地对他做出赞赏。他每做完一项工作，我也很及时地付给他工资。

给孩子充分的自主权，让他有机会和家长一样拥有资金，让他从小学会理财，从而也避免了压制越紧他越反弹，不让孩子拿钱，他就偷偷去拿的一种现象。让孩子和家长平等起来，凡事让他多参与，享受有他的份儿，劳动也有他的份儿，时间一长，他也会养成习惯的。

美国科罗拉多大峡谷有种鹰，雌鹰每天要飞行两百英里(约 321 千米)寻找一种坚硬、带刺的铁树树枝筑巢，上面铺以树叶、羽毛、杂草，防止幼鹰被刺伤。随着幼鹰渐渐长大，雌鹰故意将安乐窝打破，幼鹰就拼命扑打着翅膀向上飞，在母亲的"狠心"下，它们终于学会了飞翔，而且能一飞冲天。带刺的巢穴，是一种深沉的母爱，更是一种博大的智慧。

连动物都知道训练孩子的生存能力，何况我们人类呢！聪明的父母都会用各种方式锻炼着自己孩子的各种能力，相信，在家长们的特别关注下，你们的孩子最终都能成为生活的强者。

三、教孩子学会分享

案例 8-4　还剩三个橘子

有位妈妈，一家三口人都爱吃橘子，可她买橘子不按斤数去买，而是按 3 的倍数去买。晚饭后吃橘子时，妈妈的规矩是叫儿子拿 3 个橘子，洗净了每人一个。有一次，就剩 3 个橘子了，儿子没像往常一样把橘子递过来，而是用眼睛看着爸爸妈妈，那个意思就是说，就剩 3 个了，你们俩还吃啊？这位妈妈对爸爸使了眼色，吃！结果夫妻俩就开始剥橘子吃。爸爸妈妈这边剥橘子，儿子那边就开始流眼泪，心里话就是"真吃啊，都不留给我，你们真狠心啊！"

现在的孩子他不缺两个橘子，他缺的是心中有他人。所以我们要给父母一个忠告：千万别让您的孩子吃独食！您教育孩子的最低水平就是吃东西一人一份，您要把自己的那份有滋有味地吃下去就是好的教育。孩子长大的过程是由自然人向社会人发展的过程，是社会化的过程。当孩子的心里能想到别人了，他的社会化就开始了，当他能处理好你我他之间的关系时，他的社会化就达到了一定的水平。

多数人可能都见过这样的现象：有人对小孩子说，叔叔想吃你手里的冰棍，小孩子一般都很乖，同意了。那个人就把冰棍拿过来，假装放到嘴边，就开始夸孩子，"你真乖，叔叔不爱吃，还是你吃吧。"这时小孩子就笑了。要是有哪个大人不开窍的，真把冰棍塞进嘴巴里，那孩子多半会"哇"地哭起来！连小孩童都知道真吃是不对的，假吃才对。这叫什么教育？很多家庭，父母买了好吃的都留给子女，自己不吃，也不让别人吃，而是看着孩子吃。这样培养孩子，一开始还觉得是乐趣，后来才发现孩子变得很"独"，独吃、独占、独霸、独享！再想去改变孩子就很难了。

那个分橘子的孩子2000年考上了北京大学，收到了亲戚朋友祝贺给他的500元钱。连他妈妈都没想到，春节回家看奶奶，这孩子就把这500元钱都给了他的奶奶。明智的父母要对孩子藏起一般的爱心，越爱他就越不能让他独吃独占，一定要从小教孩子学会分享。

四、培养孩子良好的学习习惯

案例 8-5 　加减法

有个上小学五年级的男孩儿学习很不专心，写一小时的作业要站起来7回。一会儿打开冰箱吃点东西，一会儿打开电视看动画片开始了没有，一会儿站到窗前看风景，不到10分钟就要动一会儿。他妈妈在远处，看在眼里，急在心里。

这位妈妈很擅长教育孩子。她对孩子说："儿子，你是很聪明的，你如果努力，肯定会学习得很好。但是我刚给你看了一下，你学习一小时就停下7回做别的事，是不是有点多啊？"

这男孩儿马上有点不好意思了，心想：让妈妈看见了，而且自己都没意识到站起来了7回，是过分了。

而这位妈妈最有水平的话还在后面，妈妈说："儿子啊，我看你写一小时的作业站起来3回就差不多了吧？"

儿子想，妈妈挺宽容的，还让站3回呢，就说："3回就3回"。

妈妈说："军中无戏言，你要是能做到写一小时的作业站起来的次数不超过3回，那当天晚上6点的动画片，你可以随便看"。

儿子一听特别高兴，以前看动画片的时候总是不踏实，就怕妈妈随时会来阻拦，现在可以随便看，当然很开心。

他妈妈又说："先别着急，有奖励就有惩罚，如果你超过了3次，当天晚上的电视包括动画片就都不能看了，行不行？"

孩子总是过高地估计自己，于是就一口答应了下来。

一个星期下来，儿子有三天做到了，当天晚上就大摇大摆地坐下来看电视，很是自豪；但是有两天没做到，那两天到了6点钟，男孩心里就痒痒，想看动画片。妈妈就说男子汉，说话算话，说什么都不能看。经过两种情况的对比，这个男孩在以后写作业的时候就非常注意了，他知道站起来只有3次，得省着点用。一个多月后，这孩子写作业的时候基本上就不站起来了。

这位妈妈对孩子学习习惯培养的成功之道叫作"加减法"，即培养好习惯用加法（奖励），改掉坏习惯用减法（惩罚）。通俗地说就是：你希望孩子有什么好习惯，你就鼓励他，指导他，让好的行为不断出现，出现的次数越多，好习惯越牢固。美国有位教育学家说，培养好习惯就像缠缆绳，只要你每天缠上一道，用不了多久，好习惯就会变得牢不可破。改掉坏习惯也一样，只有在极少数情况下才会一次改掉，更多的情况下需要一个过程，那就是递减法。有的父母不明白这个道理，常常是要求过严，一棒子打死，不留余地。例如，碰到上面的情况就会要求孩子一次都不许站起来。一下子要求太高，孩子难以做到，还会产生逆反心理，往往适得其反，效果很不好。而开始允许他站起3次，留有余地，做好了就奖，没做到就罚，孩子感觉难度小，容易实现，于是乐意接受和积极配合，也能取得较好的效果。

真正的教育是自我教育，真正的控制是自我控制，最好的培养孩子的方式是让孩子自己知道这是他最需要的习惯方式，是他愿意养成的习惯。

延伸阅读

[1]沙拉. 特别狠心特别爱[M]. 南宁：接力出版社，2010.

[2]卢勤. 写给世纪父母[M]. 南京：译林出版社，2013.

[3]周国平. 宝贝，宝贝[M]. 杭州：浙江文艺出版社，2014.

[4]李子勋. 家庭成就孩子[M]. 北京：中信出版社，2011.

[5]卢勤. 告诉孩子你真棒[M]. 北京：译林出版社，2013.

[6]王极盛. 高考状元的家教秘密[M]. 桂林：漓江出版社，2006.

[7]孙云晓，李文道. 好好做父亲[M]. 北京：中信出版社，2012.

[8]毕淑敏. 我的成长我做主——青少年心灵快乐游戏10＋1[M]. 桂林：漓江出版社，2005.

[9]孙云晓. 习惯决定孩子一生[M]. 北京：北京师范大学出版社，2013.

附件 1 　中小学心理健康教育指导纲要(2012 年修订)

中华人民共和国教育部
2012 年 12 月 7 日

中小学心理健康教育,是提高中小学生心理素质、促进其身心健康和谐发展的教育,是进一步加强和改进中小学德育工作、全面推进素质教育的重要组成部分。中小学生正处在身心发展的重要时期,随着生理、心理的发育和发展、社会阅历的扩展及思维方式的变化,特别是面对社会竞争的压力,他们在学习、生活、自我意识、情绪调适、人际交往和升学就业等方面,会遇到各种各样的心理困扰或问题。因此,在中小学开展心理健康教育,是学生身心健康成长的需要,是全面推进素质教育的必然要求。为深入贯彻党的十八大精神,落实《中共中央国务院关于进一步加强和改进未成年人思想道德建设的若干意见》和《国家中长期教育改革和发展规划纲要(2010—2020 年)》要求,进一步科学地指导和规范中小学心理健康教育工作,在认真总结近些年来全国各地心理健康教育工作经验的基础上,制定本纲要。

一、心理健康教育的指导思想和基本原则

1. 开展中小学心理健康教育工作,必须高举中国特色社会主义伟大旗帜,以邓小平理论、“三个代表”重要思想和科学发展观为指导,学习践行社会主义核心价值体系,贯彻党的教育方针,坚持立德树人、育人为本,注重学生心理和谐健康,加强人文关怀和心理疏导,根据中小学生生理、心理发展特点和规律,把握不同年龄阶段学生的心理发展任务,运用心理健康教育的知识理论和方法技能,培养中小学生良好的心理素质,促进其身心全面和谐发展。

2. 开展中小学心理健康教育,要以学生发展为根本,遵循学生身心发展规律,必须坚持以下基本原则。

——坚持科学性与实效性相结合。要根据学生身心发展的规律和特点及心理健康教育的规律,科学开展心理健康教育,注重心理健康教育的实践性与实效性,切实提高学生心理素质和心理健康水平。

——坚持发展、预防和危机干预相结合。要立足教育和发展,培养学生积极心理品质,挖掘他们的心理潜能,注重预防和解决发展过程中的心理行为问

题，在应急和突发事件中及时进行危机干预。

——坚持面向全体学生和关注个别差异相结合。全体教师都要树立心理健康教育意识，尊重学生，平等对待学生，注重教育方式方法，关注个别差异，根据不同学生的特点和需要开展心理健康教育和辅导。

——坚持教师的主导性与学生的主体性相结合。要在教师的教育指导下，充分发挥和调动学生的主体性，引导学生积极主动关注自身心理健康，培养学生自主自助维护自身心理健康的意识和能力。

二、心理健康教育的目标与任务

3. 心理健康教育的总目标是：提高全体学生的心理素质，培养他们积极乐观、健康向上的心理品质，充分开发他们的心理潜能，促进学生身心和谐可持续发展，为他们健康成长和幸福生活奠定基础。

心理健康教育的具体目标是：使学生学会学习和生活，正确认识自我，提高自主自助和自我教育能力，增强调控情绪、承受挫折、适应环境的能力，培养学生健全的人格和良好的个性心理品质；对有心理困扰或心理问题的学生，进行科学有效的心理辅导，及时给予必要的危机干预，提高其心理健康水平。

4. 心理健康教育的主要任务是：全面推进素质教育，增强学校德育工作的针对性、实效性和吸引力，开发学生的心理潜能，提高学生的心理健康水平，促进学生形成健康的心理素质，减少和避免各种不利因素对学生心理健康的影响，培养身心健康、具有社会责任感、创新精神和实践能力的德智体美全面发展的社会主义建设者和接班人。

按照"全面推进、突出重点、分类指导、协调发展"的工作方针，不同地区应根据本地实际情况，积极做好心理健康教育工作。

全面推进。要普及、巩固和深化中小学心理健康教育，加快制度建设、课程建设、心理辅导室建设和师资队伍建设，积极拓展心理健康教育渠道，建立学校、家庭和社区心理健康教育网络和协作机制，全面推进中小学心理健康教育科学发展，在学校普遍建立起规范的心理健康教育服务体系，全面提高全体学生的心理素质。

突出重点。地方教育行政部门和学校要利用地方课程或学校课程科学系统地开展心理健康教育；要加强心理辅导室建设，切实发挥心理辅导室在预防和解决学生心理行为问题中的重要作用；加强心理健康教育师资队伍建设，建立一支科学化、专业化的稳定的中小学心理健康教育教师队伍。

分类指导。大中城市和经济发达地区，要在普遍开展心理健康教育工作的基础上，继续推进和深化心理健康教育工作，努力提高质量和成效，率先建立成熟的心理健康教育服务体系；其他地区，要尽快完善心理健康教育工作机制，建立心理健康教育辅导室和稳定的心理健康专业教师队伍，普遍开展心理健康教育工作。

协调发展。坚持公共教育资源和优质教育资源向农村、中西部地区倾斜，逐步缩小东西部、城乡和区域之间中小学心理健康教育的发展差距，以中西部地区和农村地区发展为重点，推动中小学心理健康教育全面、协调发展。按照"城乡结合，以城带乡"的原则，加强城乡中小学心理健康教育的交流与合作，实现心理健康教育全覆盖和城乡均衡化发展。同时，着力提高中小学心理健康教育质量和成效，促进学生的心理素质和德智体美全面协调发展。

三、心理健康教育的主要内容

5. 心理健康教育的主要内容包括：普及心理健康知识，树立心理健康意识，了解心理调节方法，认识心理异常现象，掌握心理保健常识和技能。其重点是认识自我、学会学习、人际交往、情绪调适、升学择业以及生活和社会适应等方面的内容。

6. 心理健康教育应从不同地区的实际和不同年龄阶段学生的身心发展特点出发，做到循序渐进，设置分阶段的具体教育内容。

小学低年级主要包括：帮助学生认识班级、学校、日常学习生活环境和基本规则；初步感受学习知识的乐趣，重点是学习习惯的培养与训练；培养学生礼貌友好的交往品质，乐于与老师、同学交往，在谦让、友善的交往中感受友情；使学生有安全感和归属感，初步学会自我控制；帮助学生适应新环境、新集体和新的学习生活，树立纪律意识、时间意识和规则意识。

小学中年级主要包括：帮助学生了解自我，认识自我；初步培养学生的学习能力，激发学习兴趣和探究精神，树立自信，乐于学习；树立集体意识，善于与同学、老师交往，培养自主参与各种活动的能力，以及开朗、合群、自立的健康人格；引导学生在学习生活中感受解决困难的快乐，学会体验情绪并表达自己的情绪；帮助学生建立正确的角色意识，培养学生对不同社会角色的适应；增强时间管理意识，帮助学生正确处理学习与兴趣、娱乐之间的矛盾。

小学高年级主要包括：帮助学生正确认识自己的优缺点和兴趣爱好，在各种活动中悦纳自己；着力培养学生的学习兴趣和学习能力，端正学习动机，调整学习心态，正确对待成绩，体验学习成功的乐趣；开展初步的青春期教育，引导学生进行恰当的异性交往，建立和维持良好的异性同伴关系，扩大人际交往的范围；帮助学生克服学习困难，正确面对厌学等负面情绪，学会恰当地、正确地体验情绪和表达情绪；积极促进学生的亲社会行为，逐步认识自己与社会、国家和世界的关系；培养学生分析问题和解决问题的能力，为初中阶段学习生活做好准备。

初中年级主要包括：帮助学生加强自我认识，客观地评价自己，认识青春期的生理特征和心理特征；适应中学阶段的学习环境和学习要求，培养正确的学习观念，发展学习能力，改善学习方法，提高学习效率；积极与老师及父母进行沟通，把握与异性交往的尺度，建立良好的人际关系；鼓励学生进行积极的情绪体验与表达，并对自己的情绪进行有效管理，正确处理厌学心理，抑制冲动行为；把握升学选择的方向，培养职业规划意识，树立早期职业发展目标；逐步适应生活和社会的各种变化，着重培养应对失败和挫折的能力。

高中年级主要包括：帮助学生确立正确的自我意识，树立人生理想和信念，形成正确的世界观、人生观和价值观；培养创新精神和创新能力，掌握学习策略，开发学习潜能，提高学习效率，积极应对考试压力，克服考试焦虑；正确认识自己的人际关系状况，培养人际沟通能力，促进人际间的积极情感反应和体验，正确对待和异性同伴的交往，知道友谊和爱情的界限；帮助学生进一步提高承受失败和应对挫折的能力，形成良好的意志品质；在充分了解自己的兴趣、能力、性格、特长和社会需要的基础上，确立自己的职业志向，培养职业道德意识，进行升学就业的选择和准备，培养担当意识和社会责任感。

四、心理健康教育的途径和方法

7. 学校应将心理健康教育始终贯穿于教育教学全过程。全体教师都应自觉地在各学科教学中遵循心理健康教育的规律，将适合学生特点的心理健康教育内容有机渗透到日常教育教学活动中。要注重发挥教师人格魅力和为人师表的作用，建立起民主、平等、相互尊重的师生关系。要将心理健康教育与班主任工作、班团队活动、校园文体活动、社会实践活动等有机结合，充分利用网络等现代信息技术手段，多种途径开展心理健康教育。

8. 开展心理健康专题教育。专题教育可利用地方课程或学校课程开设心理健康教育课。心理健康教育课应以活动为主，可以采取多种形式，包括团体辅导、心理训练、问题辨析、情境设计、角色扮演、游戏辅导、心理情景剧、专题讲座等。心理健康教育要防止学科化的倾向，避免将其作为心理学知识的普及和心理学理论的教育，要注重引导学生心理、人格积极健康发展，最大程度地预防学生发展过程中可能出现的心理行为问题。

9. 建立心理辅导室。心理辅导室是心理健康教育教师开展个别辅导和团体辅导,指导帮助学生解决在学习、生活和成长中出现的问题,排解心理困扰的专门场所,是学校开展心理健康教育的重要阵地。在心理辅导过程中,教师要树立危机干预意识,对个别有严重心理疾病的学生,能够及时识别并转介到相关心理诊治部门。教育部将对心理辅导室建设的基本标准和规范做出统一规定。

心理辅导是一项科学性、专业性很强的工作,心理健康教育教师应遵循心理发展和教育规律,向学生提供发展性心理辅导和帮助。开展心理辅导必须遵守职业伦理规范,在学生知情自愿的基础上进行,严格遵循保密原则,保护学生隐私,谨慎使用心理测试量表或其他测试手段,不能强迫学生接受心理测试,禁止使用可能损害学生心理健康的仪器,要防止心理健康教育医学化的倾向。

10. 密切联系家长共同实施心理健康教育。学校要帮助家长树立正确的教育观念,了解和掌握孩子成长的特点、规律以及心理健康教育的方法,加强亲子沟通,注重自身良好心理素质的养成,以积极健康和谐的家庭环境影响孩子。同时,学校要为家长提供促进孩子发展的指导意见,协助他们共同解决孩子在发展过程中的心理行为问题。

11. 充分利用校外教育资源开展心理健康教育。学校要加强与基层群众性自治组织、企事业单位、社会团体、公共文化机构、街道社区以及青少年校外活动场所等的联系和合作,组织开展各种有益于中小学生身心健康的文体娱乐活动和心理素质拓展活动,拓宽心理健康教育的途径。

五、心理健康教育的组织实施

12. 加强对中小学心理健康教育工作的领导和管理。各级教育行政部门要切实加强对心理健康教育工作的领导,制定规章制度,明确责任部门和负责人,支持和指导中小学开展心理健康教育工作。各地和学校要通过多种途径和方式,结合教育教学实际,保证心理健康教育时间,课时可在地方课程或学校课程中安排。各级教育行政部门要将心理健康教育工作列入年度工作计划,纳入学校督导评估指标体系之中,教育督导部门应定期开展心理健康教育专项督导检查。教育部将适时开展中小学心理健康教育示范校创建活动。

13. 加强心理健康教育教师队伍建设。心理健康教育是一项专业性很强的工作,必须大力加强专业教师队伍建设。各地各校要制订规划,逐步配齐心理健康教育专职教师,专职教师原则上须具备心理学或相关专业本科学历。每所学校至少配备一名专职或兼职心理健康教育教师，并逐步增大专职人员配比，其编制从学校总编制中统筹解决。地方教育行政部门要健全中小学心理健康教育教师职务（职称）评聘办法，制定相应的专业技术职务（职称）评价标准，落实好心理健康教育教师职务（职称）评聘工作。心理健康教育教师享受班主任同等待遇。

14. 大力开展心理健康教育教师培训。教育部将组织专家制订教师培训课程标准，分期分批对中小学心理健康教育教研员和骨干教师进行国家级培训。各省级教育行政部门要将心理健康教育教师培训纳入教师培训计划，分期分批对区域内心理健康教育教师进行轮训，切实提高专、兼职心理健康教育教师的基本理论、专业知识和操作技能水平。要在中小学校长、班主任和其他学科教师等各类培训中增加心理健康教育的培训内容，建立分层分类的培训体系。

15. 要重视教师的心理健康教育工作。各级教育行政部门和学校要关心教师的工作、学习和生活，从实际出发，采取切实可行的措施，减轻教师的精神紧张和心理压力。要把教师心理健康教育作为教师教育和教师专业发展的重要方面，为教师学习心理健康教育知识提供必要的条件，使他们学会心理调适，增强应对能力，有效地提高其心理健康水平和开展心理健康教育的能力。

16. 加强心理健康教育材料的管理。各种有关心理健康教育的教育材料的编写、审查和选用要根据本指导纲要的统一要求进行。自2013年春季开学起，凡进入中小学的心理健康教育材料必须经省级以上教育行政部门组织专家审定后方可使用。

17. 加强心理健康教育的科学研究。各级教育行政部门要加强指导，增加经费投入，将心理健康教育纳入教育科学研究规划，积极组织相关课题申报和优秀成果评选。要积极引导高等学校、科研机构的研究人员开展相关研究，为心理健康教育实践提供理论基础和科学依据。要建立中小学心理健康教育教研制度，各级教研机构应配备心理健康教育教研员。要坚持理论与实践相结合，组织专家学者、教研人员、一线教师和学校管理人员结合实际情况积极开展心理健康教育教学研究，在实践中丰富完善心理健康教育理论，不断提高心理健康教育科学化水平。

附件2 教育部办公厅关于印发《中小学心理辅导室建设指南》的通知

教基一厅函〔2015〕36号

各省、自治区、直辖市教育厅（教委），新疆生产建设兵团教育局：

根据教育部《中小学心理健康教育指导纲要（2012年修订）》，为进一步加强和规范中小学心理辅导室建设，切实发挥心理辅导室在提高全体学生心理素质，预防和解决学生心理行为问题中的重要作用，我部研究制定了《中小学心理辅导室建设指南》，现印发给你们，请结合实际认真贯彻执行。

教育部办公厅

2015年7月29日

中小学心理辅导室建设指南

本指南根据教育部《中小学心理健康教育指导纲要（2012年修订）》（教基一〔2012〕15号）的精神和国家有关中小学心理健康教育工作的基本要求制定。适用于全国中小学心理辅导室的建设、规范、管理与督导评估。

一、建设目标

心理辅导室建设应坚持立德树人，以促进学生健康发展为根本，心理辅导室软、硬件设施配置遵循中小学生身心发展特点和心理健康教育规律，重在提供心理辅导和心理健康服务。通过向学生提供发展性心理辅导和心理支持，提高全体学生的心理素质，培养他们积极乐观、健康向上的心理品质，促进学生身心和谐可持续发展，有效适应学校生活和社会公共生活，为他们快乐学习、健康成长和幸福生活奠定坚实基础。

二、功能定位

心理辅导室是心理健康教育教师开展个别辅导和团体辅导，帮助学生疏导与解决学习、生活、自我意识、情绪调适、人际交往和升学就业中出现的心理行为问题，排解心理困扰和防范心理障碍的专门场所，是学校开展心理健康教育工作的重要阵地。其主要功能有以下几点。

（一）开展团体心理辅导

关注全体学生的心理健康水平，提高全体学生的心理素质，开展面向全体学生的心理健康教育活动和团体心理辅导活动。

（二）进行个别心理辅导

对有心理困扰或心理问题的学生进行有效的个别辅导，提供有针对性的心理支持；或根据情况及时将其转介到相关专业心理咨询机构或心理诊治部门，并做好协同合作、回归保健和后续心理支持工作。

（三）监测心理健康状况

了解和监测全体师生的心理健康状况、特点和发展趋势，及时发现问题，有效监控、防范和应对各种突发事件，减小危机事件对师生的消极影响。

（四）营造心理健康环境

对有需要的教职工进行心理辅导和心理支持，提高其心理健康水平，营造积极、健康、和谐的育人环境。举办心理健康教育宣传活动，帮助家长了解和掌握孩子成长的特点、规律以及教育方法，协助家长共同解决孩子发展过程中的心理行为问题。利用学校心理健康教育资源服务社区，发挥学校心理健康教育的辐射作用。

三、基本设置

心理辅导室建设应坚持科学、实用原则，保证基本配置，满足心理健康教育工作科学有效开展，有条件的地方可以结合实际情况，拓展心理辅导室功能区域和相关配置。

（一）位置选择

心理辅导室应选择建在相对安静又方便进出的地方，尽量避开热闹、嘈杂区域，楼层不宜太高。

（二）环境要求

心理辅导室环境布置应充分考虑心理健康教育工作的特殊性和青少年身心发展特征，体现人性化设计和人文关怀，富于生机。心理辅导室可选择亲切、生动、贴近学生心理、易于学生接受的名称。室外可张贴轻松的欢迎标语，图示图标简明醒目。内部环境应温馨、整洁、舒适，以清新、淡雅、柔和的暖色调为主，合理运用色彩、灯光和装饰物，光线适中，自然光、灯光强度合理。个别辅导室要充分保障学生隐私性要求。

（三）基本配置

心理辅导室应设置个别辅导室、团体活动室和办公接待区等基本功能区域，有条件的学校也可单独设置心理测量区、放松室、自主自助活动区等心理健康教育拓展区域。心理辅导室的使用面积要与在校生人数相匹配。学校可结合心理健康教育工作的实际需要与学校其他场所共建共享，在不影响心理辅导各功能区基本功能的情况下，心理辅导室各功能区域也可以相互兼容。心理辅导室外应设有心理信箱。

区域基本配置个别辅导室面积要求 10～15 平方米/间，基本设施配有咨询椅或沙发，教师咨询椅或沙发与学生咨询椅或沙发成 90 度或 60 度摆放。可根据条件配备放松音乐、心理健康知识挂图、录音设备等。团体活动室面积要求 20 平方米以上/间，基本设施配有可移动桌椅、坐垫、多媒体设备。可根据条件配备团体心理辅导箱、游戏心理辅导包等。办公接待区面积要求 15 平方米以上，基本设施配有电脑、打印机、电话、档案柜、期刊架、心理书籍等。其他拓展区域(依需要和条件建设)配备学生心理测评系统和心理健康自助系统等工具，沙盘类、绘画类辅助辅导器材，放松类、自助类器材等。

四、管理规范

(一)开放时间

心理辅导室定期对学生开放，可视学生数量和学校心理健康教育实际情况确定具体开放时间。原则上，学生在校期间每天均应开放，课间、课后等非上课时间应有一定时间向学生开放，并安排专人值班。

(二)人员配备

心理辅导室至少应配备一名专职或兼职心理健康教育教师，并逐步增大专职人员配比。专兼职教师原则上须具备心理学或相关专业本科学历，取得相关资格证书，经过岗前培训，具备心理辅导的基本理论、专业知识和操作技能，并定期接受一定数量的专业培训。心理健康教育教师享受班主任同等待遇。

(三)经费投入

学校应设立心理健康教育专项经费，纳入年度经费预算，保证心理辅导室工作正常开展。心理辅导室应免费为本校师生、家长提供心理辅导。

(四)成长记录

心理辅导室应为学生建立成长信息记录。一般包括学生的基本情况、家庭情况、心理状况、辅导记录等。辅导记录一般包括学生目前的心理状况、辅导的主要问题及问题的评估和鉴定，并有相应的分析、对策与辅导效果评价。学生成长信息记录、测评资料、信件、录音录像和其他资料，应在严格保密的情况下保存。心理辅导室应根据学生成长信息记录，有针对性地开展团体心理辅导或个别心理辅导。

（五）辅导伦理

心理健康教育教师应坚持育人为本，着力提高全体学生的心理素质；在学生出现价值偏差时，要突破"价值中立"，帮助学生树立正确的世界观、人生观和价值观；在辅导过程中严格遵循保密原则，保护学生隐私，但在学生可能出现自伤、他伤等极端行为时，应突破保密原则，及时告知班主任及其监护人，并记录在案；谨慎使用心理测评量表或其他测试手段，并在学生及其监护人知情自愿基础上进行，禁止强迫学生接受心理测试，禁止给学生贴上"心理疾病"标签，禁止使用任何可能损害学生身心健康的仪器设备。

（六）危机干预

心理辅导室应建立心理危机干预机制。明确心理危机干预工作流程，出现危机事件时能够做到发现及时、处理得当，给予师生适当的心理干预，预防因心理危机引发的自伤、他伤等极端事件的发生。

（七）及时转介

心理辅导室应与相关心理诊治部门建立畅通、快速的转介渠道，对个别有严重心理疾病的学生，或发现其他需要转介的情况，能够识别并及时转介到相关心理诊治部门。转介过程记录翔实，并建立跟踪反馈制度。

（八）加强研究

心理辅导室应定期组织教研活动、典型案例讨论、组织参加专家督导，定期开展心理健康普查和心理健康调查研究，不断提高心理辅导的科学性与实效性。

附件 3 气质类型调查表

　　《气质类型调查表》共60个项目，每种基本气质类型各15题，按随机顺序排列。采用自陈法，要求被试按指导语的要求回答问题。

　　本测验共有60个问题，只要你能根据自己的实际行为表现如实回答，就能帮助你确定自己的气质类型，但必须做到：

　　①回答时请不要猜测题目内容要求，也就是说不要考虑应该怎样，而只回答你平时怎样，因为题目答案本身无所谓正确与错误之分；

　　②回答要迅速，不要在某道题目上花过多时间；

　　③每一题都必须回答，不能有空题；

　　④在回答下列问题时，你认为很符合自己情况的，记2分，较符合自己情况的，记1分，介于符合与不符合之间的，记0分，较不符合自己情况的，记－1分，完全不符合自己情况的，记－2分。

　　1. 做事力求稳妥，不做无把握的事。

　　2. 遇到可气的事就怒不可遏，想把心里话全说出来才痛快。

　　3. 宁肯一个人干事，不愿很多人在一起。

　　4. 到一个新环境很快就能适应。

　　5. 厌恶那些强烈的刺激，如尖叫、噪声、危险镜头等。

　　6. 和人争吵时，总是先发制人，喜欢挑衅。

　　7. 喜欢安静的环境。

　　8. 善于和人交往。

　　9. 羡慕那种善于克制自己感情的人。

　　10. 生活有规律，很少违反作息制度。

　　11. 在多数情况下情绪是乐观的。

　　12. 碰到陌生人觉得很拘束。

　　13. 遇到令人气愤的事，能很好地自我克制。

　　14. 做事总是有旺盛的精力。

　　15. 遇到问题常常举棋不定，优柔寡断。

　　16. 在人群中从不觉得过分拘束。

　　17. 情绪高昂时，觉得干什么都有趣；情绪低落时，又觉得什么都没有意思。

18. 当注意力集中于一事物时，别的事很难使我分心。

19. 理解问题总比别人快。

20. 碰到危险情景，常有一种极度恐惧感。

21. 对学习、工作、事业怀有很高的热情。

22. 能够长时间做枯燥、单调的工作。

23. 符合兴趣的事情，干起来劲头十足，否则就不想干。

24. 一点儿小事就能引起情绪波动。

25. 讨厌做那种需要耐心、细致的工作。

26. 与人交往不卑不亢。

27. 喜欢参加热烈的活动。

28. 爱看感情细腻，描写人物内心活动的文学作品。

29. 工作学习时间长了，常感到厌倦。

30. 不喜欢长时间谈论一个问题，愿意实际动手干。

31. 宁愿侃侃而谈，不愿窃窃私语。

32. 别人说我总是闷闷不乐。

33. 理解问题常比别人慢些。

34. 疲倦时只要短暂的休息就能精神抖擞，重新投入工作。

35. 心里有话宁愿自己想，不愿说出来。

36. 认准一个目标就希望尽快实现，不达目的，誓不罢休。

37. 学习、工作同样长时间，常比别人更疲倦。

38. 做事有些莽撞，常常不考虑后果。

39. 老师或师傅讲授新知识、新技术时，总希望他讲慢些，多重复几遍。

40. 能够很快地忘记那些不愉快的事情。

41. 做作业或完成一件工作总比别人花的时间多。

42. 喜欢运动量大的剧烈体育活动，或参加各种文艺活动。

43. 不能很快地把注意力从一件事转移到另一件事上去。

44. 接受一个任务后，就希望把它迅速解决。

45. 认为墨守成规比冒风险强些。

46. 能够同时注意几件事物。

47. 当我烦闷的时候，别人很难使我高兴起来。

48. 爱看情节起伏跌宕、激动人心的小说。

49. 对工作抱认真严谨、始终一贯的态度。

50. 和周围人们的关系总是相处不好。

51. 喜欢复习学过的知识，重复做已经掌握的工作。

52. 希望做变化大、花样多的工作。

53. 小时候会背的诗歌，我似乎比别人记得清楚。

54. 别人说我"出语伤人"，可我并不觉得是这样。

55. 在体育活动中，常因反应慢而落后。

56. 反应敏捷，头脑机智。

57. 喜欢有条理而不甚麻烦的工作。

58. 兴奋的事常使我失眠。

59. 老师讲新概念，常常听不懂，但弄懂以后就很难忘记。

60. 假如工作枯燥无味，马上就会情绪低落。

评分与解释

把每题得分填入下表题号中并相加，计算各栏的总分。

胆汁质	2	6	9	14	17	21	27	31	36	38	42	48	50	54	58	总分
多血质	4	8	11	16	19	23	25	29	34	40	44	46	52	56	60	总分
黏液质	1	7	10	13	18	22	26	30	33	39	43	45	49	55	57	总分
抑郁质	3	5	12	15	20	24	28	32	35	37	41	47	51	53	59	总分

如果某类气质得分明显高出其他三种，均高出 4 分以上，则可定为该类气质。如果该类气质得分超过 20 分，则为典型型；如果该类得分在 10～20 分，则为一般型。

两种气质类型得分接近，其差异低于 3 分，而且又明显高于其他两种，高出 4 分以上，则可定为这两种气质的混合型。

三种气质得分均高于第四种，而且接近，则为三种气质的混合型，如多血—胆汁—黏液质混合型或黏液—多血—抑郁质混合型。

如 4 栏分数皆不高且相近(＜3 分)，则为 4 种气质的混合型。多数人气质是一般型气质或两种气质的混合型，典型气质和数种气质的混合型的人较少。

　　此外，凡是在1、3、5…奇数题上答"2"或"1"，或在2、4、6…偶数题上答"－1"或"－2"，每题各得1分，否则得半分。如果你是男性，总得分在0～10则为非常内向，11～25为比较内向，26～35介于内外向之间，36～50为比较外向，51～60为非常外向。如果你是女性，总得分在0～10为非常内向，11～21为比较内向，22～31为介于内外向之间，32～45为比较外向，46～160为非常外向。

附件 4　抑郁自评量表(SDS)

指导语：以下描述列出了有些人可能会有的问题，请你仔细阅读每一条，然后根据最近一个星期以内你的实际感觉看最符合下列哪种描述。

A：很少有(过去一周内，出现这类情况的日子不超过一天)

B：有时有(过去一周内，有1~2天有过这类情况)

C：大部分时间有(过去一周内，3~4天有过这类情况)

D：绝大部分时间有(过去一周内，有5~7天有过这类情况)

1. 我觉得闷闷不乐，情绪低沉

　　　A. 很少有　　　B. 有时有　　　C. 大部分时间有　　　D. 绝大部分时间有

2. 我觉得一天之中早晨最好

　　　A. 很少有　　　B. 有时有　　　C. 大部分时间有　　　D. 绝大部分时间有

3. 我一阵阵地哭出来或者觉得想哭

　　　A. 很少有　　　B. 有时有　　　C. 大部分时间有　　　D. 绝大部分时间有

4. 我晚上睡眠不好

　　　A. 很少有　　　B. 有时有　　　C. 大部分时间有　　　D. 绝大部分时间有

5. 我吃得跟平常一样多

　　　A. 很少有　　　B. 有时有　　　C. 大部分时间有　　　D. 绝大部分时间有

6. 我与异性密切接触时和以往一样感到愉快

　　　A. 很少有　　　B. 有时有　　　C. 大部分时间有　　　D. 绝大部分时间有

7. 我发觉我的体重在下降

　　　A. 很少有　　　B. 有时有　　　C. 大部分时间有　　　D. 绝大部分时间有

8. 我有便秘的苦恼

　　　A. 很少有　　　B. 有时有　　　C. 大部分时间有　　　D. 绝大部分时间有

9. 我心跳比平时快

　　　A. 很少有　　　B. 有时有　　　C. 大部分时间有　　　D. 绝大部分时间有

10. 我无缘无故感到疲乏

　　　　A. 很少有　　　B. 有时有　　　C. 大部分时间有　　　D. 绝大部分时间有

11. 我的头脑跟平常一样清楚

　　　　A. 很少有　　　B. 有时有　　　C. 大部分时间有　　　D. 绝大部分时间有

12. 我觉得做以前经常做的事并没有困难

　　A. 很少有　　B. 有时有　　C. 大部分时间有　　D. 绝大部分时间有

13. 我觉得不安而平静不下来

　　A. 很少有　　B. 有时有　　C. 大部分时间有　　D. 绝大部分时间有

14. 我对将来抱有希望

A. 很少有　　　　B. 有时有　　C. 大部分时间有　　D. 绝大部分时间有

15. 我比平常容易激动

A. 很少有　　　　B. 有时有　　C. 大部分时间有　　D. 绝大部分时间有

16. 我觉得做出决定是容易的

A. 很少有　　　　B. 有时有　　C. 大部分时间有　　D. 绝大部分时间有

17. 我觉得自己是个有用的人，有人需要我

A. 很少有　　　　B. 有时有　　C. 大部分时间有　　D. 绝大部分时间有

18. 我的生活过得很有意思

A. 很少有　　　　B. 有时有　　C. 大部分时间有　　D. 绝大部分时间有

19. 我认为如果我死了别人会生活得好些

A. 很少有　　　　B. 有时有　　C. 大部分时间有　　D. 绝大部分时间有

20. 平常感兴趣的事我仍然照样感兴趣

A. 很少有　　　　B. 有时有　　C. 大部分时间有　　D. 绝大部分时间有

评分标准

SDS 的总分等于各条目得分之和，其中第 2、5、6、11、12、14、16、17、18 和 20 题为反序记分。总分乘以 1.25，四舍五入取整数即得到标准分。抑郁评定的临界值为 50 分，分值越高，抑郁倾向越明显。

①标准分小于 50 分为无抑郁；

②标准分大于等于 50 分且小于 60 分为轻微至轻度抑郁；

③标准分大于等于 60 分且小于 70 分为中度至重度抑郁；

④标准分大于等于 70 分为重度抑郁。

附件5 焦虑自评量表(SAS)

填表注意事项：下面有20条文字，请仔细阅读每一条，把意思弄明白。每一条文字后有4个方格，表示：没有或很少时间；小部分时间；相当多时间；绝大部分或全部时间。然后根据你最近一星期的实际感觉，在适当的方格里画"√"。

	没有或很少	小部分时间	相当多时间	绝大部分或全部时间	工作人员评定
1. 我觉得比平常容易紧张和着急	1	2	3	4	
2. 我无缘无故地感到害怕	1	2	3	4	
3. 我容易心里烦乱或觉得惊恐	1	2	3	4	
4. 我觉得我可能将要发疯	1	2	3	4	
5. 我觉得一切都好，也不会发生什么不幸	4	3	2	1	
6. 我手脚发抖打颤	1	2	3	4	
7. 我因为头痛、头颈痛和背痛而苦恼	1	2	3	4	
8. 我感觉容易衰弱和疲乏	1	2	3	4	
9. 我觉得心平气和，并且容易安静地坐着	4	3	2	1	
10. 我觉得心跳得很快	1	2	3	4	
11. 我因为一阵阵头晕而苦恼	1	2	3	4	
12. 我有晕倒发作，或觉得要晕倒似的	1	2	3	4	
13. 我吸气呼气都感到很容易	4	3	2	1	
14. 我的手脚麻木和刺痛	1	2	3	4	
15. 我因为胃痛和消化不良而苦恼	1	2	3	4	
16. 我常常要小便	1	2	3	4	

续表

	没有或很少	小部分时间	相当多时间	绝大部分或全部时间	工作人员评定
17. 我的手常常是干燥温暖的	4	3	2	1	
18. 我脸红发热	1	2	3	4	
19. 我容易入睡并且一夜睡得很好	4	3	2	1	
20. 我做噩梦	1	2	3	4	

　　评分方法：主要统计指标为总分，把20题得分相加为粗分，把粗分乘以1.25，四舍五入取整数，即得到标准分，焦虑评定的分界值是50分，分值越高，焦虑倾向越明显。

参考文献

[1]钟志农．心理辅导活动课操作实务[M]．宁波：宁波出版社，2007.

[2]吴增强．心理健康教育课程设计[M]．北京：中国轻工业出版社，2007.

[3]李百珍．小学生心理健康教育[M]．北京：科学普及出版社，2002.

[4]陈家麟．学校心理健康教育——原理与操作[M]．北京：教育科学出版社，2002.

[5]叶一舵．中小学心理健康教育基本原理[M]．福州：福建教育出版社，2008.

[6]曹梅静．心理健康教育C证教程[M]．广州：广东语言音像电子出版社，2007.

[7]王敬群，邵秀巧．心理卫生学[M]．天津：南开大学出版社，2007.

[8]杨震，王守良，段姗姗．中小学心理健康教育的理论与实践[M]．合肥：合肥工业大学出版社，2004.

[9]梁宝勇．变态心理学[M]．北京：高等教育出版社，2003.

[10]曾玲娟，陈劲．学校心理健康教育教程[M]．北京：北京理工大学出版社，2001.

[11]李月华，张利新，张彦云．新课改背景下学校教育改革的理论与实践[M]．保定：河北大学出版社，2010.

[12]张彦云，吴会东，勾晓铭．心理学[M]．保定：河北大学出版社，2010.

[13]郭念锋．国家职业资格培训教程·心理咨询师(基础知识)[M]．北京：民族出版社，2005.

[14]田文．中小学心理健康教育活动设计与实施[M]．北京：清华大学出版社，2013.

[15]沙拉．特别狠心特别爱[M]．南宁：接力出版社，2010.

[16]张艺馨．小学生心理辅导与咨询[M]．北京：北京师范大学出版社，2013.

[17]许又新．神经症(第2版)[M]．北京：北京大学医学出版社，2008.